Stuttgarter Beiträge zur Geschichte und Politik

Herausgegeben von Martin Greiffenhagen, Eberhard Jäckel und August Nitschke

Band 6

Johann Baptist Müller: Bedürfnis und Gesellschaft

Ernst Klett Verlag Stuttgart

Bedürfnis und Gesellschaft

Bedürfnis als Grundkategorie im Liberalismus, Konservatismus und Sozialismus

Von Johann Baptist Müller

Ernst Klett Verlag Stuttgart

Satz und Druck: Feindruck Franz Pistotnik oHG, 7016 Gerlingen, Siemensstraße
1. Auflage
ISBN 3-12-905900-8

In memoriam Bruno Seidel

Diese Untersuchung lag im Sommer 1970 der wirtschafts- und sozialwissenschaftlichen Fakultät der Universität Göttingen als Dissertation vor. Den Professoren Martin Greiffenhagen, Eberhard Jäckel und August Nitschke danke ich für die Aufnahme dieser Arbeit in die „Stuttgarter Beiträge zur Geschichte und Politik".
J. B. M.

Inhalt

„Mästen Sie die Bauern, und die Revolution bekommt die Apoplexie. Ein Huhn im Topfe jedes Bauern macht den gallischen Hahn verenden."
Georg Büchner an Gutzkow, 1835

„Consommez plus, vous vivrez moins."
Wandspruch in der Sorbonne, Mai 1968

Einleitung

Jede sozialgeschichtliche Epoche hat ihr Schibboleth. Definiert sich die Industriegesellschaft zuvörderst durch die kontinuierliche Steigerung der Bedürfnisse, so war es die Armut, die der Agrargesellschaft ihr Gepräge gab. Bestimmendes Merkmal aller agrarischen Gemeinwesen ist der Hunger. Von 108 v. Chr. bis 1911 n. Chr. soll es in China nicht weniger als 1828 Hungersnöte gegeben haben[1]. England wurde von 1200 bis 1600 alle 15 Jahre von einer Hungersnot heimgesucht[2]. Dem Bevölkerungswissenschaftler Mackenroth zufolge war die agrarische Gesellschaft „latent gegen den Nahrungsspielraum" gespannt[3]. Jedesmal, wenn dieser Spielraum durch fortschrittlichere Methoden des Ackerbaus und der Viehzucht ausgeweitet werden konnte, kam es alsbald zu einem entsprechenden Anstieg der Bevölkerungszahl. Auf diese Weise blieb der Hunger die ständige Bedrohung der Agrargesellschaft. Erst der Übergang zur Industriegesellschaft brachte einen grundlegenden Wandel mit sich. Zum ersten Male in der menschlichen Geschichte gelang es, die unselige Dialektik von Nahrungszunahme und Bevölkerungswachstum zu sprengen. Dank des industriellen Fortschrittes und dank neuer Produktionsmethoden in der Landwirtschaft konnte der Nahrungsspielraum so ausgedehnt werden, daß sich trotz der gleichzeitigen Bevölkerungszunahme die Nahrungsversorgung der Bevölkerung stetig verbesserte. 1830 ernährte in den USA eine landwirtschaftliche Arbeitskraft vier Personen, heute dagegen 17[4]. Nicht nur die Nahrungsbedürfnisse, auch alle anderen konnten aufgrund der wirtschaftlichen Entwicklung immer besser und reichhaltiger befriedigt werden. Das Brutto-Sozialprodukt stieg in den

[1] *Günther Wollny:* Die Zukunft ist anders, Boppard am Rhein 1962, S. 111.
[2] Ebd.
[3] *Gerhard Mackenroth:* Bevölkerungslehre, Theorie, Soziologie und Statistik der Bevölkerung, Berlin–Göttingen–Heidelberg 1953, S. 113 ff. u. 217 ff.
[4] *Fritz Baade:* Welternährungswissenschaft, Hamburg 1956, S. 115.

USA von 30 Milliarden Dollar im Jahre 1880 auf 504 Milliarden Dollar im Jahre 1961 [5]. Es wuchs also um fast das Siebzehnfache.

Zunehmend tritt das Phänomen der Bedürfnisausweitung in den Mittelpunkt der soziologischen Forschung. Es erscheinen Bücher über die „Soziologie der Prosperität" (Ernest Zahn) [6], über die „Affluent Society" (J. K. Galbraith) [7], über „La Société de Consommation" (Jean Baudrillart) [8]. Karl Bednarik gab seiner Analyse der Industriegesellschaft den Titel „An der Konsumfront" [9]. In dem Maße, in dem die Bedürfnissteigerung die Reflexion über das gesellschaftliche Ganze entscheidend bestimmt, erhält der Begriff des Bedürfnisses die Dignität eines soziologischen Zentralbegriffes.

Hinzu kommt, daß der seit ungefähr 200 Jahren sich entfaltende Prozeß der Bedürfnissteigerung koindiziert mit der Verweltlichung der Philosophie. Die Emanzipation des modernen Individuums aus den mittelalterlichen Bindungen trifft entwicklungsgeschichtlich zusammen mit den Anfängen der industriellen Revolution. Bedürfnissteigerung und Verweltlichung des philosophischen Menschenbildes haben den gleichen zeitlichen Ursprung. Mit der Besinnung des Menschen auf seine eigenen Kräfte ändert sich auch die philosophische Ausdrucksweise. Insbesondere solche Begriffe, welche mit der körperlichen Verfassung des Menschen korrespondieren, füllen den neuen philosophischen Wortschatz. Dies gilt nicht zuletzt für den Begriff des Bedürfnisses. Gerade mit seiner Hilfe wird die neue diesseitsorientierte Philosophie artikuliert. Fühlte man sich früher dem göttlichen Gebote verpflichtet, so sind es nun die menschlichen Bedürfnisse, die das Weltbild des aufgeklärten und sinnenbewußten Menschen bestimmen. „Unsere Bedürfnisse sind es, *die die Welt auslegen,* unsere Triebe und deren Für und Wider" (Friedrich Nietzsche) [10]. Was für die Philosophie gilt, trifft in nicht geringerem Maße auf die Staats- und Gesellschaftslehre zu. Auch hier eignet sich der Bedürfnisbegriff hervorragend dazu, Soziallehren zu formulieren, bei denen nicht mehr das Ganze und seine ethischen Ansprüche, sondern der einzelne auf seine Freiheit pochende Bürger im Mittelpunkt

[5] *Robert L. Heilbroner:* Wege zum Wohlstand, Das Wirtschaftsleben in Theorie und Praxis, Aus dem Amerikanischen, Gütersloh 1962, S. 153 f.

[6] *Ernest Zahn:* Soziologie der Prosperität, Köln und Berlin 1960.

[7] *John Kenneth Galbraith:* Gesellschaft im Überfluß, Aus dem Amerikanischen, München und Zürich 1959.

[8] *Jean Baudrillart:* La société de consommation, ses mythes, ses structures, Paris 1970.

[9] *Karl Bednarik:* An der Konsumfront, Zwischenbilanz des modernen Lebens, Stuttgart 1957.

[10] *Friedrich Nietzsche:* Aus dem Nachlaß der achtziger Jahre, Werke in drei Bänden, Hrsg. *K. Schlechta,* Bd. 3, München 1960, S. 903.

steht. In der von Hegel als „System der Bedürfnisse"[11] bezeichneten entpolitisierten bürgerlichen Tauschgesellschaft gehört zu den bestimmenden Prinzipien „die konkrete Person, welche sich als besondere Zweck ist, als ein Ganzes von Bedürfnissen und einer Vermischung von Naturnotwendigkeit und Willkür"[12]. Der egoistische und private Bürger der vom Staate getrennten Erwerbsgesellschaft definiert sich nach Hegel vom „Standpunkte der Bedürfnisse"[13] aus.

Es stellt sich daher die Frage, welcher genaue Stellenwert dem Bedürfnisbegriff in den verschiedenen gesellschaftlich-politischen Theorien des 18. und 19. Jahrhunderts zukommt. Der zur Formulierung von ideologischen Positionen verwendete Bedürfnisbegriff ist bislang jedoch ein Stiefkind der begriffsgeschichtlichen Forschung geblieben. Es fehlt eine Untersuchung über die Verwendung dieses Begriffes in der soziologischen und politologischen Literatur der verflossenen 200 Jahre. Alle Monographien, die sich bislang mit dem Bedürfnisbegriff beschäftigt haben, bescheiden sich mit der Analyse des ökonomisch-psychologischen Aspektes. Dies gilt für die 1894 erschienene Abhandlung „Das Bedürfnis" von Oscar Kraus[14], für L. H. Schulzes 1896 verlegtes Werk „Erörterungen über Begriff und Einteilung der Bedürfnisse des Menschen"[15], für Franz Cuhels Buch „Zur Lehre von den Bedürfnissen" (1907)[16] sowie für Lujo Brentanos Monographie „Versuch einer Theorie der Bedürfnisse" (1908)[17]. Auch Gerhard Scherhorns Arbeit „Bedürfnis und Bedarf" (1959) verharrt im Rahmen einer psychologisch-ökonomischen Analyse des Bedürfnisbegriffes[18].

Die vorliegende Arbeit versucht zum ersten Male, die gesellschaftlich-politischen Aspekte des Bedürfnisbegriffes zu analysieren. Das Augenmerk richtet sich dabei insbesondere auf die Frage, wie die Vertreter der drei Ideologien Liberalismus, Konservatismus und Sozialismus die Bedürfnissteigerung der industriellen Gesellschaft und ihre Auswirkungen beurteilen. Im ersten Kapitel soll untersucht werden, wie die Autoren dieser drei klassi-

[11] *Georg Wilhelm Friedrich Hegel:* Grundlinien der Philosophie des Rechts, § 189 bis § 208.

[12] Ebd., § 182.

[13] Ebd., § 190.

[14] *Oscar Kraus:* Das Bedürfnis, Ein Beitrag zur beschreibenden Psychologie, Leipzig 1894.

[15] *Ludwig Heinrich Schulze:* Erörterungen über Begriff und Einteilung der Bedürfnisse der Menschen, Heidelberg 1896.

[16] *Franz Cuhel:* Zur Lehre von den Bedürfnissen, Theoretische Untersuchungen über das Grenzgebiet der Ökonomik und der Psychologie, Innsbruck 1907.

[17] *Lujo Brentano:* Versuch einer Theorie der Bedürfnisse, in: Konkrete Grundbedingungen der Volkswirtschaft, Gesammelte Aufsätze, Leipzig 1924, S. 102.

[18] *Gerhard Scherhorn:* Bedürfnis und Bedarf, Sozialökonomische Grundbegriffe im Lichte der neueren Anthropologie, Berlin 1959.

schen Ideologien die Bedürfnissteigerung und ihre Wirkung auf das kulturelle Leben beurteilen. Im zweiten Kapitel steht die Auswirkung der Bedürfnissteigerung auf die soziale Struktur im Mittelpunkt des Interesses. Besondere Aufmerksamkeit wird dabei der Frage gewidmet, wie die Theoretiker des Liberalismus, Konservatismus und Sozialismus die von der Bedürfnissteigerung verursachte Zerstörung der ständischen Lebensform bewerten. Weiterhin soll in diesem Kapitel die Rolle des Bedürfnisbegriffs im Gesellschaftsbild der drei Ideologien erörtert werden. In einem dritten Kapitel wird dann untersucht, welchen Charakter die Bedürfnisbeziehung zwischen den Bürgern einer Gesellschaft aufweisen soll. Die Bedeutung des Bedürfnisbegriffs in den Verteilungspostulaten der drei Ideologien ist Gegenstand des vierten Kapitels. Insbesondere wird dabei auf die Genesis der kommunistischen Verteilungsforderung „Jedem nach seinem Bedürfnis" eingegangen werden. Eng verzahnt mit diesem Verteilunspostulat ist das Problem der Gleichheit der Bedürfnisse. Gefragt wird, ob die Annahme der Gleichheit der Bedürfnisse eine bestimmte Verteilung des Sozialprodukts impliziert. In einem abschließenden Kapitel wird untersucht, ob die Verwendung des Bedürfnisbegriffes und die Bewertung der Bedürfnissteigerung im Neo-Liberalismus, Neo-Konservatismus und Neo-Sozialismus neue Aspekte aufweisen. Dabei werden die Äußerungen der heutigen Vertreter der drei Ideologien mit den Stellungnahmen ihrer ideologischen Vorläufer aus dem 18. und 19. Jahrhundert verglichen.

I. Bedürfnissteigerung und wirtschaftlich-kultureller Fortschritt

In diesem ersten Kapitel soll der Frage nachgegangen werden, wie die Vertreter der drei klassischen politischen Ideologien Liberalismus, Konservatismus und Sozialismus die mit dem modernen Industrialismus unabdingbar verbundene Bedürfnissteigerung beurteilen. In diesem Zusammenhang ist es von besonderem Interesse, welche Beurteilung die Auswirkung dieser Bedürfnissteigerung auf das kulturelle Leben erfährt. Zunächst sollen die Vertreter des aufklärerisch-liberalen Ideenkreises zu Wort kommen. Ist es doch die nach den sozialen Ideen der liberalen Philosophie konzipierte bürgerliche Tauschgesellschaft, welche eine bislang in der Geschichte der Menschheit unerhörte Steigerung der Bedürfnisse in Gang setzte.

1. Bedürfnissteigerung als fortschrittszeugende Kraft: Liberalismus

Um die Einstellung der aufklärerisch-liberalen Sozialphilosophie zur Bedürfnisentgrenzung und ihren kulturellen Aspekten zu verstehen, ist es vonnöten, zunächst die philosophischen Prämissen dieses politischen Ideenkreises zu untersuchen. Es sind gerade die Grundannahmen der liberalen Gesellschaftslehre, die einen zentralen Zugang zum Verständnis der Bewertung der Bedürfnissteigerung durch die liberalen Autoren ermöglichen.

Die aufklärerisch-liberale Sozialphilosophie geht vom Individuum aus. Von ihr wird der Mensch als ein völlig auf sich gestelltes, nur sich selber verantwortliches Wesen begriffen, dessen alleiniges Ziel es ist, glücklich zu sein. „Oh Happiness! Our being's end and aim! Good, Pleasure, Ease, Content! Whate'er thy name"[1]. Johann Peter Uz ruft in seinem von epikuräischer Daseinsfreude getränkten Lehrgedicht „Versuch über die Kunst stets fröhlich zu sein" aus: „Das höchste Glück ist nicht, wo noch Begierden klagen, Noch hungrig, unvergnügt, an einer Seele nagen, Und ein zu starker Trieb, den die Natur gesäugt, Sich unbefriedigt fühlt und nur gezwungen schweigt."[2] Für Schlözer ist der „Trieb zum Glück ... die Quelle aller Menschenhandlungen". Jegliche Bejahung menschlichen Leides wäre wider die Absichten der Natur. „Ein Mensch der wissendlich in sein Unglück einwilligte, wäre

[1] *Alexander Pope:* Essay on man, in: The Poetical works of Alexander Pope, Ed. W. A. Ward, London 1961, S. 216.

[2] *Johann Peter Uz:* Versuch über die Kunst stets fröhlich zu sein, in: Sämmtliche Poetische Werke von J. P. Uz, Band II, Karlsruhe 1776, S. 22. Selbst der Tod verliert

ein Unding, wie schwimmendes Eisen; oder er hätte aufgehört, ein Mensch zu seyn."[3] Das Streben nach Glück ist natürlich und vernünftig.

Da zum menschlichen Glück die volle Befriedigung der Bedürfnisse gehört, rückt der einzelne Mensch mit seinen körperlichen und geistigen Bedürfnissen in den Mittelpunkt der philosophischen Analyse. Nicht mehr überkommene Moralkodices, sondern die nach Befriedigung verlangenden Bedürfnisse geben den Maßstab ab für den Wert oder Unwert menschlicher Handlungen und gesellschaftlicher Einrichtungen. Sowohl das Bestehende als auch das Vergangene müssen sich vor dem kritischen Verstand des aufklärerischen Hedonismus rechtfertigen. Im Kontrapunkt zur philosophischen Tradition wird der Mensch nun nicht mehr von Gott her erklärt. Der Mensch wird nicht mehr zuvörderst als imago dei verstanden, sondern als ein mit profanen Bedürfnissen ausgestattetes Wesen. Diderot definiert den Menschen in seiner Enzyklopädie rein innerweltlich. „Homme, s. m. c'est un être sentant, réfléchissant, pensant, qui se promene librement sur la surface de la terre, qui paroît être à la tête de tous les autres animaux sur lesquels il domine."[4]

Auf diese Weise wird die christliche Religion unweigerlich zum definitorischen Gegner dieser hedonistisch-innerweltlichen Philosophie[5]. Nach Auffassung der Aufklärer verwehrte das Christentum dem Menschen den unbefangenen Genuß seines Leibes; es verwies ihn auf die Tröstungen eines imaginären Daseins und verhinderte so eine autonome Bestimmung der menschlichen Existenz. Nur eine konsequent innerweltliche Haltung könne das Glück des Menschen gewährleisten.

für Uz alle Schrecken: „Der Tod verändert nur die Scene deines Lebens: Du lebst in Gegenden, wohin die Tugend führt, wo reine Seligkeit unwandelbar regiert ... Betrachtest du den Tod in diesem höhern Lichte; So lächelt Gütigkeit in seinem Angesichte. Der Bote der Natur ergreifet unsre Hand, Und führt uns, als ein Freund, in ein beglücktes Land. Dem trägen Sinnlichen, graut vor der letzten Reise: Der Thor stirbt, weil er muß, mit Freuden stirbt der Weise." (120 ff.).

[3] *August Ludwig Schlözer:* Allgemeines StatsRecht und StatsverfassungsLere, Göttingen 1793, S. 34. Ähnlich *Claude-Adrien Helvétius:* Les moteurs de l'homme sont le plaisir & la douleur physique (De l'homme, Tome premier, Londres 1773, S. 120).

[4] *Denis Diderot:* Artikel Homme. Encyclopédie, ou dictionnaire raisonné des sciences, des arts et des métiers, Tome huitième, Neufchastel 1755, S. 256.

[5] Für *Thomas von Aquin* ist ein verschwenderisches Leben Sünde. Es hält den Menschen davon ab, tugendhaft zu leben. „Respondeo dicendum quod, sicut dictum est, prodigalitas opponitur avaritiae secundum oppositionem superabundantiae et defectus. Medium autem virtutis per utrumque horum corrumpitur. Ex hoc autem est aliquid vitiosum et peccatum quod corrumpit bonum virtutis. Unde relinquitur quod prodigalitas sit peccatum." (Summa theologica quaestio 119,2, Deutsche Thomasausgabe, 20. Band, München–Heidelberg 1943, S. 256.)

Das bedeutet jedoch keineswegs, daß die Handlungen der Menschen keinerlei Moralvorschriften unterliegen. Auch die hedonistische Philosophie der Aufklärung unterwirft sich einer moralischen Autorität, zwar nicht mehr dem göttlichen Gebot, dem Dekalog, der die Menschen anleitet, sondern dem rationalen Gesetz der Natur. Diderot stellt fest: „On entend par moral ce qui auprès d'un homme de bien équivaut au naturel."[6] Rationalismus und Sensualismus, die beiden Prinzipien der Aufklärung, sind die Voraussetzungen menschlichen Glücks. Der Mensch ist glücklich, wenn er seine Bedürfnisse vernunftgemäß befriedigt. Die menschliche Vernunft bedingt das Glück des Menschen noch in einer anderen Hinsicht. Sie schafft die Technik, mit deren Hilfe immer bessere und immer mehr Güter produziert werden. Dank des technischen Fortschrittes ist es möglich, all die Güter zu produzieren, die für die Befriedigung der Bedürfnisse des Menschen und damit für sein Glück notwendig sind. Aus diesem Grund haben die Philosophen der Aufklärung die Errungenschaften der Technik begeistert aufgenommen. Die Enzyklopädisten gingen in die Werkstätten und beobachteten die Handwerker bei ihrer Arbeit. Diderot nahm Zeichner mit, welche die Geräte und Maschinen abzeichneten. John Locke pries die Erfinder: „He that first invented printing, discovered the use of the compass, or made public the virtue and right use of kin kina, did more ... for the supply and increase of useful commodities, and saved more from the grave, than those who built colleges, work-houses and hospitals."[7] Der Technik und deren Schöpfer, dem Techniker, ist es zu verdanken, daß die Industrie ein umfangreiches Angebot an materiellen und kulturellen Gütern bereitstellt, die für die Befriedigung der vielfältigen menschlichen Bedürfnisse erforderlich sind. In dem Maße, in dem der Prozeß der Bedürfnisausweitung fortschreitet, wird auch die Befriedigung der sekundären, der künstlichen Bedürfnisse Voraussetzung menschlichen Glücks. „Il faut que les besoins naturels, une fois satisfaits, soient remplaces par des besoins ... d'opinoin; ceux ci deviennent aussi nécessaires à notre bonheur que les premiers." (Holbach)[8] Beispielsweise wurde dem zivilisierten Europäer das sekundäre

Jedoch wird auch das cynisch-stoische Ideal der extremen Bedürfnislosigkeit von *Thomas von Aquin* abgelehnt. „Cum enim nullus possit vivere sine aliqua sensibili et corporali delectatione." (S. theol. q. 34,1, Deutsche Thomasausgabe, 10. Band, Heidelberg–Graz–Wien–Köln 1955, S. 203.)

[6] *Diderot:* Artikel Leibnizianisme. Encyclopédie, Tome neuvième, Neufchastel 1755, S. 378.

[7] *John Locke:* An essay concerning human understanding, 19th ed., Vol. II, London 1793, S. 217.

[8] *Paul-Henri von Holbach:* Système de la nature, Première partie, Londres 1770, S. 328.

Bedürfnis nach Kleidung zum primären; im Gegensatz zum Wilden will und kann er nicht mehr nackt herumlaufen.
Vermöge seiner Bedürfnisvielfalt unterscheidet sich der Mensch vom Tier. Auf diesen Unterschied hat die aufklärerisch-liberale Gesellschaftslehre größten Wert gelegt. Während das Tier auf die Befriedigung eines einzigen bzw. weniger Bedürfnisse fixiert ist, benötigt der Mensch zu seinem Glück und zu seiner Zufriedenheit eine Vielzahl von Gütern. „Wir müssen ... weit mehr thun, als zur Erhaltung des bloßen Lebens erfordert wird. Uns belebt, treibt und spornt eine höhere Empfänglichkeit für Lust und Unlust, als irgend eines der übrigen Geschöpfe der Erde besitzt. Wir begehren viel mehr, und wir verabscheuen viel mehr. Unsere Nahrung ist mannigfaltiger; wir nähren uns sowohl aus dem Tierreiche, wie aus dem Pflanzenreiche, und dann sind wir auch noch weit gewählter in unserem Futter. Gegenstände des Auges und des Ohrs, welche den vernunftlosen Thieren völlig gleichgültig sind, beleidigen oder vergnügen uns." (Lueder) [9] Der Mensch hat nicht nur mannigfaltigere primäre Bedürfnisse als das Tier. Er unterscheidet sich von ihm vor allem auch darin, daß er sekundäre, künstliche Bedürfnisse hat. „Sind wir nur über die allerersten Stufen hinauf, so lieben wir den Putz, so fühlen wir ein Wohlgefallen an Reinlichkeit in unserer Kleidung, und so sehnen wir uns nach Licht und freier Luft in unseren Wohnungen. Auch muß ohne Ausnahme jeder Mensch angenehme Empfindungen haben, wenn er lieben soll. Wir müssen uns also nothwendig der nackten Armuth, der Wildheit, der viehischen Dummheit und dem Elende entreißen." (Lueder) [10] Daraus resultiert nach Lueder, daß der Mensch zur Befriedigung seiner vielen und stetig steigenden Bedürfnisse eine dauernde Arbeitsaktivität entfalten muß. Nie sei er, im Gegensatz zum Tier, mit einem bestimmten Niveau der Bedürfnisbefriedigung zufrieden. Auf diese Weise erheischten neue Bedürfnisse auch bislang unbekannte Methoden und Mittel ihrer Befriedigung. Die Technik entwickelte sich. Der naturwissenschaftliche Fortschritt, die Ausbildung neuer handwerklicher und industrieller Produktionsmethoden trugen wiederum zu einer Steigerung der Bedürfnisse bei. Ohne die Vielfalt seiner kontinuierlich steigenden Bedürfnisse hörte der Mensch auf, seinen Erfindungs- und Entdeckungssinn zu entwickeln. „C'est par ses besoins multipliés que l'énergie de l'homme est dans une action perpétuelle; dès qu'il n'a plus de besoins, il tombe dans l'inaction, dans l'apathie, dans l'ennui." (Holbach) [11] Das Bedürfnis stachelt

[9] *August Ferdinand Lueder:* Über Nationalindustrie und Staatswirtschaft, Zweiter Teil, Berlin 1802, S. 7.

[10] Ebd.

[11] *Holbach:* Système de la nature, Seconde partie, Londres 1770, S. 3. Für die Vertreter der liberalen Sozialtheorie sind die Bedürfnisse unbegrenzt. Vgl. dazu: *David Ricardo:* „I consider the wants and tastes of mankind as unlimited. We all wish to

den Menschen aber nicht nur zu wirtschaftlich-technischer Aktivität auf. Die Steigerung der Bedürfnisse hat auch die Entfaltung der kulturellen Potenzen des Menschen zur Folge. Der ökonomische Fortschritt ist die Grundlage des kulturellen. „Another advantage of industry and of refinements in the mechanical arts, is, that they commonly produce some refinements in the liberal ... The same age, which produces great philosophers and politicians, renowned generals and poets, usually abounds with skilful weavers, and ship-carpenters." (David Hume)[12] Der Klassiker der liberalen Ökonomie, Adam Smith, erblickt ebenfalls in der Steigerung der wirtschaftlichen Fähigkeiten das Agens der kulturellen Entwicklung. „To improve and multiply the materials, which are the principal objects of our necessities, gives occasion to all the variety of the arts."[13] Und Lueder, ein deutscher Vertreter der klassischen Wirtschaftslehre, schreibt: „Es muß, so wie unsere Industrie erweitert wird, auch die Masse unserer Kenntnisse sich vermehren; unsere Köpfe können nicht leer bleiben, werden unsere Vorratskammern und Magazine angefüllt ... Nun können Bedürfnisse des Geistes und des Herzens nicht nur erwachen, sondern auch befriedigt werden, da ein Fond entstanden ist, der ihnen gewidmet werden kann."[14] Wirtschaft und Technik sind nicht nur die Basis der kulturellen Entwicklung; sie bewirken darüber hinaus auch den politischen und sozialen Fortschritt. Der Illuminat Adam Weishaupt behauptet: „Aus jedem befriedigten Bedürfniß entsteht wieder ein neues, und die Geschichte des Menschen-Geschlechts ist die Geschichte seiner Bedürfnisse ... Mit der Entwicklung derselben ändert sich zugleich seine Lebensart, der moralische und politische Zustand, die Be-

add to our enjoyments or to our power. Consumption adds to our enjoyments, acumulation to our power, and they equally promote demand." (Letters to Thomas Robert Malthus, ed. by James Bonar, Oxford 1887, S. 45.)

[12] *David Hume:* Of refinements in the arts, Essays, moral political and literary, Ed. T. H. Green and T. H. Grose, Volume I, New edition, London 1882, S. 301. Auch die deutsche aufklärerische Philosophie hat die Bedürfnissteigerung als Impetus der kulturellen Entwicklung begrüßt. Tetens zufolge wird „desto stärker und ausgebreiteter ... die Menschheit sich entwickeln" je „mehrere und mannigfaltiger die gefühlten Bedürfnisse sind." (*Johann Nicolas Tetens:* Philosophische Versuche über die menschliche Natur und ihre Entwicklung, 2. Band, Leipzig 1777, S. 703 ff.) Nach Garve wird ein Volk ohne Moden, eine Nation „die eine einfache und stets gleichförmige Lebensart, wenige Bedürfnisse und unveränderliche Mittel zu deren Befriedigung" hat, auch nicht zu „vielerley Beschäftigungen des Geistes" veranlaßt werden. (*Christian Garve:* Versuche über verschiedene Gegenstände aus der Moral, der Litteratur und dem gesellschaftlichen Leben, Teil 1, Berlin 1792, S. 224.)

[13] *Adam Smith:* Lectures on justice, police, revenue and arms, Ed. E. Cannan, Oxford 1896, S. 160. Ähnlich J. B. Say: „Les peuples civilisés ... consomment beaucoup plus que les autres." (*Jean-Baptiste Say:* Traité d'économie politique, Ed. Horace Say, Paris 1841, S. 440.)

[14] *Lueder:* Über Nationalindustrie und Staatswirtschaft, Zweiter Teil, S. 11 f.

griffe von Glückseligkeit, das Betragen der Menschen gegen einander, ihre Verhältnisse unter sich, die ganze Lage der jedesmaligen gleichzeitigen Welt." [15]

Dieser ungebrochene Fortschrittsoptimismus der liberal-aufklärerischen Gesellschaftslehre hat seine Wurzel im ökonomischen, später politischen Aufstieg der bürgerlichen Klasse. Mit vollem Recht konnte der dritte Stand, der sich hauptsächlich in Oberitalien, Holland, England und Frankreich anschickte, auf dem wirtschaftlichen Gebiet eine führende Rolle zu spielen, optimistisch in die Zukunft blicken. Die Auffassung, daß die Entwicklung der wirtschaftlichen Kräfte zugleich auch den kulturellen und sozialen Fortschritt bewirkt, ist so recht die Idee einer im gesellschaftlichen Aufstieg begriffenen Klasse.

Aus dieser bedürfnisbejahenden und damit fortschrittsfreundlichen Einstellung der aufklärerisch-liberalen Geschichtsphilosophie erwächst die Kritik an allen Kulturpessimisten, die sich eine Rückkehr in den bedürfnislosen Urzustand wünschen. In Deutschland war es vor allem Immanuel Kant, der diesem zivilisationsfeindlichen Gedanken den Kampf ansagte. Obgleich er in seiner Ethik dafür plädiert, die Leidenschaften zu unterdrücken, damit das von den Bedürfnissen gereinigte moralische Gesetz um so siegreicher sich durchsetzen könne, anerkennt er doch im geschichtlichen Bereich die fortschrittszeugende Kraft der menschlichen Bedürfnisse. Aus diesem Grunde lehnt er „das Schattenbild des von Dichtern so gepriesenen goldenen Zeitalters: wo eine Entledigung von allem eingebildeten Bedürfnisse, das uns die Üppigkeit aufladet, sein soll, eine Genügsamkeit mit dem bloßen Bedarf der Natur" [16] mit Entschiedenheit ab.

Anstatt sehnsüchtig einem eingebildeten Urzustande nachzutrauern, einem in „Faulheit verträumten oder mit kindischem Spiel vertändelten Leben", solle der Mensch mit allen seinen Kräften den allgemeinen Entwicklungsgang „vom Schlechteren zum Besseren" tatkräftig unterstützen [17]. Kants Kritik richtet sich insbesondere gegen Rousseaus zivilisationsfeindliche Einstellung. Obgleich Rousseau niemals die Menschheit in einen bedürfnislosen Urzustand zurückführen wollte, so steht doch seine Analyse und Bewertung der Geschichte in einem diametralen Gegensatz zum Fortschrittsoptimismus des liberal-aufklärerischen Ideenkreises. Rousseau begreift den geschichtlichen Ablauf nicht als eine stetige Aufwärtsentwicklung, sondern vielmehr als eine dialektische Verschränkung von Fortschritt und Rückschritt. Das

[15] *Adam Weishaupt:* Nachtrag von weiteren Originalhandschriften, München 1787, S. 53.

[16] *Immanuel Kant:* Mutmaßlicher Anfang der Menschengeschichte, in: Kants populäre Schriften, Hrsg. E. Aster, Berlin o. J., S. 123.

[17] Ebd., S. 123 f.

Heraustreten aus dem bedürfnislosen Urzustand wird von ihm begrüßt. Im Naturzustand ist der Mensch noch nicht im vollen Besitz seiner Kräfte. Der Instinkt triumphiert noch über den Geist. Diesem Urzustand trauert Rousseau nicht nach. Es ist eine geschichtliche Leistung des Menschen, diesen un-menschlichen Zustand verlassen zu haben. Gleichwohl keimt im Fortschritt der Rückschritt. Beide konstituieren in gleicher Weise den Lauf der Geschichte. Während der Übergang vom Naturzustand zum Leben in der Gesellschaft den Menschen aus dem tierischen Dasein erlöste, geriet er nun unter das Joch der Gesellschaft. „D'un autre côté, de libre et indépendant qu'était auparavant l'homme, le voilà, par une multitude de nouveaux besoins, assujetti pour ainsi dire à toute la nature, et surtout à ses semblables, dont il devient l'esclave en un sens, même en devenant leur maître: riche, il a besoin de leur services; et la médiocrité ne le met point en état de se passer d'eux." [18]

Rousseaus zivilisationsfeindliches Credo und die Fortschrittsgläubigkeit der liberalen Soziallehre sind mit kontrapunktlicher Schärfe einander entgegengesetzt. Bei aller hedonistischen Ausrichtung der liberalen Gesellschaftslehre ist das Denken der bürgerlichen Politiker zuweilen jedoch von asketischen Vorstellungen beeinflußt. So beruft sich Robespiere auf Rousseau und kritisiert den Hedonismus der Epikuräer und Enzyklopädisten [19].

2. Bedürfnissteigerung als fortschrittszeugende Kraft: Sozialismus

Wie die aufklärerisch-liberale Gesellschaftslehre so betrachtet auch die sozialistische Sozialtheorie die vollständige Bedürfnisbefriedigung aller Bürger als das Ziel jeglicher gesellschaftlichen Assoziation. Die sozialistische Lehre unterscheidet sich von der liberalen jedoch darin, daß die gesellschaftspolitischen Forderungen im Namen der Armen und Ausgebeuteten erhoben werden. Machte sich der Liberalismus zum Fürsprecher des Einzelnen, so stellt der Sozialismus das Wohl und Wehe einer bestimmten Gesellschaftsschicht in den Mittelpunkt seiner Theorie.

Bereits die sozialistischen Aufklärer nehmen den Hedonismus zum Ausgangspunkt ihrer Gesellschaftslehre. In deutlicher Frontstellung gegen den Rationalisten Descartes erhebt Morelly die menschlichen Sinne und Bedürfnisse in den Rang einer den Menschen konstituierenden Kategorie. „Je sens;

[18] *Jean Jacques Rousseau:* Discours sur l'origine et les fondements de l'inégalité parmi les hommes, Hamburg 1955, S. 128. Rousseaus frugales Lebensideal wird deutlich im 3. Buch seines „Emile".

[19] Vgl. dazu: *R. S. Ward:* Maximilien Robespierre, London 1934, S. 229.

donc je suis."[20] Die Sinnesausstattung hat dabei nur einen Sinn, nämlich Glück zu stiften. „Il (der Mensch; M.) n'est sensible que par ce qu'il peut être heureux."[21] Der lakonische Satz Morellys: „L'homme est créé pour le Bonheur"[22] steht leitmotivisch über dem sozialistischen Ideenkreis. Nur wenn alle Bedürfnisse befriedigt werden, ist der Mensch wahrhaft glücklich. „Les hommes ne peuvent être heureux que par la satisfaction de leurs besoins physiques et de leurs besoins moraux, ce qui est le but unique et l'objet plus ou moins direct des sciences, des beaux arts et des arts-et-métiers." (Saint-Simon)[23]

Die Ursache für die uneingeschränkte Glücksbejahung vieler sozialistischer Autoren ist in ihrem atheistischen Materialismus zu suchen. Bei einem so erklärten Materialisten wie Theodore Dézamy stammt die Bejahung des menschlichen Glücks aus der konsequenten Ablehnung aller metaphysischen Vorstellungen. Er ruft seine Zeitgenossen auf, sich den Geboten des Christentums zu entziehen und es sich auf der Erde heimisch zu machen. „En dépit des prêtres et de moralistes le but constant de tous nos efforts sera de réaliser le bonheur en ce monde."[24] Der Mensch soll alle seine Anstrengungen auf irdische Ziele richten und allen Gedanken an eine überirdische Welt entsagen. „La terre est notre unique patrie, notre religion est toute terrestre."[25] Die Natur beglückt die Menschen überreichlich mit all den Gütern, die zur Befriedigung der körperlichen und geistigen Bedürfnisse notwendig sind. „Vivre donc d'une manière conforme à notre complète organisation, ou point de bonheur. Boire, Manger, Dormir, Engendrer, etc.: voilà les principaux besoins de l'ordre physique. Sentir et raisonner: voilà les premiers besoins de l'ordre intellectuel et moral."[26] Allerdings läßt sich die volle Befriedigung aller Bedürfnisse nur in einer sozialistischen Gesellschaft realisieren. Daraus ergibt sich für Dézamy die Forderung: „Trouver donc une situation qui puisse assurer à tous, et sans contrainte, la perpétuelle satisfactions des besoins du corps et des besoins de l'esprit."[27]

[20] *Morelly:* Essai sur le coeur humain, Paris 1745, S. 2.
[21] Ebd.
[22] Ebd., S. 1.
[23] *Claude-Henri de Saint-Simon:* L'organisateur, Oeuvres complètes, Tome II, éditions anthropos, Paris o. J., S. 191. Saint-Simon wird in dieser Arbeit den Sozialisten zugerechnet. Er hat nach *Roger Garaudy* „die Kritik der kapitalistischen Anarchie eingeleitet, wenn nicht sogar die der kapitalistischen Ausbeutung. Er war der erste, der seine Analyse auf die Produktion ausdehnte und sie nicht auf die Verteilung beschränkte, wie Babeuf es bis dahin getan hatte." (Die französischen Quellen des wissenschaftlichen Sozialismus, Aus dem Französischen, Berlin 1954, S. 112.)
[24] *Theodore Dézamy:* M. Lamenais réfuté par lui-même, Paris 1841, S. 69.
[25] Ebd.
[26] Ebd., S. 70.
[27] Ebd.

Karl Marx folgt Dézamy darin, daß die Religion einer vollen Befriedigung der Bedürfnisse im Wege steht und damit ein glückliches Leben der Menschen vereitelt. Daher ist „die Aufhebung der Religion als des illusorischen Glücks des Volkes ... die Forderung seines wirklichen Glücks." [28] Marx knüpft an die materialistische Tradition der bürgerlichen Aufklärung an. Dabei unterscheidet er zwei Strömungen. Die eine rührt von Descartes her und wirkt bis heute in der mechanischen Naturwissenschaft weiter. Dieser von Marx als mechanischer Materialismus bezeichneten Strömung eignet eine asketische und fleischfeindliche Einstellung. „Die Sinnlichkeit verliert ihre Blume und wird zur abstrakten Sinnlichkeit des Geometers." [29] Dieser asketische Akzent fehlt dagegen der anderen Strömung des Materialismus. Sie wird von Marx als die humanistische bezeichnet und leitet sich von Bacon her. Weiterentwickelt von Condillac und Helvétius, mündet sie in den modernen Sozialismus und Kommunismus. Schon der Materiebegriff Bacons enträt des mathematisch-asketischen Charakters, der die Philosophie Descartes' auszeichnet. Bei Bacon lacht die Materie den Menschen in „poetisch-sinnlichem Glanze" [30] an. Bacon berücksichtigt bei der Bestimmung seines Materiebegriffes die Bedürfnisse des Menschen. Helvétius wird von Marx gepriesen, weil er die menschlichen Bedürfnisse als die Basis der Moral betrachtet. Des weiteren habe der französische Aufklärer die Einheit zwischen dem Fortschritt der Vernunft und dem Fortschritt der Industrie konstatiert. Vor allem habe er die Allmacht der Erziehung erkannt. Im Anschluß an die sensualistischen Prämissen der Aufklärung fordert Marx eine Gesellschaftsordnung, in der die Befriedigung aller Bedürfnisse gewährleistet ist. „Wenn der Mensch von den Umständen gebildet wird, so muß man die Umstände menschlich bilden." [31] Die Schaffung menschenwürdiger gesellschaftlicher Verhältnisse ist deshalb von Gewicht, weil die Beziehung zwischen dem menschlichen Bedürfnis und der Umwelt, welche die Mittel zur Bedürfnisbefriedigung bereitstellt, den Menschen konstituiert. Der Mensch ist ein Naturwesen. Die Natur ist sein „unorganischer Leib", mit dem er in „beständigem Prozeß bleiben muß" [32]. Wie bei den anderen Lebewesen, so ist auch beim Menschen die Beziehung zur Natur unabdingbare Voraussetzung der Existenz. Er, der Mensch, ist ein „natürliches, leibliches, sinnliches, gegenständliches Wesen ... wie es auch das Tier und die Pflanze ist,

[28] *Karl Marx:* Zur Kritik der Hegelschen Rechtsphilosophie, Einleitung, MEW Band I, Berlin 1956, S. 379.
[29] *Marx:* Die Heilige Familie, MEW Band II, Berlin 1959, S. 136.
[30] Ebd., S. 135.
[31] Ebd., S. 138.
[32] *Marx:* Ökonomisch-Philosophische Manuskripte, MEW Ergänzungsband, Erster Teil, Berlin 1968, S. 516.

d. h. die Gegenstände seiner Triebe existieren außer ihm, als von ihm unabhängige Gegenstände"[33]. Der Mensch hat seiner Bedürfnisse wegen seinen Gegenstand außer sich. Das macht ihn nach Marx zum natürlichen Wesen. Man ist nur dann wirklich und sinnlich, wenn man die Gegenstände seiner Sinnlichkeit außer sich hat. „Diese Gegenstände sind Gegenstände seines Bedürfnisses, zur Betätigung und Bestätigung seiner Wesenskräfte, unentbehrliche, wesentliche Gegenstände."[34] Der Mensch bedarf der Gegenstände außer sich um zu leben, um sich zu verwirklichen. „Ein ungegenständliches Wesen ist ein Unwesen."[35] Die Bedürfnisbeziehung zwischen Mensch und Gegenstand konstituiert das Wesen des Menschen. „Der Hunger ist ein natürliches Bedürfnis; er bedarf also einer Natur außer sich, eines Gegenstandes außer sich, um sich zu befriedigen, um sich zu stillen. Der Hunger ist das gestandne Bedürfnis meines Leibes nach einem außer ihm seienden, zu seiner Integrierung und Wesensäußerung unentbehrlichen Gegenstande."[36] Dank seiner Bedürfnisse nimmt der Mensch teil an der Natur, dank seiner Bedürfnisse verwirklicht er sich und wird Mensch. Dies wird sinnfällig bei der Betrachtung der Natur; sie ist dem Menschen nicht unmittelbar gegeben. Der Mensch ist als bedürftiges Wesen gezwungen, sich mit der Natur auseinanderzusetzen. Er wird auf diese Weise vom bedürftigen zum kämpfenden Menschen. Er wird Herr der Natur, modifiziert sie, verändert sie nach eigenem Gutdünken. „Er hebt sich in die Natur auf und hebt diese in sich auf." (Henri Lefèbvre)[37] Die Natur ist Gegenstand menschlicher Aktivität. Dies unterscheidet den Menschen wesentlich vom Tier. Der Mensch agiert frei. Seine Freiheit zeigt sich vor allem in seiner Haltung gegenüber dem Bedürfnis. Wohl produziert auch das Tier, aber „unter der Herrschaft des unmittelbaren physischen Bedürfnisses". Der Mensch dagegen schafft „selbst frei vom physischen Bedürfnis" (Marx)[38]. Er kann sich vom Bedürfnis distanzieren, es reflektieren und als freies Wesen zum Gegenstand seiner Aktivität machen. Aus diesem Grunde ist die menschliche Produktion mannigfaltiger als die tierische. Der Mensch produziert die ganze Natur, das Tier nur sich selbst. Der Mensch tritt seinem Produkt frei gegenüber, das Produkt des Tieres bleibt unlöslicher Bestandteil seines Leibes. Der Mensch wird durch die Arbeit erst zum Menschen. „Man sieht, wie die Geschichte der Industrie und das gewordene gegenständliche Dasein der Industrie das aufgeschlagene Buch der menschlichen We-

[33] Ebd., S. 578.
[34] Ebd.
[35] Ebd.
[36] Ebd.
[37] *Henri Lefèbvre:* Der dialektische Materialismus, Aus dem Französischen, 2. Aufl., Frankfurt am Main 1967, S. 95.
[38] *Marx:* Ökonomisch-Philosophische Manuskripte, a. a. O., S. 517.

senskräfte" ist[39]. Die Industrie konstituiert „das menschliche Wesen der Natur oder das natürliche Wesen des Menschen"[40]. Der Mensch verwirklicht sich in seiner Arbeit. Die ganze Weltgeschichte ist nichts anderes „als die Erzeugung des Menschen durch die menschliche Arbeit"[41]. Die Bedürfnisse zwingen den Menschen zur Arbeit; mit den Produkten seiner Arbeit stillt er seine Bedürfnisse. Der Fortschritt in der Arbeitstechnik bewirkt die Entgrenzung und Verfeinerung der Bedürfnisse. „Die Bildung der fünf Sinne ist eine Arbeit der ganzen bisherigen Weltgeschichte."[42] In der dialektischen Auseinandersetzung zwischen Mensch und Natur wird „der menschliche Sinn, die Menschlichkeit der Sinne"[43].

Einer Vereinigung reiner Subjekte (Monaden) würde der echt menschliche Sinn jedoch ermangeln. Nur der gesellschaftsbezogene Mensch kommt in den Genuß echter Sinnlichkeit. Erst durch das Zusammensein und Zusammenarbeiten der Menschen, „durch den gegenständlich entfalteten Reichtum des menschlichen Wesens wird der Reichtum der subjektiven menschlichen Sinnlichkeit, wird ein musikalisches Ohr, ein Auge für die Schönheit der Form, kurz, werden erst menschlicher Genüsse fähige Sinne, Sinne, welche als menschliche Wesenskräfte sich betätigen, teils erst ausgebildet, teils erst erzeugt."[44] Da die „Sinne des gesellschaftlichen Menschen andre Sinne wie die des ungesellschaftlichen"[45] sind, ist die auf Zusammenarbeit basierende Industrie der „sinnlich gegenwärtigste, zugänglichste Teil der Geschichte"[46]. Die Aneignung der menschlichen Wirklichkeit in der Auseinandersetzung mit der Natur wird zur reichen Befriedigung der Bedürfnisse. „Denn das Leiden, menschlich gefaßt, ist ein Selbstgenuß des Menschen."[47] Der Mensch leidet an der Außenwelt, d. h. er bedarf ihrer. Durch die Befriedigung dieses Bedürfnisses überwindet er sein Leid. In einer vollen Befriedigung der Sinne, in einem daraus resultierenden glücklichen Leben erblickt Marx Sinn und Ziel des Daseins.

Die Sozialisten teilen mit den Vertretern der bürgerlich-aufklärerischen Soziallehre nicht nur das hedonistische Menschen- und Gesellschaftsbild. Sie teilen mit ihnen auch die Ansicht, daß die Bedürfnisentgrenzung Basis der historisch-kulturellen Entwicklung ist, daß die Bedürfnisse den Menschen aus seiner ursprünglichen Fatalität herausrissen und auf diese Weise

[39] Ebd., S. 542.
[40] Ebd., S. 543.
[41] Ebd., S. 546.
[42] Ebd., S. 541 f.
[43] Ebd., S. 541.
[44] Ebd.
[45] Ebd.
[46] Ebd., S. 543.
[47] Ebd., S. 540.

den Fortschritt einleiteten. Allerdings beklagt Mably, ein Vertreter der sozialistischen Aufklärung, diese Dialektik von Bedürfnisentgrenzung und kultureller Entwicklung. Er bedauert, nicht als Zeitgenosse des Lykurgus geboren zu sein. Sein soziales Ideal erblickt er in der von Homer geschilderten bedürfnisarmen Lebensweise. „J'aime la simplicité des moeurs peintes dans Homère; des rois qui savent le nombre de leurs vaches, de leurs chevres, de leurs moutons, et qui préparent eux-mêmes leur souper; une reine Areté qui file les étoffes dont son mari est habillé, et une princesse Nausicaa qui va elle-même sur une charette laver à la rivière les habits de sa famille." [48] Allein eine bedürfnisarme Gesellschaft gewährleistet Mably zufolge ein tugendhaftes und glückliches Leben. Bedürfnissteigerung hat unweigerlich den Zerfall der gesellschaftlich-moralischen Ordnung im Gefolge. „A mesure que les besoins des citoyens se multiplieront et s'agrandiront, attendez-vous à voir nos qualités sociales s'affoiblir, s'éteindre ou se dénaturer et les vices se montrer avec plus d'impudence" [49].

Mably bildet jedoch eine Ausnahme. Die meisten Sozialisten begrüßen die fortschrittszeugende Kraft der Bedürfnisse. Morelly schon legt in seinem 1755 erschienenen Hauptwerk „Code de la Nature" ein eindeutiges Bekenntnis zur Dialektik von Bedürfnissteigerung und kulturellem Fortschritt ab. Dabei geht Morelly davon aus, daß der Mensch ursprünglich in einem apathischen Zustand gelebt hat. „Le premier instant de sa vie le trouve enveloppé d'une indifférence totale, même pour sa propre existence." [50] Aus diesem Zustand seiner animalischen Existenz wurde der Mensch jedoch dank seiner Bedürfnisse erlöst. Sie zwangen ihn, für seine Existenz zu sorgen, und befreiten ihn auf diese Weise aus seiner animalischen Gleichgültigkeit. „Je dis que ses besoins l'éveillent par dégrés, le rendent attentif à sa conservation, & c'est des premiers objets de cette attention, qu'il tire ses premières idées." [51] Das konstitutive Prinzip dieses Entwicklungsprozesses ist die wechselseitige Verschränkung von Bedürfnissen und Fähigkeiten. Der Rückfall in den überwundenen Urzustand wird dadurch vermieden, daß der Mensch gezwungen ist, seine Bedürfnisse unter Mühen und Opfern und unter Anspannung aller seiner Kräfte zu befriedigen. „Si l'homme ne trouvoit aucun obstacle à satisfaire ses besoins, chaque fois qu'il les auroit contentés, il retomberoit dans sa première indifférence, il n'en ressortiroit que lorsque le sentiment de ces besoins renaissans l'agiteroient." [52] Es macht die Eigenart dieser Verschränkung von Fähigkeiten und

[48] *Gabriel-Bonnot de Mably:* Entretiens de Phocion, Amsterdam 1763, S. 91.
[49] *Ders.:* De la législation ou des principes de loix, Oeuvres complètes, Tome neuvième, Londres 1789, S. 27 f.
[50] *Morelly:* Code de la nature, Par-Tout 1755, S. 20.
[51] Ebd., S. 21.
[52] Ebd.

Bedürfnissen aus, daß die Bedürfnisse die Fähigkeiten des Menschen jeweils um einige Grade übersteigen. „La Nature a sagement proportionné nos besoins aux accroissemens de nos forces; puis en fixant le nombre de ces besoins pour le reste de notre vie, elle a fait qu'ils excédassent toujours de quelque chose les bornes de notre pouvoir." [53] Auf diese von der Natur so ingeniös eingerichteten Weise hört die Spannung zwischen den Bedürfnissen und den Fähigkeiten nie auf. Durch Wechselwirkung werden sich beide immer wieder aufs neue potenzieren[54]. Die in stetiger Zunahme begriffenen Bedürfnisse geben dabei den Wurzelgrund ab für eine stetige Entwicklung der menschlichen Rasse. Aus der in der Geschichte angelegten Steigerung der Bedürfnisse emaniert der Fortschritt der Menschheit. Morelly setzt seine ganze Hoffnung in den sozial-kulturellen Fortschritt. Er ist der Überzeugung, daß die allgemeine Bedürfnissteigerung eine kommunistische Gesellschaftsordnung im Gefolge haben werde. Dabei bedeutet die Gründung eines Idealstaates keinen Schritt in die Vergangenheit; sie ist vielmehr eine entscheidende Etappe in der stetigen Höherentwicklung des Menschen und seiner gesellschaftlichen Verhältnisse. Morelly hofft, mit der Verwirklichung seiner aus dem Naturrecht deduzierten Gesellschaftskonstruktion den alten Unrechtsstaat beseitigen zu können. Die in den Bedürfnissen wirkende teleologische Kraft führt zu einer freiheitlichen und vernunftgemäßen Ordnung. Dabei ist sich Morelly immer bewußt, daß bei aller politischen und sozialen Ungerechtigkeit auch sein eigenes Jahrhundert einen Fortschritt gegenüber den früheren sozialen Formationen darstellt. Er besitzt volles Vertrauen in den weiteren Fortgang der menschlichen Höherentwicklung; nie wäre es ihm in den Sinn gekommen, an der stetigen Vorwärtsbewegung zu zweifeln. Im Gegensatz zu den Autoren des 16. und 17. Jahrhunderts, die sich allein für den geistigen Fortschritt aussprachen, erhofft Morelly als Vertreter der Philosophie des 18. Jahrhunderts eine Aufwärtsentwicklung sowohl auf dem kulturellen als auch auf dem gesellschaftlich-politischen Gebiet.

Seine Theorie von der fortschrittszeugenden Kraft der Bedürfnisse, insbesondere seine Lehre vom dialektischen Wechselspiel zwischen den Fähigkeiten und Bedürfnissen des Menschen, beeinflußte die Sozialtheorie Wilhelm Weitlings. Weitling teilt Morellys Auffassung, wonach die menschlichen

[53] Ebd.

[54] In seinem Werk „Le Prince" (Amsterdam 1751) spricht sich *Morelly* unzweideutig für den Luxus aus (Bd. 1, S. 106 u. 113 ff.). Seine „Basiliade" fordert ihn allerdings in ästhetischer Form (Naufrage des isles flottantes ou basiliade, Messine 1753). Die Idealform des Luxus ist in prächtiger Architektur, Landschaftsgärtnerei und verwandten Künsten zu finden: das ist die Lehre des Code. Dagegen soll übertriebener persönlicher Luxus in der Nahrung und Kleidung durch Luxusgesetze eingeschränkt werden. (Code de la nature, S. 206.)

Bedürfnisse die Causa movens der Geschichte und das Agens des kulturell-politischen Fortschrittes der Menschheit sind. Im Anschluß an Morelly geht Weitling aus vom Bedürfnis nach Selbsterhaltung, vom Wunsch, das eigene Leben zu perpetuieren. „Dieser Selbsterhaltungstrieb setzt alle Glieder der Gesellschaft in Bewegung ... Vermöge des natürlichen Selbsterhaltungstriebes sucht der Mensch alles zu haben, was nur irgend zu haben ist. Alles, was auf der Erde lebt, was in den Lüften sich bewegt, was in der Erde versteckt ist; alles, was atmet und wächst, was man hören, sehen, schmecken, riechen und fühlen kann. Nach allem gelüstet es dem Menschen, alles sucht er zu genießen, obgleich er nicht alles haben kann, weil die Natur seinen Begierden Schranken entgegensetzt, an welchen er unaufhörlich arbeitet, um sie niederzureißen.“ [55] Indem der Mensch diese Hindernisse bewältigt, aktiviert er die in ihm schlummernden kulturell-sozialen Potenzen. „Je mehr es nun der Menschheit gelingt, diese hindernden Schranken niederzureißen, desto breiter und sicherer ist die Bahn des Fortschrittes, welche sich dieselbe bricht.“ [56] Ähnlich wie bei Morelly ist auch bei Weitling dafür gesorgt, daß der Prozeß der Bedürfnissteigerung nie an sein Ende gelangt. „Um nun den ganzen Organismus in Bewegung zu setzen, so legte die Natur in die Befriedigung der Genüsse alle ihre Reize und ließ diese letztere auf die Sinne wirken. Die Sinne regten nun die Begierden auf, die Begierden die Fähigkeiten und diese die Tätigkeit des Menschen.“ [57] Die Gefahr, daß sich die Zunahme der Bedürfnisse einmal verlangsamt bzw. ganz zum Stillstand kommt, besteht nicht. Damit die „Begierden, die Triebfedern des ganzen Organismus ... nicht erschlaffen, hat es die Natur so eingerichtet, daß sie immer stärker werden, je mehr sich die Fähigkeiten des Menschen entwickeln und vervollkommnen.“ [58] Dies wird von Weitling facettenreich exemplifiziert. Ging man zunächst zu Fuß, so fing man später an zu reiten. Dann begann man zu fahren. Dann baute man Landstraßen und Kanäle. Später bedienten sich die Menschen des Verkehrsmittels Eisenbahn. In der Zukunft wird die Luftschiffahrt die Landstraßen und Kanäle unnötig machen [59].

Der wirtschaftliche Wohlstand bewirkt zugleich auch den kulturellen Fortschritt. Theodor Schuster, Mitbegründer des Pariser „Bundes der Geächteten“, versucht die Behauptung, daß sich in einem armen politischen Gemeinwesen kulturelles Leben kaum entfalten könne, am Beispiel des

[55] *Wilhelm Weitling:* Garantien der Harmonie und Freiheit, Neuausgabe, Hrsg. B. Kaufhold, Berlin 1955, S. 14.

[56] Ebd.

[57] Ebd., S. 128.

[58] Ebd.

[59] Ebd.

mittelalterlichen Adels nachzuweisen. Dieser „hauste auf seinen Felsenburgen fern vom Verkehr der Städte, arm meist und einfach in seinen Sitten und ein erklärter Feind der Industrie und Kunst." [60] Unter den obwaltenden Umständen dachten die adligen Herren „mehr an Raubzüge und Waffentaten als an Verfeinerung ihrer Genüsse" [61]. Ganz anders in den bürgerlichen Reichsstädten. Hier, wo „unter freiem, volkstümlichen Gesetz eine mannhafte Bürgerschaft in reichem Wohlstande waltete" [62], pflegte man mit Hingabe Kunst und Wissenschaft. „Dort unter dem Schirme des Gemeinwohls entfaltete sich das Genie der Dürer, Rubens, Rembrandt, dort tönten die Chöre des erhabenen Meistergesangs, dort war die Wiege der Scheffer, Gutenberg, Faust, und dort verkörperte der Meißel der Baukunst Unendlichkeit und Ewigkeit in den gigantischen Domen der Kathedralen!" [63] Auf dem Grunde des Wohlstandes konnte sich das rege kulturelle Leben der mittelalterlichen Städte entfalten.

Weder Gott wie bei Bossuet noch der Weltgeist wie bei Hegel bewirken nach Marx den historischen Fortschritt. Es ist einzig und allein der bedürftige Mensch, der die Geschichte in Gang setzt. Dabei gebührt den Franzosen und Engländern das Verdienst, als erste der Geschichtsbeschreibung eine „materialistische Basis" gegeben zu haben. Sie haben zuerst „Geschichten der bürgerlichen Gesellschaft, des Handels und der Industrie" [64] geschrieben. „Dies haben die Deutschen bekanntlich nie getan, daher nie eine *irdische* Basis für die Geschichte und folglich nie einen Historiker gehabt." [65] Es ist deshalb notwendig, den Deutschen „die erste Voraussetzung aller menschlichen Existenz, also auch aller Geschichte . . . nämlich die Voraussetzung, daß die Menschen imstande sein müssen zu leben, um ‚Geschichte machen' zu können" [66], ins Bewußtsein zu heben. „Zum Leben aber gehört vor Allem Essen und Trinken, Wohnung, Kleidung und noch Einiges Andere. Die erste geschichtliche Tat ist also die Erzeugung der Mittel zur Befriedigung dieser Bedürfnisse, die Produktion des materiellen Lebens selbst" [67]. Die Bedürfnisse steigern sich kontinuierlich. „Das Zweite ist, daß das befriedigte erste Bedürfnis selbst, die Aktion der Befriedigung und das schon er-

[60] *Theodor Schuster:* Gedanken eines Republikaners, in: „Der Geächtete", Jg. 2, zit. nach: Vom kleinbürgerlichen Demokratismus zum Kommunismus, Zeitschriften aus der Frühzeit der deutschen Arbeiterbewegung, Hrsg. W. Kowalski, Berlin 1967, S. 71.
[61] Ebd.
[62] Ebd.
[63] Ebd.
[64] *Marx:* Die deutsche Ideologie, MEW Band III, Berlin 1959, S. 28.
[65] Ebd.
[66] Ebd.
[67] Ebd.

worbene Instrument der Befriedigung zu neuen Bedürfnissen führt." [68] Dabei erzeugen „die vermehrten Bedürfnisse neue gesellschaftliche Verhältnisse" [69]. Über die Dialektik von Bedürfnissen und Fähigkeiten schiebt sich ein neues Wechselverhältnis: die Beziehung zwischen Produktivkräften und Produktionsverhältnissen. Sobald die Produktivkräfte, d. h. die Produktionstechnik und mit ihr die Bedürfnisse der Menschen, eine bestimmte Stufe erreicht haben, erheischt diese Entwicklung neue Produktions- oder m. a. W. Eigentumsverhältnisse. Die dank des stetigen technischen Fortschrittes wachsenden gesellschaftlichen und politischen Bedürfnisse erzwingen im Laufe der Geschichte neue, den gestiegenen Bedürfnissen adäquate Eigentumsordnungen. So schuf die Handmühle den Feudalismus, und die Dampfmühle führte zur Gesellschaftsordnung des Kapitalismus [70].

Das gesellschaftliche Sein bestimmt nach Marx das Bewußtsein. Das heißt also, daß die Bedürfnisse nicht nur die verschiedenen Produktionsverhältnisse, sondern auch den diesen Verhältnissen jeweils entsprechenden kulturellen Überbau zeitigen. Die Bedürfnisse sind der Motor geistiger Aktivität. Sie bringen den Menschen zum Sprechen. Nach Marx entwickelt er ein besonderes Interesse für diejenigen Teile der Außenwelt, mit deren Hilfe er seine Bedürfnisse befriedigt. Die notwendigen Dinge des täglichen Lebens erregen die Aufmerksamkeit der Menschen. „Durch die Wiederholung dieses Prozesses (der Bedürfnisbefriedigung; M.) prägt sich die Eigenschaft dieser Dinge, ihre ‚Bedürfnisse zu befriedigen', ihrem Hirn ein, die Menschen wie Tiere lernen auch ‚theoretisch' die äußern Dinge, die zur Befriedigung ihrer Bedürfnisse dienen, vor allem andern unterscheiden." [71] Im weiteren Verlaufe dieses Prozesses gehen die Menschen dazu über, die Gebrauchsgüter mit bestimmten Namen zu versehen. „Auf gewissem Grad der Fortentwicklung, nachdem unterdes auch ihre Bedürfnisse und die Tätigkeiten, wodurch sie befriedigt werden, sich vermehrt und weiterentwickelt haben, werden sie auch bei der ganzen Klasse diese erfahrungsgemäß von der übrigen Außenwelt unterschiednen Dinge sprachlich taufen." [72] Marx macht darauf aufmerksam, daß die Menschen infolge des kompetitiven Charakters der Bedürfnisbefriedigung zur Benennung der Güter gezwungen sind. Die Mittel zur Bedürfnisbefriedigung müssen im Kampfe mit den anderen Mitgliedern der Gesellschaft, die ebenfalls ihre Bedürfnisse befriedigen wollen, angeeignet werden. Die Chance, die Auseinandersetzung mit den Konkurrenten

[68] Ebd.
[69] Ebd., S. 29.
[70] *Marx:* Das Elend der Philosophie, MEW Band IV, Berlin 1959, S. 130.
[71] *Marx:* Randglossen zu Adolph Wagners „Lehrbuch der politischen Ökonomie", MEW Band XIX, Berlin 1962, S. 363.
[72] Ebd.

erfolgreich zu bestehen, vergrößert sich, wenn die Gebrauchsgüter bezeichnet werden. Auch aus diesem Grunde geben die Menschen den Dingen, für die sie gearbeitet haben und die sie daher behalten wollen, Namen[73].
Überhaupt wurzelt die Bewertung der Dinge in den menschlichen Bedürfnissen und der Notwendigkeit ihrer Befriedigung. „Der allgemeine Begriff ‚Wert' entspringt aus dem Verhalten der Menschen zu den in der Außenwelt vorgefundnen Dingen, welche ihre Bedürfnisse befriedigen"[74]. Ohne die Bedürfnisse würden die Menschen nicht zum Sprechen veranlaßt. Die Sprache verdankt ihre Entstehung ursächlich den Bedürfnissen. Sie „entsteht, wie das Bewußtsein, erst aus dem Bedürfnis der Notdurft des Verkehrs mit andern Menschen."[75]
Die Entwicklung des menschlichen Bewußtseins geht allerdings recht langsam vonstatten. In der Urgesellschaft eignet dem Menschen zunächst ein wenig entwickeltes Bewußtsein. So unterentwickelt die urgesellschaftlichen Verhältnisse sind, so wenig fortgeschritten ist auch das menschliche Denkvermögen. Vom Tier unterscheidet sich der Mensch schon auf dieser Stufe dadurch, daß sein „Instinkt ein bewußter"[76] ist. Der Mensch verharrt nicht auf dieser Stufe. Vermöge seiner durch die Bedürfnisse angeregten Aktivität kann er sich diesem Zustande entreißen. Das menschliche Bewußtsein „erhält seine weitere Entwicklung und Ausbildung durch die gesteigerte Produktivität, die Vermehrung der Bedürfnisse."[77] Dabei zeitigt die Bedürfnissteigerung die Arbeitsteilung. Ursprünglich bestand die naturwüchsige Arbeitsteilung, eine Arbeitsteilung, wie sie im Geschlechtsakt gegeben und durch den natürlichen Unterschied der Körperkräfte bedingt ist. Die wirkliche Arbeitsteilung beginnt nach Marx erst von dem Zeitpunkt an, „wo eine Teilung der materiellen und geistigen Arbeit eintritt."[78] Mit dieser nicht-naturwüchsigen Arbeitsteilung beginnt die Trennung von Bewußtsein und Sein, von Theorie und Praxis. Das Denken gerät jetzt in die Gefahr, sich von der Wirklichkeit zu isolieren, der Utopie anheimzufallen. „Von diesem Augenblicke an *kann* sich das Bewußtsein wirklich einbilden, etwas Andres als das Bewußtsein der bestehenden Praxis zu sein, *wirklich* etwas vorzustellen, ohne etwas Wirkliches vorzustellen – von diesem Augenblicke an ist das Bewußtsein imstande, sich von der Welt zu emanzipieren und zur Bildung der ‚reinen' Theorie, Theologie, Philosophie, Moral etc. überzugehen."[79] Die Theorie hat sich jedoch stets der wahren gesell-

[73] Ebd.
[74] Ebd., S. 363 f.
[75] *Marx:* Die deutsche Ideologie, a. a. O., S. 30.
[76] Ebd., S. 31.
[77] Ebd.
[78] Ebd.
[79] Ebd.

schaftlichen Bedürfnisse zu versichern. „Die Theorie wird in einem Volke immer nur so weit verwirklicht, als sie die Verwirklichung seiner Bedürfnisse ist."[80] Das Bedürfnis des Volkes ist die Revolutionierung derjenigen Gesellschaft, in der ein Widerspruch zwischen dem allgemeinen und dem besonderen Interesse besteht, in der die Tätigkeiten nicht freiwillig, sondern naturwüchsig verteilt sind, in der, bedingt durch die Arbeitsteilung, sich Klassen absondern, „von denen eine alle andern beherrscht."[81] Die revolutionäre Theorie hat sich deshalb immer wieder von neuem die Frage zu stellen: „Werden die theoretischen Bedürfnisse unmittelbar praktische Bedürfnisse sein? Es genügt nicht, daß der Gedanke zur Verwirklichung drängt, die Wirklichkeit muß sich selbst zum Gedanken drängen."[82] Die sozialistischen Autoren sind auf die enge Verbindung von theoretischen und praktischen, geistigen und körperlichen Bedürfnissen bedacht. Dabei betonen sie unmißverständlich, daß die primären Bedürfnisse letztendlich die sekundären bedingen. Darauf hat nachdrücklich Joseph Dietzgen verwiesen. Für ihn ist die „Befriedigung der materiellen Bedürfnisse ... Grundlage oder Voraussetzung für die höheren idealeren Bedürfnisse."[83] Die Weltanschauung eines Volkes ist abhängig von seiner wirtschaftlichen Grundlage. „Wie im Kreise der Bedürfnisse die leiblichsten auch die unumgänglichsten sind, wie die Befriedigung des Magens und der Haut Vorbedingung ist, um an den geistigen, idealen Sinn, an Auge, Ohr oder Herz auch nur denken zu können, so ist im Leben der Völker und Parteien die abstrakte Welt- und Lebensauffassung abhängig vom konkreten Broterwerb."[84] Die scharfe Grenzziehung zwischen Mensch und Tier, auf die alle sozialistischen Autoren größten Wert legen, schließt also nicht aus, daß die körperlichen Bedürfnisse die geistigen bedingen. Doch wirken die geistigen Kräfte des Menschen auf die körperlichen zurück. Wie die Bedürfnissteigerung zur Ausbildung der rationalen Fähigkeiten beiträgt, so regen diese wiederum zu neuen Erfindungen an, die zur Produktion neuer Güter Verwendung finden. Die Dialektik von rationaler Planung und Bedürfnissteigerung ist ein typisches Kennzeichen der sozialistischen Wirtschaftsweise. In ihr wird die Produktion der Güter nicht den Gesetzen des Marktes überlassen, sondern ist Aufgabe der planerischen Gestaltung. Die beiden Strukturprinzipien der Aufklärung, der Rationalismus und der Sensualismus, kommen also in der sozialistischen Wirtschaftsgesellschaft in vollem Umfange zur Auswirkung. Der

[80] *Marx:* Zur Kritik der Hegelschen Rechtsphilosophie, a. a. O., S. 386.

[81] *Ders.:* Die deutsche Ideologie, a. a. O., S. 33.

[82] *Ders.:* Zur Kritik der Hegelschen Rechtsphilosophie, a. a. O., S. 386.

[83] *Joseph Dietzgen:* Die bürgerliche Gesellschaft, in: Schriften, Band I, Hrsg. Arbeitsgruppe für Philosophie an der Deutschen Akademie der Wissenschaften zu Berlin, Berlin 1961, S. 291.

[84] *Ders.:* Der wissenschaftliche Sozialismus, in: Schriften, Band I, Berlin 1961, S. 310.

menschliche Geist konzipiert die Planmaschinerie, die dem Zwecke dient, die Befriedigung der körperlichen und geistigen Bedürfnisse zu verbessern. Planen um besser leben zu können, das ist die Devise sozialistischer Gesellschaftsgestaltung.

Dem Menschen in der bürgerlichen Gesellschaft ist es verwehrt, seine Bedürfnisse in vollem Umfange zu befriedigen. Die uneingeschränkte Emanzipation der Sinne findet ihre Schranke an den Besonderheiten der kapitalistischen Gesellschaftsordnung. Das ihr eigentümliche Gewinnprinzip verhindert vor allem die Befriedigung des ästhetischen Bedürfnisses. Der unter dem „rohen praktischen Bedürfnis befangene Sinn" [85] des Kapitalisten übersieht nach Marx die Schönheiten der Natur. Sein ausschließlich am Profit orientiertes Denken hat kein Verständnis für die Dinge, die sich der Rubrizierung unter die Kategorie des Gewinnes entziehen. So sieht der „Mineralienkrämer ... nur den merkantilischen Wert, aber nicht die Schönheit und eigentümliche Natur des Minerals" [86]. Da in der kapitalistischen Gesellschaft nicht nach den Gesetzen der Schönheit, sondern für den prosaischen Profit produziert wird, kann sich der Reichtum der menschlichen Bedürfnisse erst in einer sozialistischen Gesellschaft entfalten. Während die bürgerliche Wirtschaftsweise gegenüber „gewissen geistigen Produktionszweigen, zum Beispiel der Kunst und Poesie, feindlich" [87] eingestellt ist, wird den poetischen Bedürfnissen in der sozialistischen Zukunftsgesellschaft volle Gerechtigkeit widerfahren. In ihr verweigert den Künsten niemand mehr ihr legitimes Heimatrecht, keiner käme auf den Gedanken, die Produktion in das enge Schema utilitaristischen Profitdenkens zu zwängen. Mit ihrer bedürfnis- und fortschrittsbejahenden Einstellung steht die sozialistische Ideologie im diametralen Gegensatz zu allen progressionsfeindlichen Tendenzen. Abgesehen von Mably wollte keiner der sozialistischen Autoren in einen bedürfnisarmen Urzustand zurück. Dézamy begreift die erste Periode der Geschichte in ihrer prosaischen Wahrheit. „Que le sauvage ait moins de besoin que le civilisé je l'admets. Mais qu'importe si, nonobstant, il se voit très-souvant exposé à mourir de faim, malgré la plus sévère tempérance et quelquefois la plus équitable répartition." [88] Im Urzustand litt der Mensch nicht nur unter dem Mangel an Nahrung, sondern auch unter der Grausamkeit und Sittenroheit seiner Stammesgenossen. „Le besoin dans le sauvage est toujours cruel, parce qu'il n'a presque rien pour le contenir. Aussi, proportionnellement au nombre, se commet-il au nord

[85] *Marx:* Ökonomisch-Philosophische Manuskripte, a. a. O., S. 542.
[86] Ebd.
[87] *Marx:* Theorien über den Mehrwert, Erster Teil, MEW Band XXVI, Berlin 1965, S. 257.
[88] *Dézamy:* Code de la communeauté, Paris 1842, S. 210.

de l'Amérique plus de crueautés et de meurtres que dans l'Europe entière." [89] Statt dem Ideal einer bedürfnisarmen Urgesellschaft nachzutrauern, begrüßen die Sozialisten den Luxus. Nach Fourier weisen bedürfnis- und luxusarme Zeiten nur einen geringen Zivilisationsgrad auf, wohingegen in Perioden luxuriöser Lebenshaltung auch die Künste und Wissenschaften blühen. „En quels lieux la Civilisation a-t-elle fait des progrès? C'a été dans Athènes, Paris, Londres, etc. où les hommes n'ont été nullement amis de la modération ni de la vérité, mais fortement esclaves de leur passions et adonnés aux intrigues et au luxe. En quels lieux la Civilisation a-t-elle langui est resté médiocre? C'a été dans Sparte et dans Rome primitive, où les passions voluptueuses et le luxe n'avaient qu'un faible développement" [90]. Der Luxus, so befindet Proudhon, „humanise, élève et ennoblit les habitudes" [91].

Wenn einige sozialistische Autoren sich dennoch gegen den Luxus ihrer Zeitgenossen wenden, so richtet sich ihre Kritik gegen die aufwendige Lebenshaltung einer parasitären Herrenschicht. Sie wehren sich dagegen, daß einige wenige sich einer luxuriösen Lebensweise erfreuen können, während das Volk hungert. Alle Bürger haben einen Anspruch auf ein glückliches Leben, alle sollen am Wohlstand teilhaben.

Trotz dieser eindeutigen Bekenntnisse zum kulturellen Fortschritt ist immer wieder die Ansicht vertreten worden, der Sozialismus sei im Grunde genommen eine kunst- und wissenschaftsfeindliche Bewegung. Noch 1910 schreibt Victor Cathrein S. J. in seinem Buch „Der Sozialismus": „Allein ist schon der Fortschritt auf volkswirtschaftlichem Gebiete in der sozialistischen Gesellschaft in Fesseln geschlagen, so gilt dies noch mehr von dem Fortschritt auf dem Gebiete der *Künste* und *Wissenschaften*." In einem sozialistischen Staate werde „von einem höheren wissenschaftlichen und künstlerischen Streben und Schaffen" [92] kaum mehr die Rede sein können. Gegen diesen Vorwurf der Kulturfeindlichkeit müssen sich die Sozialisten schon sehr früh zur Wehr setzen. Bereits Babeuf weist die Unterstellungen seiner politischen Gegner, in einem sozialistischen Staate hätten die Künste und Wissenschaften keine Heimat mehr, energisch zurück. „Ces parasites meurtriers ne se feront faute de crier que nous prétendons ramener la société à l'état de barbarie; ils nous peindront comme des vandales, ennemis des sciences, des arts et de l'industrie. Ni les arts, ni les sciences, ni l'industrie

[89] Ebd., S. 211.

[90] *Charles Fourier:* Théorie des quatre mouvements, Deuxième édition, Oeuvres complètes, Tome I, Paris 1841, S. 276.

[91] *Pierre-Joseph Proudhon:* Système des contradictions économiques, ou philosophie de la misère, Tome I, Paris 1846, S. 320.

[92] *Victor Cathrein S. J.:* Der Sozialismus, Eine Untersuchung seiner Grundlagen und seiner Durchführbarkeit, 10. Aufl., Freiburg im Breisgau 1910, S. 448.

ne péricleteraient, loin de là. Ils recevraient une impulsion dans le sens de l'utilité générale, ils se transformeraient dans leur applications de manière à accroître la somme des jouissances de tous." [93] Zu Unrecht hat Moses Hess ihm eine bedürfnisfeindliche Einstellung imputiert. „Die Gleichheit, welche Babeuf im Auge hatte, war ... eine Sansculottengleichheit, eine Gleichheit der Armut ... Künste und Wissenschaften sollten abgeschafft, die Städte zerstört werden; der Rousseausche Naturzustand war das Phantom, das damals in den Köpfen spukte. Das große Feld der Industrie war diesem Communismus noch eine *terra incognita.* Es war der abstrakteste Communismus, die Gleichheit sollte auf negativem Wege, durch die Ertödtung jeder Lust erzielt werden ... Nur die Naturbedürfnisse wurden als wirkliche anerkannt, aber gewiß auch nur aus Noth. Hätte man sich den Menschen ohne Leib machen können, so würde man auch diesen negirt haben." [94] Der Hess'sche Vorwurf der Bedürfnisfeindlichkeit trifft nicht auf Babeuf, sondern auf dessen anarchistischen Mitstreiter Sylvain Maréchal zu. Dieser verfaßte das sog. „Manifeste des Egaux" (1793), in dem dazu aufgerufen wird, Kunst und Wissenschaft auf dem Altar der Gleichheit zu opfern. Babeuf weigerte sich, dieses zivilisationsfeindliche Manifest zu unterschreiben [95].

3. Bedürfnissteigerung als Ursache des kulturellen Verfalls: Konservatismus

Sowohl der Hedonismus der liberalen und sozialistischen Gesellschaftslehre als auch die auf ihm basierende liberale und sozialistische Fortschrittsgläubigkeit erfahren die enragierte Ablehnung der romantisch-konservativen Staatstheorie. Diese lehnt den Hedonismus sowohl als Theorie des menschlichen Verhaltens wie auch als sittliches Ideal ab. Die fortschrittsgläubigen Aufklärer haben Lust und Schmerz als sich ausschließende Gegensätze begriffen; nach romantischer Auffassung sind es indes dialektisch aufeinander bezogene Polaritäten. Wie alle Erscheinungen der Wirklichkeit so faßt die romantische Philosophie auch Lust und Schmerz als ineinanderverschränkte Gegensätze auf. Hatte die Aufklärungsphilosophie den Menschen als das Wesen definiert, das das Glück sucht und den Schmerz meidet, so verweist die Romantik demgegenüber auf die fruchtbare Rolle des Schmerzes. Ohne

[93] *François-Noël Babeuf:* Lettre à Charles Germain 28. 7. 1795, in: Pages choisies, Ed. M. Dommanget, Paris 1935, S. 220.

[94] *Moses Hess:* Socialismus und Communismus, Einundzwanzig Bogen aus der Schweiz, in: Philosophische und sozialistische Schriften 1837–1850, Hrsg. A. Cornu und W. Mönke, Berlin 1961, S. 205.

[95] Vgl. dazu: *Garaudy:* Die französischen Quellen des wissenschaftlichen Sozialismus, S. 85.

den Schmerz wäre das menschliche Leben um eine wesentliche Dimension verkürzt. Der Schmerz vertieft das Leben und trägt auf seine Weise zu einer wesentlichen Erweiterung des menschlichen Seins bei. Gerade in der Fähigkeit zu leiden unterscheidet sich der Mensch vom Tier. Novalis hat diesen Unterschied hervorgehoben. „Krankheiten zeichnen den Menschen vor den Tieren und Pflanzen aus.“ [96] Vermöge der Krankheit wird der Mensch in die Lage versetzt, seine Persönlichkeit zu entfalten. „Krankheit gehört zur Individualisierung.“ [97] Das Leid versittlicht den Menschen, schärft seinen Sinn für Gut und Böse. „Zum Leiden ist der Mensch geboren. Je hilfloser, desto empfänglicher für Moral und Religion.“ [98] Die Krankheiten sind die wahren Lehrmeister des Menschen. „Krankheiten, besonders langwierige, sind Lehrjahre der Lebenskunst und der Gemütsbildung.“ [99]

Bei aller Betonung der fruchtbaren Rolle des Schmerzes gerät die romantische Philosophie jedoch nie in Gefahr, in undialektischer Einseitigkeit das Verlangen des Menschen nach Glück und Lust ablehnen zu wollen. Lust und Schmerz, Glück und Leid schließen sich nicht aus, sondern bedingen sich gegenseitig. Man würde die Romantik mißverstehen, wenn man sie eingeschlossen wähnte in die engen Grenzen einer lustfeindlichen Weltanschauung. Ein untrügliches Zeichen dafür ist die romantische Gestalt Heinrich von Ofterdingen. Heinrich sind alle asketischen Züge fremd. Weltbejahend genießt er die Freuden des irdischen Daseins in vollen Zügen. „Der Lebensgenuß stand wie ein klingender Baum voll goldener Früchte vor ihm ... Er verstand nun den Wein und die Speisen. Sie schmeckten ihm überaus köstlich. Ein himmlisches Öl würzte sie ihm, und aus dem Becher funkelte die Herrlichkeit des irdischen Lebens.“ [100] Auch ein Blick in Schlegels Lucinde lehrt, wie sehr die Romantiker die Leiblichkeit des Menschen bejahen. In diesem Roman fungiert die erotische Freiheit als ein Mittel, zu einem erfüllten Leben zu gelangen. Nicht zu Unrecht erblickt Friedrich Gundolf in Schlegels Lucinde den „ersten *grundsätzlichen* Anspruch auf Autonomie des Sinnengenusses“ [101]. Gerade Friedrich Schlegel hat gegenüber der sinnenfeindlichen Pflichtethik Kants den Anspruch des Menschen auf ein lustbetontes Leben verfochten. Die Freude ist für Schlegel „an sich gut“ [102].

[96] *Novalis:* Psychologische Fragmente, Werke, Dritter Teil, Hrsg. H. Friedemann, Berlin o. J., S. 123.
[97] Ebd., S. 122.
[98] Ebd., S. 123.
[99] Ebd.
[100] *Ders.:* Heinrich von Ofterdingen, Werke, Zweiter Teil, S. 127 f.
[101] *Friedrich Gundolf:* Romantiker, Berlin 1930, S. 128.
[102] *Friedrich Schlegel:* Seine prosaischen Jugendschriften, Hrsg. J. Minor, 2. Aufl., Band I, Wien 1906, S. 12.

Die romantisch-konservativen Autoren beziehen Lust und Schmerz gleichermaßen in ihr Weltbild ein. „Nein, noch immer sollen Leid und Freude und was sonst die Welt als Wohl und Wehe bezeichnet, mir gleich willkommen sein, weil jedes auf eigene Weise ... meines Wesens Verhältnisse mir offenbart." (Schleiermacher)[103] Beide, sowohl Schmerz als Freude, „zeigen ... das innere Leben an, und inneres Leben ist des Geistes Werk und freie Tat"[104]. Der hedonistisch gesinnte Bürger der liberalen Wirtschaftsgesellschaft hat jedoch, anders als die romantische Sozialtheorie es will, keinen Sinn für diese Dialektik von Lust und Schmerz. Sein Denken und Trachten ist ausschließlich auf die Maximierung seiner Lust ausgerichtet. Zur Kehrseite dieser schmerzfeindlichen Lebenseinstellung gehört nach Ansicht der romantischen Gesellschaftskritiker notwendigerweise der kulturelle Niedergang. Hatten die liberale und die sozialistische Gesellschaftslehre in der Bedürfnisausweitung die Grundlage für eine Entfaltung der kulturellen Potenzen eines Staates erblickt, so halten die Vertreter des romantisch-konservativen Ideenkreises dafür, daß die Bedürfnissteigerung und das allgemeine Streben nach Reichtum den kulturellen Verfall im Gefolge haben. Um einer fragwürdigen Betonung der körperlichen Bedürfnisse willen vernachlässige man sträflich die kulturellen. Die kontinuierliche Steigerung der Bedürfnisse beraube Wirtschaft, Gesellschaft und Staat ihrer poetischen Natur. Zusehends schrumpfe das Leben in der bürgerlichen Gesellschaft auf die Maximierung des Gewinns und die Befriedigung ausschließlich der körperlichen Bedürfnisse. Die Harmonie, die noch der mittelalterlichen Gesellschaft eigen war, verklinge im schrillen Getöse pragmatischer Lebensbewältigung. Ein unpoetischer Materialismus habe von den Gemütern Besitz ergriffen. Ausgangspunkt dieser ungeistigen und unpoetischen Denkhaltung ist die Lehre Newtons. Anstatt die Natur als eine „stille treibende Pflanze, eine stumme menschliche Künstlerin" (Novalis)[105] zu begreifen, wird sie in der Newtonschen Physik zu einem Attraktionsmechanismus toter Materieteilchen entwürdigt. Es blieb der liberalen Wirtschafts- und Soziallehre vorbehalten, dieses triste physikalische Modell auf die menschliche Gesellschaft zu übertragen. Die romantisch-konservativen Autoren lasten der liberalen Soziallehre an, die Gesellschaft als ein triviales Beziehungsgeflecht von bedürftigen, vornehmlich auf ihre Gewinnmaximierung erpichten Wirtschaftsbürgern zu verstehen. Adam Müller zufolge trifft vor allem Adam Smith der Vorwurf, ökonomische und soziale Theorie auf den reinen Nutzen reduziert zu haben. Er beschränke seine Lehre „auf absolut physische Bedürfnisse, auf absolut

[103] *Friedrich Daniel Ernst Schleiermacher:* Monologe, Hrsg. A. Messer, Stuttgart 1923, S. 79.

[104] *Ders.:* a. a. O., S. 24.

[105] *Novalis:* Ästhetische Fragmente, Werke, Dritter Teil, S. 195.

praktische Geschäfte"[106] und schließe dadurch die „geistigen Bedürfnisse der Menschen und ihr inneres Handeln vom Staate"[107] aus. Adam Smith habe als der führende Vertreter der liberalen Wirtschaftslehre den natürlichen Wirkungszusammenhang zwischen den niederen und höheren Bedürfnissen in undialektischer Weise auseinandergerissen. Die höheren Bedürfnisse wurden aus der innigen Verschränkung mit den körperlichen gelöst. Die „Freiheitsapostel aus der Schule Adam Smiths" errichteten ein ökonomisches System, welches nur „rohe, zählbare und handgreifliche Bedürfnisse statuiert", und steigerten dabei gleichzeitig die „idealischen Bedürfnisse der Nationen durch die Aufklärung ins Unendliche"[108]. Um zu einem natürlichen Verhältnis zwischen niederen und höheren Bedürfnissen zurückzufinden, müssen diese wieder in das Wirtschaftsleben zurückgenommen werden. Die kulturellen Potenzen des Menschen sollten, statt einer ins Künstliche gesteigerten Aufklärung zu dienen, bei der Poetisierung und Vermenschlichung des Wirtschaftslebens Verwendung finden. Die Bedeutung von Staat und Gesellschaft könne sich auf die Dauer nicht in der Garantie einer risikolosen Bedürfnisbefriedigung erschöpfen, ohne das politische Gemeinwesen zu gefährden.

Adam Müllers poetischer Betrachtungsweise widerspricht es auch, daß die liberale Ökonomie nur den Gütern einen wirtschaftlichen Wert zuspricht, die auf dem Markte angeboten werden. „Die idealischen Produkte nemlich, der schönste und erhabenste Gewinn einer Nation, die Erzeugnisse ihrer edelsten Geister hatten nach Adam Smith keinen ökonomischen Wert ... Die Worte des Geistlichen, des Künstlers, welche vielleicht das Herz oder die Erfindungskraft der Nation um vieles bereicherten oder veredelten bleiben ohne Wert."[109]

Die Romantiker wehren sich dagegen, daß die Lehre von der Gesellschaft zu einer platten Gebrauchsanleitung für das Leben degradiert wird. Alle Bedürfnisse, sowohl die körperlichen als auch die geistigen, haben Anspruch auf volle Anerkennung. Dies gilt nicht nur für die Wirtschafts-, sondern auch für die Staatslehre. Auch im politischen Gemeinwesen sollen sich die niederen und höheren Bedürfnisse zu einer fruchtbaren Synthese verbinden. Der Staat ist die „innige Verbindung der gesammten physischen und geistigen Bedürfnisse, des gesammten physischen und geistigen Reich-

[106] *Adam Heinrich Müller:* Vorlesungen über die deutsche Wissenschaft und Literatur, in: Kritische, ästhetische und philosophische Schriften, Band I, Hrsg. W. Schröder und W. Siebert, Neuwied und Berlin 1967, S. 96.

[107] *Ders.:* Die Elemente der Staatskunst, Teil I, Berlin 1809, S. 51.

[108] *Ders.:* Fragmente, in: Ausgewählte Abhandlungen, Hrsg. J. Baxa, Sammlung Herdflamme, Band IXX, 2. Aufl., Jena 1931, S. 85 f.

[109] *Ders.:* Adam Smith, in: Vermischte Schriften über Staat, Philosophie und Kunst, Band I, Wien 1818, S. 89.

tums, des gesammten inneren und äußeren Lebens einer Nation zu einem ... unendlich bewegten und lebendigen Ganzen" (Adam Müller)[110]. Das politische Gemeinwesen ist „der höchste Verein und die innigste Durchdringung des innern und äußern Daseins aller zu einem höheren Leben" (Steffens)[111].

Die liberale Wirtschafts- und Staatslehre, die das Poetische, die höheren Bedürfnisse ausklammert, findet ihre Entsprechung in einer Gesellschaftswirklichkeit, in der dem Poetischen ebenfalls das Daseinsrecht verweigert wird. Alle romantisch-konservativen Autoren klagen darüber, daß in der nüchternen bürgerlichen Tauschgesellschaft das Geistige zu kurz komme über dem Körperlich-Sinnlichen. Sie kritisieren den Drang nach immer vollkommenerer Befriedigung der körperlichen Bedürfnisse, der die Vernachlässigung der geistigen mit sich bringt. Novalis bedauert, daß die Menschen „im Drucke des Geschäftslebens" ihr „ganzes Dichten und Trachten den Mitteln des Wohlbefindens allein"[112] zuwenden. Da die „Bedürfnisse und die Künste ihrer Befriedigung ... verwickelter werden", habe der habsüchtige Mensch keine Zeit mehr zum „stillen Sammeln des Gemüts, zur aufmerksamen Betrachtung der inneren Welt"[113]. Dem gewinnsüchtigen, nur auf die Befriedigung seiner körperlichen Bedürfnisse bedachten Bürger „fällt die schönste Blüte seiner Jugend, Glaube und Liebe ab und macht den herberen Früchten, Wissen und Haben Platz"[114]. Damit beraubt sich der Mensch seines eigentlichen Wesens. Der auf die trivialen Zwecke der Alltäglichkeit abgerichtete Bürger, der sich dem Bedürfnis nach Poesie verschließt, ist für den Romantiker Novalis ein auf die animalische Stufe reduzierter Mensch[115]. Er wird zur Spottfigur. Unaufgeschlossen gegenüber den höheren Werten des Lebens, vergeudet er seine Zeit mit der Befriedigung seiner körperlichen Bedürfnisse. Der an Geist und Seele verkrüppelte Bürger „bildet sich nach der Herde, wo er eben gefüttert wird ... Wenn er reif wird, so pflanzt er sich an und tut Verzicht auf den törichten Wunsch, sich frei zu bewegen, bis er endlich versteinert, wo er denn oft noch auf seine alten Tage als Karikatur in bunte Farben zu spielen anfängt" (Novalis)[116]. Der gänzlich in den Prozeß utilitaristischer Daseinsbewältigung eingefugte Bürger leidet an einer „Erstarrung des inneren Lebens durch Eigennutz und Habsucht" (Fried-

[110] *Ders.:* Elemente der Staatskunst, Teil I, S. 51.
[111] *Heinrich Steffens:* Über die Idee der Universitäten, in: Die Idee der deutschen Universität, Hrsg. Ernst Anrich, Darmstadt 1956, S. 328.
[112] *Novalis:* Die Christenheit oder Europa, Werke, Vierter Teil, S. 133.
[113] Ebd.
[114] Ebd.
[115] *Ders.:* Schriften, Hrsg. J. Minor, Band I, Jena 1907, S. 120.
[116] Ebd., Band II, S. 325.

rich Schlegel) [117]. Ihm erscheint der „todte Mammon als das höchste Gut und einzige Zweck des ganzen Daseins" [118]. Nach Schlegel tritt in der besitz- und genußgierigen bürgerlichen Gesellschaft das Geld „an die Stelle aller andern höheren Geistes- und Seelengüter" [119]. Habsucht und Eigennutz absorbieren die besten Kräfte des Staates. Auf diese Weise geht „zuletzt der sittliche Begriff völlig mit verloren, erlischt und stirbt ab" [120].

Die Romantiker weigern sich mit Nachdruck, dem merkantilen Geist der bürgerlichen Tauschgesellschaft Reverenz zu erweisen. Ihre Mißbilligung gründet vor allem in der Sorge, die fruchtbare Wechselbeziehung zwischen den körperlichen und geistigen Bedürfnissen werde auf die Dauer einem prosaischen Materialismus zu weichen haben. Um eine der Würde und den Fähigkeiten des Menschen angemessene politische Ordnung zu schaffen bzw. zu erhalten, müssen alle wirtschaftlichen und politischen Handlungen und Geschehnisse poetischen Geist atmen. Die Vertreter der romantisch-konservativen Gesellschaftslehre wollen nicht auf das fruchtbare Spannungsfeld, das durch die beiden Pole Poesie und Leben bezeichnet ist, verzichten. Klüglich vermeiden sie die einseitige Bevorzugung des körperlichen oder geistigen Prinzips. Sie lehnen sowohl die geistwidrige Überbetonung der materiellen Werte als auch die wirklichkeitsfeindliche Verachtung der körperlichen Sphäre ab. Beiden Bereichen kommt gleicher Rang zu. Die romantisch-konservative Sozialphilosophie verwirft alle undialektischen Positionen. „Wenn die Welt der Sinne und die Welt des Geistes absolut getrennt erscheinen, dann ist die Sünde auf ihrem Gipfel" [121]. Diesem Diktum Adam Müllers kommt paradigmatischer Rang für die gesamte romantisch-konservative Gesellschaftslehre zu. Für alle Autoren dieses Ideenkreises stehen das geistige und körperliche Prinzip, die höheren und niederen Bedürfnisse in der Gesellschaft in einem Verhältnis inniger wechselseitiger Durchdringung. Alles hängt durchgehend miteinander zusammen. Körper und Seele, Geist und Natur sind nicht in zwei auseinanderstrebende Teile gespalten. Die Natur wird nicht wie bei Kant als Gegensatz erfahren; die Dingwelt ist nicht wie bei Fichte vom Geiste zu überwinden. Der Körper ist nicht das Gefängnis der Seele, das die freie Entfaltung der geistigen Kräfte verhindert. Natur und Geist bilden für den Romantiker eine harmonische und auf gegenseitige Befruchtung angelegte Einheit. Die Natur hat teil am Geiste, das heißt am

[117] *Schlegel:* Die drei ersten Vorlesungen über die Philosophie des Lebens, Leipzig o. J., S. 34 (Xenien-Bücher Nr. 33).
[118] Ebd.
[119] Ebd.
[120] Ebd.
[121] *Müller:* Versöhnung der Sinnenwelt mit der Geisterwelt, in: Vermischte Schriften, Band I, S. 139.

göttlichen Beseeliger aller Dinge. Daraus folgt, daß die Natur nicht zum Objekt des ausschließlich sinnlichen Genusses herabgewürdigt werden darf. Auch der Genuß hat sich der dialektischen Verschränkung von Körper und Geist zu fügen. Eine auf die platte Befriedigung der körperlichen Bedürfnisse ausgerichtete Lebensweise ist menschenunwürdig. Sie verleugnet die geistigen Kräfte. Dem ausschließlich auf die Befriedigung seiner körperlichen Bedürfnisse erpichten Bürger der liberalen Gesellschaft versagt die Natur ihre Geheimnisse. Er enträt somit einer genauen Kenntnis des Menschen und des Universums. Eingeengt in die Grenzen der praktischen Daseinsbewältigung, entbehrt er der seinserweiternden philosophischen und künstlerischen Betätigung.

Nicht immer waren Geist und Geld, Kultur und Wirtschaft auseinandergerissen wie in der bürgerlichen Gesellschaft. Zur Zeit des Mittelalters, ja noch in der Ära der deutschen Hanse, fügten sich das wirtschaftliche und kulturelle Leben zu einer harmonischen Einheit. Gemessen an den Fuggern und Medici, diesen verständnisvollen Förderern der Künste, sind unsere „Kaufleute im ganzen, die größten nicht ausgenommen ... nichts als Krämer" (Novalis)[122]. Das Denken der heutigen Unternehmer ist ausschließlich auf die materialistischen Aspekte des Lebens fixiert. Bar jeglichen Verständnisses für die Künste wird ihr Denken von einer krämerhaften Wirtschaftsgesinnung bestimmt. Dabei gebricht es dem echten Handelsgeist durchaus nicht am Sinn für das Poetisch-Künstlerische. „Der Handelsgeist ist der Geist der Welt. Er ist der großartige Geist schlechthin. Er setzt alles in Bewegung und verbindet alles. Er weckt Länder und Städte, Nationen und Kunstwerke. Er ist der Geist der Kultur, der Vervollkommnung des Menschengeschlechts." (Novalis)[123]

Wenn die Bedürfnissteigerung der industriellen Gesellschaft in der kulturellen Verflachung mündet, so ergibt sich daraus die Konsequenz, eine Gesellschaftsordnung anzustreben, in der nicht das Gewinnprinzip, sondern das Bedarfsprinzip vorherrscht. In der Tat haben alle Autoren der romantisch-konservativen Schule für eine Rückkehr in eine ständisch verfaßte Gesellschaft plädiert. In einer korporativen Ordnung wird der Lebensstandard von der Idee des standesgemäßen Unterhalts bestimmt. Der Bedarf des Einzelnen ist keine nach willkürlichem Belieben zu bestimmende Größe. Sie bemißt sich vielmehr nach seiner sozialen Position. Die wirtschaftliche Tätigkeit dient in einem solcherart geordneten Gemeinwesen dazu, die standesspezifische Lebenshaltung zu sichern. Niemandem kommt es dabei in den Sinn, die wirtschaftliche Tätigkeit als Selbstzweck zu betrachten.

[122] *Novalis:* Anthropologische Fragmente, Werke, Dritter Teil, S. 156.
[123] Ebd.

Keiner ist, so meinen die Romantiker, in einem ständischen Gemeinwesen darauf aus, mittels der Steigerung der Bedürfnisse die Fesseln, die ihn an seine gesellschaftliche Stellung binden, zu sprengen. Auf diese Weise hätte der Mensch dann wieder Sinn und Muße, sich um die höheren, wichtigeren Dinge des Lebens zu kümmern. Während die bürgerliche Gesellschaft zu einem „steifen, morschen ... Verein" [124] (Adam Müller) degenerierte, empfing die ständische Ordnung ihren Inhalt nicht ausschließlich aus dem Streben nach Befriedigung der körperlichen Bedürfnisse. Im ständischen Gemeinwesen der Zukunft werden die Menschen wieder zu künstlerischer Betätigung finden.

In der Bewertung der Steigerung der primären Bedürfnisse und ihrer Auswirkung auf die kulturelle Entwicklung kommen die Gemeinsamkeiten zwischen Liberalismus und Sozialismus einerseits und ihre gemeinsame Frontstellung gegenüber dem Konservatismus andererseits deutlich zum Ausdruck. Die liberalen und sozialistischen Autoren hoffen, daß die Steigerung der primären Bedürfnisse zugleich auch die Entfaltung der sekundären, der kulturellen zur Folge hat. Auf dem Grunde einer florierenden Wirtschaft erst kann sich ein reges kulturelles Leben entfalten. Dagegen sind die Konservativen der Ansicht, daß die Steigerung der körperlichen Bedürfnisse zum kulturellen Verfall führt. In dem Maße, in dem die primären Bedürfnisse wachsen, wird die Entwicklung der kulturellen verhindert. Nicht nur wird das kulturelle Wachstum gebremst; die wirtschaftliche Expansion resultiert letzten Endes in einer Rückbildung der geistigen Kräfte des Menschen. Während die Liberalen und Sozialisten zukunftsgläubig in der Entwicklung der wirtschaftlichen Bedürfnisse das Unterpfand für den kulturellen Fortschritt erblicken, sind die Konservativen der Ansicht, daß die Menschen der Steigerung ihres körperlichen Wohlbefindens und der Maximierung ihres Reichtums wegen den Sinn für die Ausbildung ihrer geistigen Kräfte verlieren. Dabei wurzelt die negative Bewertung der Bedürfnissteigerung nicht in einer asketischen Grundhaltung. Weit davon entfernt, einer abstinenten Lebensweise das Wort zu reden, befürwortet die romantisch-konservative Schule die volle Befriedigung gerade auch der körperlichen Bedürfnisse. Sie ist jedoch gegenüber der liberal-sozialistischen Gesellschaftsauffassung der Meinung, daß die unbegrenzte Steigerung des Wohlstandes und des Wohllebens die geistigen Kräfte verkümmern läßt und den kulturellen Niedergang zeitigt.

Diese Differenzen in der Bewertung der kulturellen Auswirkungen der Bedürfnissteigerung wurzeln in verschiedenen Denkstrukturen, die ihrerseits

[124] *Müller:* Fragment über den Adel, in: Vermischte Schriften, Erster Teil, Wien 1818, S. 139.

wiederum gesellschaftlich vermittelt sind. Der Konservative denkt vom Vergangenen her. Die Gegenwart wird von „rückwärts her ... erfaßt"[125]. Sie ist „die letzte Etappe der Vergangenheit"[126]. Konservatives Denken schließt deshalb jegliche Spekulation, jeden Wechsel auf die Zukunft aus. Richtpunkt der denkerischen Anstrengung ist das Gewesene. Mit diesem wird das Heute verglichen. Die ständische Gesellschaftsform wird der bürgerlichen Klassenordnung, die theozentrische Kultur des Mittelalters der säkularisierten bürgerlichen Gesellschaft gegenübergestellt. Die Gegenwart fällt gegenüber der Vergangenheit ab; das liberale Denken und die bürgerliche Gesellschaft erscheinen als Verfallsphänomene. Der materielle Reichtum der bürgerlichen Tauschgesellschaft kann deshalb auch kein Fundament für die kulturelle Höherentwicklung sein; wahre Kultur gedeiht nur in einem Gemeinwesen, in dem die natürliche und göttliche Ordnung verwirklicht ist. Der nur seinen Profit suchende Bürger kann nicht Anwalt der Künste und Wissenschaften sein. In dem Maße, in dem den adligen Mäzenen die wirtschaftliche Grundlage entzogen wird, verlieren die Künste und Wissenschaften ihre eifrigsten und verständnisvollsten Förderer.
Radikal verschieden vom Konservativen denken der Liberale und der Sozialist. Beide erleben „die Gegenwart als den Anfang der Zukunft"[127]. Dieser Optimismus ist sozialgeschichtlich vermittelt und begründet. Das liberale Bürgertum, stolz auf seine wirtschaftliche Leistung, erblickt in der von ihm geschaffenen Wirtschaftsordnung die beste Grundlage für eine blühende Kultur. Der menschliche Geist, frei von kirchlicher Bevormundung, findet gerade in der bürgerlichen Gesellschaft das für seine Kultivierung förderliche Klima. Der sozialgeschichtliche Optimismus der sozialistischen Theoretiker stützt sich auf das Proletariat, das seine Zeit noch vor sich hat. Trotz aller Widerstände, die die bürgerliche Gesellschaft noch bereitet, haben sie doch die Gewißheit, daß die Entwicklung der menschlichen Gesellschaft ihren Hoffnungen und Intentionen entsprechen wird. Ihrem sozialen Optimismus entspricht folgerichtig auch ein kultureller.

[125] *Karl Mannheim:* Das konservative Denken, in: Wissenssoziologie, Hrsg. Kurt H. Wolff, Berlin und Neuwied 1964, S. 437.
[126] Ebd., S. 439.
[127] Ebd.

II. Bedürfnis und Sozialstruktur

Ein säkularer Vorgang wie die durch die Industrialisierung in Gang gesetzte Bedürfnissteigerung bleibt nicht ohne Folgen für die Gesellschaftsordnung. Die stetige Entgrenzung der Bedürfnisse bedroht das überkommene ständische System in seinem innersten Kern. Dank einer stetig steigenden Güterfülle können nun alle Mitglieder der Gesellschaft ihren Lebensstandard kontinuierlich erhöhen. Das schließt in sich, daß die Verbrauchsvorschriften der ständischen Sozietät zunehmend umgangen werden[1]. Infolge dieser Demokratisierung des Luxus ebnen sich die gesellschaftlichen Unterschiede immer mehr ein. Luxuswaren blieben bislang der Spitze der sozialen Pyramide vorbehalten. Die industrielle Massenproduktion verbilligte diese ehemaligen Luxusgüter, und sie können nun auch von sozial niedriger gestellten Schichten erworben werden. Die obrigkeitliche Gründung von Manufakturen zeitigte die Verbilligung vieler Güter; beispielsweise wurden aus diesem Grund in den bürgerlichen Haushalten die einfacheren Holz- und Zinn-

[1] Obgleich die Kameralisten den beschäftigungssteigernden Effekt der Bedürfnissteigerung anerkennen, üben sie gleichwohl heftige Kritik an der Demokratisierung des Konsums, die das überkommene ständische Gesellschaftsgefüge gefährdet. *Melchior Osse* beklagt die „unmäßige überflüßige Pracht, in Kleidunge, fast in allen Ständen, sonderlich aber bey der von Adell, zum theil und in etlichen Städten, auch bey Bürgers-Weibern und Töchtern, also daß sie zum theil nicht als Edelleut, oder Bürgers, sondern als grosser mächtiger Herren Weiber und Fräulein hergehen". (Testament, Halle und Magdeburg 1556, S. 515.) *Georg Obrecht* fordert: „So ist vonnöten, daß ein jeder Regent und Oberherr bey einer namhaften Gelttpoen verordne, daß in seinem gepütt ein jede person sich ihrem Stand gemäß ehrbarlich, und wie noch eines jeden Landsart von altters härkummen und gebreulich, sich bekleide, damit der Edel vor dem Unedlen, der Geistlich vor dem Leyen, der Burger vor dem Bauren, der Herr vor dem Knecht: also auch Frawen und Jungfrawen vor den Mägden underscheiden und erkant mögen werden." (Von Verbesserung Land und Leut, Straßburg 1606, S. 131.) Noch *Johann Heinrich Gottlob von Justi* bekennt: „Es wäre freylich gut, wenn man nur wenigstens in der Kleidung dem allzu großen Aufwand steuern, und eine gute Ordnung nach Maaßgebung der Stände einführen könnte" (Staatswirthschaft, Teil I, Leipzig 1755, S. 285). Die ständische Ordnung des kameralistischen Gesellschaftssystems umfaßte folgende Stufen des Lebensstandards: 1. den Stand der Armut, 2. den Stand der Dürftigkeit, 3. den Stand der Notdurft, 4. den Stand des Auskommens, 5. den Stand des Vermögens, 6. den Stand des Reichtums. Dieser Gliederung entsprechen, von unten nach oben, die Stände der Armut, der Arbeiterschaft, des geringen Mittelstandes, des gehobenen Mittelstandes, des geringen Herrn und des großen Herrn. Vgl. dazu *Justi:* Staatswirthschaft, § 432 f., S. 391; § 467 f., S. 423 f.

geschirre von Porzellan- und Steingutwaren abgelöst. Zu Beginn des 18. Jahrhunderts bürgerte sich der Genuß von Kaffee, Tee, Kakao auch in den bürgerlichen Schichten immer mehr ein. 1726 gab es in Frankfurt keinen Haushalt mehr, in dem nicht Kaffee- bzw. Teegeschirre und Schokoladenkannen in Gebrauch waren[2]. Diese Verbürgerlichung des Luxus ist ein Prozeß, der tief im Wesen der industriellen Wirtschaftsgesellschaft beschlossen liegt. Die steigende Güterfülle muß abgesetzt werden. Die Demokratisierung des Konsums wird auf diese Weise zur unabdingbaren Voraussetzung eines störungsfreien Ablaufs des wirtschaftlichen Geschehens. Unbeschadet der Zerstörung überkommener Sozialstrukturen besteht für alle Bürger die Pflicht zum Konsum der stetig wachsenden Güterfülle. Standesgemäße Bedürfnisbeschränkung wird in diesem auf ständige Expansion angelegten System zur sozialen Todsünde, die das gesellschaftliche Ganze bedroht. Im folgenden Kapitel soll gezeigt werden, wie die Vertreter der drei klassischen Ideologien Liberalismus, Konservatismus und Sozialismus die Auswirkungen der Bedürfnissteigerung auf die Sozialstruktur beurteilen.

1. Bedürfnis und bürgerliche Tauschgesellschaft: Liberalismus

Ohne Einschränkung begrüßt der aufklärerische Liberalismus die Wirkungen der Bedürfnisentgrenzung auf die Gesellschaft. Die stetig zunehmende Bedürfnissteigerung, die die Verbrauchslagen der einzelnen gesellschaftlichen

[2] *Gottfried Schnapper-Arndt:* Studien zur Geschichte der Lebenshaltung in Frankfurt am Main während des 17. und 18. Jahrhunderts, Hrsg. K. Bräuer, Frankfurt am Main 1915, S. 353. Vgl. dazu auch: *Wilhelm Treue:* Kleine Kulturgeschichte des deutschen Alltags, Potsdam 1942. Treue zufolge war der Tafelluxus nirgends so groß wie in Hamburg. Das Menu eines Hamburger Kaufmanns im Jahre 1778 bestand beispielsweise aus: „Fasan mit indischen Vogelnestern und Azia, junge Kalekutische Hähne mit Soja, Forellen in Wein gesotten, Kabeljau mit Austernsoße, ein Spanferkel mit Gallert, eine getrüffelte Rebhühnerpastete aus Bordeaux, verschiedene Gemüse mit frischen Heringen, Hummern, Elblachs, Paderborner Schinken und Göttinger Mettwurst, Ragout von Hähnenkämmen, Lämmerzungen usw. mit Pinienkernen und Kapern; der Rücken eines Rehbocks aus dem Harz, ein Häschen, ein Birkhuhn aus dem Erzgebirge, Ortolane, ein überaus reiches Dessert mit Aprikosen und Pfirsichen aus Potsdam" (S. 218 f.). Nach *Treue* gab es „im Haag . . . 1792 vor den Gärten der großen niederländischen Kaufherren massive Silbergitter; in Göttingen hielt sich 1735 der Professor Gottfried Sell, der eine reiche Holländerin geheiratet hatte, im Hörsaal silberne Spucknäpfe und silberne Kandelaber. In Paris ersetzten zur Zeit des großen Aktienschwindels des Schotten John Law, also etwa 1715 bis 1720, Gold und Silber das sonst übliche Kupfer und Zinn selbst in den gewöhnlichsten Geräten, z. B. auch bei den Nachttöpfen" (S. 223). In England verbreiteten sich „silberne Teller und Deckel . . . bis in die untersten Klassen, Uhren bis zu den Ärmsten" (ebd.).

Schichten einander annähert und auf diese Weise zur sozialen Nivellierung beiträgt, wird positiv bewertet. Der prinzipiell anti-egalitäre Zug der feudalen Gesellschaft schlug sich in den Aufwandsvorschriften nieder. Mit der Aufhebung der überkommenen Aufwandsgesetze bekennen sich die liberalen Wirtschaftspolitiker zu den anti-feudalen Prinzipien ihrer Gesellschaftslehre. Zudem trifft die aus der ständig zunehmenden Bedürfnisdifferenzierung hervorgegangene Arbeitsteilung auf das Wohlwollen der liberalen Autoren. Neue Bedürfnisse erheischen neue Berufe, welche die zur Befriedigung neuer Bedürfnisse notwendigen Güter produzieren. Auf diese Weise bildet sich ein interdependentes, arbeitsteiliges Beziehungsgespinst von Bedürfnisträgern heraus. Dadurch, daß sich zu den Grundbedürfnissen noch Nebenbedürfnisse gesellten, „verflocht die Industrie in einander", was vorher „neben einander und geschieden von einander lag" (Lueder)[3]. Dem liberalen Ökonomen Fulda zufolge ist im „Eigenuz, d. i. in jener Sehnsucht nach Genuß", die „nützliche Theilung der Arbeit, durch welche die Quantität der verfertigten Sachen oder die Erzeugnisse der Arbeiter so unentlich vervielfältigt werden"[4], begründet. „Natürliche und erhöhte Bedürfnisse des Menschen also sind es, welche, so wie sie den Grund zur Arbeit legen, die Sammlung der Kapitalien, den Tausch, die allgemeinen Tauschmittel und die Theilung der Arbeit veranlaßten."[5] Die auf diese Weise ins Leben gerufene arbeitsteilige Tauschgesellschaft entspricht völlig den Vorstellungen der liberalen Soziallehre. Der egalitäre Zug der sich kontinuierlich entfaltenden Tauschgesellschaft wird von den Liberalen ganz besonders gutgeheißen. Alle Bürger sind nun gleichermaßen den Gesetzen des Marktes und den politischen Gesetzen unterworfen. Auf dem Markte und vor dem bürgerlichen Richter sind alle gleich. Im Gegensatz dazu gab es in der feudalen mittelalterlichen Gesellschaft Herrschende und Beherrschte. Die Hörigen bzw. das Gesinde mußten sich von Geburt an dem Befehl eines Mächtigen fügen. Dieser war aufgrund seiner Abkunft zur Herrschaftsausübung legitimiert. In der feudalen Gesellschaft gab es also eine herrschende Schicht, welche die Arbeit der Hörigen disponierte. Hier hat sich nach liberaler Ansicht mit der Heraufkunft der arbeitsteiligen Tauschgesellschaft ein grundsätzlicher Wandel vollzogen. Die in der überkommenen feudalen Gesellschaft als natur- und gottgegeben akzeptierte Trennung von heteronomer Arbeit und autonomer Bestimmung wird nun aufgehoben. Im Gegensatz zum feudalen Dienst- und Schutzverhältnis sind beide Momente im Lohnverhältnis der modernen Tauschgesellschaft vereint. Obgleich die

[3] *Lueder:* Die National-Industrie und ihre Wirkungen, Braunschweig 1808, S. 80.
[4] *Friedrich Carl Fulda:* Über Nationaleinkommen, Ein Beitrag zu den neuesten Untersuchungen über die Staatswirthschaft, Stuttgart 1805, S. 10.
[5] Ebd., S. 11.

Pflicht zur Arbeit auch in der liberalen Gesellschaft weiterbesteht, kann der Arbeitende nach liberaler Auffassung seinen Arbeitsplatz doch frei wählen. Er ist nicht mehr wie in der feudalen Gesellschaft ein Leben lang auf Gedeih und Verderb an die Weisungen seines Herrn gebunden. Nach Belieben kann er nun seinen Beruf wählen und in völliger Freiheit seinen Arbeitsvertrag abschließen. Der Freiheitsspielraum des Arbeitenden wird durch die vertragliche Regelung der Arbeit erweitert.

Die Vertragsfreiheit ist eine der entscheidenden Grundlagen der freien Konkurrenz. Der unbeschränkte Wettbewerb der Einzelnen soll sich zu einer Harmonie der Interessen aller fügen. „Der Liberalismus des 18. Jahrhunderts stellte den Einzelnen auf seine eigenen Füße, und nun durfte er ganz so weit gehen, wie diese ihn trugen."[6] Diesem Aperçu des Soziologen Georg Simmel wohnt die gesamte soziale Problematik der liberalen Hoffnung auf die harmonische Selbststeuerung des wirtschaftlichen Geschehens inne. Da die Gesellschaft nicht aus lauter gleich starken, gleich mächtigen Individuen besteht, führt das liberale System zu neuen Ungerechtigkeiten. Die eigentumslosen Schichten werden nun von der Willkür der Kapitalbesitzer und den Launen des Marktes abhängig. Freiheit kann nur dann herrschen, wenn jedem Bürger die Möglichkeit genommen wird, seine eventuelle Überlegenheit auszunutzen. Im System des Privateigentums wird der Besitz zur Basis von Machtausübung. Der Kapitalbesitzer kann dem Proletarier die Vertragsbedingungen diktieren. Selbst Adam Smith hatte schon zugegeben, daß „a landlord, a farmer, a master manufacturer, or merchant, though they did not employ a single workman, could generally live a year or two upon the stocks which they have already acquired"[7]. Viele Arbeiter dagegen „could not subsist a week, few could subsist a month, and scarce any a year without employment"[8]. Unter diesen Be-

[6] *Georg Simmel:* Grundfragen der Soziologie (Individuum und Gesellschaft), 2. Aufl., Berlin und Leipzig 1920, S. 102.

[7] *Smith:* An inquiry into the nature and causes of the wealth of nations, Ed. J. R. McCulloch, Edinburgh 1870, S. 30.

[8] Ebd. Ähnlich argumentiert J. B. Say: „Les salaires de l'ouvrier se règlent contradictoirement par une convention faite entre l'ouvrier et le chef d'industrie: le premier cherche à recevoir le plus, le second à donner le moins qu'il est possible; mais dans cette espèce de débat, il y a du côté du maitre un avantage indépendant de ceux qu'il tient déjà de la nature de ses fonctions. Le maitre et l'ouvrier ont bien également besoin l'un de l'autre, puisque l'un ne peut faire aucun profit sans le secours de l'autre; mais le besoin du maitre est moins immédiat, moins pressant. Il en est peu qui ne pussent vivre plusieurs mois, plusieurs années même, sans faire travailler un seul ouvrier; tandis qu'il est peu d'ouvriers qui pussent, sans être réduits aux dernières extrémités, passer plusieurs semaines sans ouvrage." (*Say:* Traité d'économie politique, S. 378 f.)

dingungen ist der Arbeiter zur Reproduktion seines Arbeitsverhältnisses gezwungen. Zwischen den beiden Vertragspartnern gibt es keine Gleichheit. Diese Ungleichheit zwischen Kapital und Arbeit haben einige Vertreter der liberalen Sozialtheorie mit Hilfe des Bedürfnisbegriffes konzeptualisiert. Die menschlichen Bedürfnisse ziehen eine hierarchische Sozialstruktur nach sich. Tragen die Bedürfnisse und ihre Entgrenzung einerseits zur Herausbildung einer antifeudalen und egalitären Gesellschaft bei, so sind es andererseits wiederum die Bedürfnisse, die einer totalen Egalisierung im Wege stehen. Die Bedürfnisnatur des Menschen widerstrebt der Verwirklichung des Gleichheitsprinzips. Dies haben mit Nachdruck die bürgerlichen Aufklärer in Frankreich betont. Für Voltaire sind die Bedürfnisse der Wurzelgrund aller gesellschaftlichen Herrschaft und Ungleichheit. Alle Menschen sind gleich geboren; allerdings läßt sich diese ursprüngliche Gleichheit im sozialen Leben nicht aufrechterhalten. „Nous sommes tous également hommes, mais non membres égaux de la société."[9] Die Bedürfnisse verhindern eine egalitäre Gesellschaftsordnung. „Tous les hommes seraient donc nécessairement égaux, s'ils étaient sans besoins; la misère attachée à notre espèce subordonne un homme à un autre homme."[10] Ungleichheit und Herrschaft gründen in der Bedürfnisnatur der Menschen; hätten sie keine Bedürfnisse, gäbe es weder Herren noch Diener und Untertanen. Die eigentliche Ursache dafür, daß aus den menschlichen Bedürfnissen Ungleichheit und Herrschaft erwachsen, ist die Knappheit der Güter. Über- und Unterordnung wurzeln also in der Unmöglichkeit, alle Bedürfnisse der Menschen unbegrenzt zu befriedigen. „Si cette terre était ce qu'elle semble devoir être, si l'homme y trouvait par-tout une subsistance facile & assurée, & un climat convenable à sa nature, il est clair, qu'il eût été impossible à un homme d'en asservir un autre. Que ce globe soit couvert de fruit salutaires, que l'air qui doit contribuer à notre vie, ne nous donne point des maladies & une mort prématurée, que l'homme n'ait besoin d'autre logis & d'autre lit que de celui des daims & des chevreuils, alors les *Gengis-kan* & les *Tamerlan* n'auront de valets que leurs enfans qui seront assez honnêtes gens pour les aider dans leur vieillesse."[11] In einem Schlaraffenland, in dem man alle Bedürfnisse ohne die Hilfe der anderen vollauf befriedigen kann, sind Diener überflüssig. „Car pourquoi chercher des serviteurs quand vous n'avez besoin d'aucun service?"[12] Die aus den menschlichen Bedürfnissen deszendierende hierarchische Gesellschaft gliedert sich Voltaire zu-

[9] *François-Marie Voltaire:* Pensées sur l'administration publique, Oeuvres complètes, Tome XXIX, Paris 1784, S. 25.

[10] *Ders.:* Dictionnaire philosophique, Art. Egalité, Oeuvres complètes, Tome XLI, S. 467.

[11] Ebd., S. 466.

[12] Ebd., S. 467.

folge in zwei radikal voneinander getrennte Klassen. „Il est impossible ... que les hommes vivans en société ne soient pas divisés en deux classes, l'une de riches qui commandent, l'autre de pauvres qui servent." [13] Die Bedürfnisse der Bürger dienen also Voltaire dazu, die Besitz- und Herrschaftsunterschiede in der liberalen Tauschgesellschaft zu legitimieren. Befehl und Gehorsam, Besitz und Nichtbesitz sind die konstitutiven Merkmale des Voltaireschen Gesellschaftsbildes. Seine ideologische Position spiegelt auf das genaueste die Interessen der aufstrebenden besitzbürgerlichen Schicht seiner Zeit wider. Als Sachwalter dieser Interessen geht es Voltaire vor allem darum, den Freiheitsspielraum des besitzenden Bürgers zu vergrößern. Dies soll in einer aufgeklärten Despotie geschehen. Der despotisme éclairé fördert einerseits durch seine aktive, interventionistische Wirtschaftspolitik die Heraufkunft der liberalen Tauschgesellschaft und verhindert zum anderen die politische Aktivierung der eigentumslosen und deshalb antibürgerlichen Volksschichten. Hauptaufgabe der Staatsführung ist es, die eigentumslosen Massen im Zaum zu halten. Mit dem Hinweis auf die Bedürfnisnatur des Menschen tritt Voltaire dafür ein, die Forderungen der Besitzlosen zu bekämpfen. Es entspricht dem Willen der Natur, wenn es eine große Zahl von Menschen gibt, die auch nicht das Geringste besitzen [14]. Um diesen Zustand zu perpetuieren, müssen die besitzlosen Schichten im Zustande der Unwissenheit gehalten werden. Folgerichtig wendet sich Voltaire auch gegen den Versuch, die breiten Volksschichten zu bilden. Man dürfe nicht den Tagelöhner, sondern nur den besitzenden Bürger unterrichten. In jeder Gesellschaft müsse es „unwissende Lumpen" geben [15].

Die durch Besitzunterschiede gekennzeichnete bürgerliche Gesellschaft wird auch bei Holbach aus den unterschiedlichen Bedürfnissen der einzelnen Bürger abgeleitet. Der Schwache bedarf zu seinem Schutze des Mächtigen, der Arme gerät seiner Bedürfnisse wegen in die Abhängigkeit des Reichen. „En conséquence de la diversité des hommes & de leur inégalité, le foible est forcé de se mettre sous la sauve-garde du plus fort; c'est elle qui oblige celui-ci à recourir aux lumières, aux talens, à l'industrie du plus foible, lorsqu'il les juge utiles pour lui-même; cette inégalité naturelle fait que les nations distinguent les citoyens qui leur rendent des services &, en raison de leurs besoins, honorent & récompensent les personnes dont les lumières, les bienfaits, les secours & les vertus leur procurent des avantages." [16] Die natürliche Ungleichheit der Menschen führt notwendig zu einer Spaltung der Gesellschaft in eine reiche und eine arme Klasse. Dabei sind es die

[13] Ebd.
[14] Ebd., S. 468.
[15] Voltaire an Damilaville, 1. 4. 1766, Oeuvres complètes, Tome XLV, S. 256.
[16] *Holbach:* Système de la nature, Première partie, S. 120.

Armen, die jeden Tag aufs neue für ihren Lebensunterhalt zu sorgen haben. „Le pauvre est forcé de desirer & de travailler pour obtenir ce qu'il scait nécessaire à la conservation de son être; se nourir, se vêtir, se loger, se propager, sont les premiers besoins que la nature lui donne." [17] In der durch die Dialektik von Reichtum und Armut bestimmten Gesellschaftsordnung wird der arbeitsunwillige Arme jedoch dauernd gezwungen, für die Aktiveren und Arbeitsameren zu arbeiten. „Ceux-ci, pour leur propre intéret, le chargent du soin de travailler pour lui, de lui procurer ses besoins, de le tirer de sa langueur, de contenter ses fantaisies." [18] Der von den Reichen auf die Armen ausgeübte Arbeitszwang wirkt sich vorteilhaft für beide Teile aus. Der Arme und Bedürftige bereichert mit seiner Arbeit die Besitzenden. Diese wiederum zwingen den arbeitsunwilligen Besitzlosen zur Beschäftigung und gewährleisten auf diese Weise die Befriedigung seiner Bedürfnisse. „C'est ainsi que les riches & les grands excitent l'énergie, l'activité, l'industrie de l'indigent; celui-ci travaille à son propre bien être en travaillant pour les autres." [19]

Jeder Versuch, die gesellschaftliche Gleichheit zu verwirklichen, ist auf Grund der unterschiedlichen Bedürfnisnatur der Menschen zum Scheitern verurteilt. „L'homme le plus robuste, le plus hardi, le plus expérimenté, prit un ascendant nécessaire sur celui ou sur ceux qui étoient plus foibles, plus timides, plus ignorants que lui. Cet ascendant fut proportionné aux besoins que l'on eut de la force, du courage, des lumieres." [20] Gesellschaftliche Macht und die Spaltung der Gesellschaft in Besitzende und Nichtbesitzende gründen tief in der natürlichen Ungleichheit der Menschen. „Telle est l'origine de tout *pouvoir.* Il est fondé lui-même sur la faculté de faire du bien, de protéger, de guider, de procurer le bonheur: ainsi l'autorité se fonde sur la nature des hommes ... sur leurs besoins, sur le desir qu'ils ont de les satisfaire, enfin sur l'amour de leur être." [21] Die Klassendialektik der bürgerlichen Gesellschaft wurzelt bei Holbach wie bei Voltaire in den unterschiedlichen Bedürfnissen der Bürger. „Ainsi il y eut dès l'origine, inégalité

[17] Ebd., S. 327.
[18] Ebd.
[19] Ebd.
[20] *Ders.:* La politique naturelle, Tome premier, Londres 1773, S. 20.
[21] Ebd. 100 Jahre später dient der Bedürfnisbegriff der Grenznutzenschule der Nationalökonomie dazu, die bürgerliche Wirtschaftsordnung gegenüber der sozialistischen Gesellschaftslehre zu verteidigen. Nur das private Eigentum ist nach *Carl Menger* in der Lage, das Mißverhältnis zwischen „Bedarf und verfügbarer Gütermenge" zu lösen. (Grundsätze der Volkswirtschaftslehre, Wien 1871, S. 87.) Aus der Tatsache, daß die Menschen bedürftige Wesen sind und die Mittel zur Befriedigung ihrer Bedürfnisse immer knapp sein werden, schloß die Grenznutzenschule auf die Überzeitlichkeit des Privateigentums.

dans les propriétés & lans les possessions."[22] Ganz im Sinne dieser besitzbürgerlichen Einstellung wendet sich Holbach gegen eine demokratische Ausgestaltung des politischen Gemeinwesens. Nur wer Besitz sein eigen nennt, ist befähigt, Abgeordneter des gesetzgebenden Parlamentes zu werden. Das gemeine Volk ist unfähig, sich selber zu befehlen. Zu viel Freiheit artet schnell in Zügellosigkeit aus. Die besitzende Klasse allein kann verhindern, daß die radikalen Forderungen des gemeinen Volkes den Staat zerstören. Nur der Besitzende ist von echter Vaterlandsliebe durchdrungen, nur bei ihm ist das Schicksal des Gemeinwesens sicher aufgehoben.

Die Soziallehre der bürgerlichen Aufklärung geht also davon aus, daß Proletariat und Bürgertum eine jeweils verschiedene Bedürfnisstruktur aufweisen. Daraus wird die Notwendigkeit der Herrschaft des Bürgertums über die Arbeiterschaft gefolgert. Diese Herrschaft gerät notwendigerweise ins Wanken, wenn sich das materielle und geistige Bedürfnisniveau des Proletariats dem des Bürgertums annähert. Bei vielen liberalen Theoretikern findet sich deshalb die Forderung, die Arbeiterschaft auf einer möglichst niedrigen Stufe der Lebenshaltung zu belassen. Dem Denken des an seiner Herrschaft über das Proletariat interessierten Bürgertums hat Bernard Mandeville Ausdruck verliehen. Nach ihm bedarf eine funktionstüchtige Gesellschaft einer unterprivilegierten Schicht, die hart arbeiten muß und nur ihre Grundbedürfnisse befriedigen darf. »Welfare of all societies requires that it (the work; M.) should be performed by such of their members as in the first place are sturdy and robust and never used to ease or idleness, and in the second, soon contended as to the necessaries of life, such as are glad to take up with the coursest manufacture in every thing they wear, and in their diet have no other aim than to feed their bodies when their stomachs prompt them to eat, and, with little regard to taste or relish, refuse no wholesome nourishment that can be swallowed when men are hungry, or ask any thing for their thirst but to quench it."[23] Wie die körperlichen so sollen nach Mandeville auch die kulturellen Bedürfnisse der Arbeiter auf einem niedrigen Stande belassen werden. „The welfare and felicity of every state and kingdom, require that the knowledge of the working poor should be confined within the verge of their occupations."[24] Die Vermehrung der Kenntnisse, die Anhebung des kulturellen Niveaus der Arbeiter führt zur Unzufriedenheit mit dem proletarischen Dasein und zur Auflehnung gegen die überkommenen Autoritäten. „A servant can have no unfeigned respect for his master, as soon he has sense enough to find out that he serves a

[22] *Holbach:* La politique naturelle, Tome premier, S. 20.
[23] *Bernard Mandeville:* The fable of the bees: Or private vices, publick benefits, Vol. I, London 1924, S. 286 f.
[24] Ebd., S. 288.

fool ... No creatures submit contentedly to their equals, and should a horse know as much as a man, I should not desire to be his rider."[25] Die Herrschaftsansprüche der Bourgeoisie werden nur dann nicht gefährdet, wenn die Bildungsunterschiede in der bürgerlichen Gesellschaft nicht eingeebnet werden. „When obsequiousness and mean services are required, we shall always observe that they are never so chearfully nor so heartily performed as from inferiors to superiors. I mean inferiors not only in riches and quality, but likewise in knowledge and understanding."[26] Mandeville, „wohl der scharfsinnigste Analytiker der voller Entfaltung zustrebenden bürgerlichen Tauschgesellschaft" (W. Euchner)[27], hat hellsichtig erkannt, daß das Proletariat, das einerseits integraler Bestandteil der bürgerlichen Gesellschaft ist, diese gleichzeitig in Frage stellt. Das Proletariat kann aus diesem Grunde nicht Teil der „civil society" sein.

Diese Auffassung teilte auch John Locke, einer der klassischen Vertreter der liberal-bürgerlichen Gesellschaftstheorie. Arbeitslosigkeit und Armut waren für ihn ein Zeichen sittlicher Verwahrlosung. Für ihn verstand es sich von selbst, daß der Arbeiter eigentumslos war. Eigentumsunterschiede und Besitzlosigkeit waren für Locke natürliche Gegebenheiten. Sie haben ihren Ursprung „out of the bounds of society and compact."[28] Da es im Naturzustand Eigentumslose, Eigentümer sowohl von Groß- als auch von Kleinbesitz gab, besteht keine Veranlassung, diesen Zustand in der bürgerlichen Gesellschaft zu ändern. Die bürgerliche Gesellschaft wurde im Gegenteil dazu gegründet, um die Besitzverhältnisse des Urzustandes zu stabilisieren. Lockes Ansicht über die Lage des Proletariats in der bürgerlichen Gesellschaft kommt im folgenden Zitat deutlich zum Ausdruck: „... the labourer's share (am Sozialprodukt, M.), being seldom more than a bare subsistance, never allows that body of men, time, or opportunity to raise their thoughts above that, or struggle with the richer for theirs ... unless when some common and great distress, uniting them in one universal ferment, makes them forget respect, and emboldens them to carve to their wants with armed force: and then sometimes they break in upon the rich, and sweep all like a deluge. But his rarely happens but in the male-administration of neglected,

[25] Ebd., S. 289 f.
[26] Ebd., S. 289.
[27] *Walter Euchner:* Demokratietheoretische Aspekte der politischen Ideengeschichte, in: Politikwissenschaft, Eine Einführung in ihre Probleme, Hrsg. G. Kress und D. Senghaas, Frankfurt am Main 1969, S. 55 (Kritische Studien zur Politikwissenschaft).
[28] *Locke:* Two treatises of civil government, Book II, Ch. 50, Ed. W. S. Carpenter, London 1960, S. 140.

or mismanaged government."[29] Locke geht davon aus, daß die Arbeiter von der Hand in den Mund leben. Dieses miserable Lebensniveau hält sie davon ab, politisch zu denken und zu handeln. Wenn sie jedoch einmal über ihr Elend nachdenken, dann kommt es unweigerlich zu einem bewaffneten Aufstand. Sie vergessen dann den nötigen Respekt, den sie den Besitzenden schulden, und zerstören sintflutartig jegliche höhere Zivilisation. Allerdings kommt es nur in schlecht verwalteten Gemeinwesen zu revolutionären Erhebungen. Locke, der dem Besitzbürger ein Recht auf Revolution zugesteht, verweigert es dem Arbeiter. Schlechte Politik besteht nicht darin, daß man Armut und Elend zuläßt, sondern darin, der Kritik des Proletariats an der ungleichen Verteilung des Besitzes freien Lauf zu lassen. Diese Kritik ist von vornherein falsch, da die Arbeiterschaft nicht in der Lage ist, den Gesetzen der Logik entsprechend zu denken. Aus diesem Grunde muß dafür gesorgt werden, daß ihr der Glaube erhalten bleibt. „For the day-labourers and tradesmen, the spinsters and dairymaids, ... hearing plain commands, is the sure and only course to bring them to obedience and practice. The greatest part cannot know, and therefore they must believe."[30] Die christlichen Glaubenssätze müssen darum simplifiziert werden, so daß „the labouring and illiterate man may comprehend"[31]. „A religion suited to vulgar capacities"[32] ist vonnöten.

Daß der Lohn der Arbeiter sich nicht über das zum dürftigsten Leben notwendige Minimum erhöhen wird, vertritt auch der liberale Nationalökonom J. B. Say. „Il n'est pas à craindre que les consommations de la classe des ouvriers s'étendent bien loin, grâce au désavantage de sa position."[33] Im 19. Jahrhundert noch gibt es bürgerliche Ökonomen, die dem Arbeiter zum Vorwurf machen, wie das Tier in den Tag hineinzuleben, nicht in der Lage zu sein, über das Heute hinaus für das Morgen zu sorgen. Prince-Smith, ein bekannter Vertreter des deutschen Liberalismus im 19. Jahrhundert, schreibt: „Und es ist ebenso unbillig als unstatthaft zu verlangen, daß die Kapitallosen, welche in tausendjähriger Geschlechterfolge nichts vor sich gebracht haben, es niemals möglich machten, über den täglichen Bedarf hinaus etwas zu erübrigen, ... daß diese die Vorteile genießen sollen, welche nur aus dem Besitze eines Vorrates fließen können."[34] Prince-Smith

[29] *Ders.:* Some considerations of the consequences of the lowering of interest and raising the value of money, Works, 6th ed., Vol. II, London 1759, S. 36.
[30] *Ders.:* The reasonableness of christianity, Works, S. 580.
[31] Ebd., S. 585.
[32] Ebd.
[33] *Say:* Traité d'économie politique, S. 377.
[34] *John Prince-Smith:* Die sogenannte Arbeiterfrage, in: Gesammelte Schriften, Band I, Hrsg. Otto Michaelis, Berlin 1877, S. 37 f.

ruft den Arbeitern zu: „Arbeitet und sparet", denn nur „derjenige kommt wirtschaftlich vorwärts, der etwas vor sich bringt." [35]
Die mitunter sozialdarwinistisch anmutende Herrschaftslehre der liberalen Sozialphilosophen und Nationalökonomen spiegelt auf das genaueste die gesellschaftliche Situation des Bürgertums wider. Eingezwängt zwischen Adel und Proletariat, versuchte es, sich nach unten abzugrenzen und, im Rahmen seiner Möglichkeiten, nach oben anzupassen. Die bürgerliche Schicht „hatte das besondere Schicksal, zwischen Oberschicht und Unterschicht zu stehen und damit zweiseitig orientiert zu sein, wie es weder die Oberschicht noch die Unterschicht waren. Ihre Lebenshaltung war dualistisch motiviert: mit der Unterschicht teilte sie auf höherem Niveau die Sorge, mit der Oberschicht konkurrierte sie mit dem Ziel, mit beschränkten Mitteln eine maßgebende Lebenshaltung zu führen. Sie trachtete auf der einen Seite danach, Herrschaft und Privileg durch Geld und Wissenserwerb aufzuwiegen und die Angleichung an die adelige und patrizische Oberschicht zu erreichen, auf der anderen Seite danach, die Abhebung von der Unterschicht zu wahren." (Rolf Engelsing) [36]
Gegenüber der Arbeiterschaft war das Bürgertum bestrebt, eine betont „bürgerliche Lebenshaltung" zu demonstrieren. Nach eigenem Selbstverständnis unterschied es sich vom Proletariat vor allem durch den Willen zum Sparen. Nur das Bürgertum besäße die sittliche Reife, Konsumverzicht zu leisten, die Proletarier dagegen lebten von der Hand in den Mund. „Am Ende des 18. Jahrhunderts wurde das Ideal der bürgerlichen Lebenshaltung ausschließlich nach dem Modell des bescheidenen, auf ein Geldeinkommen reduzierten mittelständischen Haushalts aufgestellt, die Sparsamkeit als Kunst der richtigen Verwendung beschränkter Mittel empfohlen, der Luxus verworfen." [37] Während die liberale Sozialphilosophie und Wirtschaftstheorie die gesellschaftlichen, wirtschaftlichen und kulturellen Vorteile einer luxurierenden Ökonomie feierten, versteiften sich die Verfasser von Anweisungen für das bürgerliche Sozialverhalten auf das Ideal einer frugalen Lebensweise.
August Hartmann schreibt in seinem 1792 in Stuttgart erschienenen „Versuch einer geordneten Anleitung zur Hauswirtschaft": „Die Gesetze der Sparsamkeit erfordern 1. Mäßigkeit in der Befriedigung unserer Bedürfnisse, daß wir nichts ohne Noth und gerechte Ursache ausgeben, 2. daß wir unsere Ausgaben so einrichten, daß wir für künftige unvermuthete Vorfallenheiten immer von unsern jährlichen Einnahmen einen sogenannten Nothpfennig

[35] Ebd., S. 28.
[36] Rolf Engelsing: Probleme der Lebenshaltung in Deutschland im 18. und 19. Jahrhundert, in: Zeitschrift für die gesamte Staatswissenschaft (126), 1970, S. 297.
[37] Ebd., S. 299.

übrig behalten. Nächst diesem ist 3. nothwendig, daß wir alle unsere Befriedigungsmittel so wohlfeil, und dabei so gut und dauerhaft als möglich zu erhalten uns angelegen sein lassen."[38] Eine aufwendige Lebensführung ziemt dem ehrbaren Bürger nicht. „Luxus heißt jeder Aufwand auf üppige Bedürfnisse, er unterscheidet sich von der Mode dadurch, daß diese eine Übereinstimmung des Äußerlichen unter dem größeren Teil von Menschen von verwandtem Stande ist, woran wir ohne uns auszuzeichnen, ohne uns in unserem Wirkungskreis zu schaden, oft mehr oder weniger Theil nehmen müssen, da hingegen die Befriedigung der üppigen Bedürfnisse blos eine Sache unsres freyen Willens ist."[39] Die für das Bürgertum verfaßten Haushaltungslehren tolerieren nur den ständisch begrenzten Aufwand; verpönt ist jeglicher unstandesgemäße Luxus. Das bürgerliche Idealbild einer frugalen Lebensweise, das sich in diesen Hauswirtschaftsanleitungen niederschlägt, widerspricht jedoch dem tatsächlichen Verbrauchsgebaren der Bürger. In dem Bemühen, sich vom Proletariat abzusetzen, demonstrierte die Bourgeoisie ein aufwendiges Konsumverhalten. Vorbild war dabei die seigneurale Lebensweise der Aristokratie.

Worin bestand der typisch bürgerliche Aufwand?[40] Der Bürger hatte die Ausgaben für das Studium seiner Söhne zu tragen, er mußte seinen Töchtern zu einer ansehnlichen Aussteuer verhelfen. Zu einem ordentlichen bürgerlichen Haushalt gehörten Dienstboten, die entlohnt werden mußten. Ein bestimmter Aufwand an Kleidung und Wohnung war erforderlich. Das Bürgertum hob sich vom Proletariat besonders durch eine spezifische Form

[38] *August Hartmann:* Versuch einer geordneten Anleitung zur Hauswirtschaft, Stuttgart 1792, S. 52.

[39] Ebd., S. 48.

[40] Vgl. *Engelsing:* Probleme der Lebenshaltung, S. 297 ff. Nach Engelsing standen die Unternehmer, die am Ende des 18. Jahrhunderts große Vermögen gebildet hatten, vor der Alternative, entweder mit ihrem neuerworbenen Reichtum einen herrschaftlichen Aufwand zu betreiben, um es den Adligen in ihrer Lebenshaltung gleichzutun, oder aber zu versuchen, ihre Ersparnisse wieder zu investieren, um ihre gesellschaftliche Macht durch das stetige Wachstum ihrer Handelshäuser zu demonstrieren. Engelsing unterscheidet drei Perioden. In der ersten tendierten die Unternehmer dazu, einen feudalen und semifeudalen Aufwand zu entfalten, womit sie ihre wirtschaftliche Existenz oftmals wieder untergruben. In der zweiten Periode dominierten die Unternehmer, die nicht willens waren, ihre ökonomische Basis durch eine zu aufwendige Lebenshaltung zu erschüttern und stattdessen ihre ersparten Gelder reinvestierten. Diese Unternehmer legten eine eher frugale Lebensweise an den Tag. In der dritten Periode erledigte sich die Alternative zwischen Sparsamkeit und Reinvestition einerseits und demonstrativem Konsum andererseits. Die Unternehmer waren nun so reich geworden, daß sie beide Ziele gleichzeitig verfolgen konnten. (Dazu auch: *Engelsing:* Lebenshaltungen und Lebenskosten im 18. und 19. Jahrhundert in den Hansestädten Bremen und Hamburg, in: International Review of Social History [11] 1966, S. 90 ff.)

des geselligen Verkehrs ab; Empfänge und Einladungen erforderten oft einen großen finanziellen Aufwand[41]. Nicht vergessen werden dürfen die Ausgaben, die der Bürger während seiner Militärzeit zu bestreiten hatte. Diese waren notwendig, um das Anrecht auf den Einjährigendienst zu wahren[42]. Zum herrschaftlichen Charakter der bürgerlichen Lebenshaltung gehörte des weiteren die Ehe mit einem standesgemäßen Partner; Ehen mit Angehörigen der Arbeiterschaft waren tabuiert. „Dans un régime où, seul, l'argent compte, la puissance maritale est considérable. Il s'agit de maintenir le cadre fermé de sa classe. Car les enfants de bourgeois se marient entre eux ... Toute mésalliance risquerait d'arrêter l'ascension de cette classe même en passe d'atteindre les sommets de la hiérarchie sociale."[43]

Üppige Formen nahm seit Ende des 18. Jahrhunderts der bürgerliche Lebensstil in den Hansestädten Bremen und Hamburg an. Vermögende hanseatische Kaufleute waren im Besitz eines großen Stadthauses, eines Landgutes mit einer stattlichen Villa und einer Equipage mit vier bis sechs Pferden[44]. Die infolge des industriellen Aufschwungs der fünfziger Jahre des 19. Jahrhunderts reich gewordenen Unternehmer des Rheinlandes erwarben sich ebenfalls Landgüter mit den dazugehörigen Herrenhäusern. Ein Dürener Fabrikant errichtete in den siebziger Jahren ein Palais mit 48 Räumen und einem Saal, in dem bis zu 120 Personen bewirtet werden konnten[45]. Zur Villa eines Duisburger Fabrikanten gehörten ein sechs Morgen großer Garten, eine Orangerie, Fasanen- und Hühnerzucht, Pferdeställe und viele Kutschen[46].

Obgleich die Bürger die feudale Aufwandswirtschaft ihrem Selbstverständnis nach ablehnten, so orientierten sie sich in ihrer Lebenshaltung doch an der feudalen Oberschicht. „Die ständische Ordnung wurde durch die bürgerliche zwar partiell mobilisiert und verändert, aber nicht entwertet und ersetzt." (Engelsing)[47]

Wie steht es mit der These von Max Weber[48], daß die kalvinistisch inspi-

[41] *Engelsing:* Probleme der Lebenshaltung, S. 300 ff.

[42] *Peter Treutlein:* Geschichtliche Entwickelung des Einjährig-Freiwilligen-Berechtigungswesens in Deutschland, Hamburg 1891, S. 9 ff.

[43] *Félix Ponteil:* Les classes bourgeoises et l'avènement de la démocratie 1815–1914, Paris 1968, S. 145.

[44] *Engelsing:* Lebenshaltungen und Lebenskosten im 18. und 19. Jahrhundert in den Hansestädten Bremen und Hamburg, S. 90 ff.

[45] *Friedrich Zunkel:* Industriebürgertum in Westdeutschland, in: Moderne deutsche Sozialgeschichte, Hrsg. H.-U. Wehler, Köln und Berlin 1966, S. 318 (Neue wissenschaftliche Bibliothek 10).

[46] Ebd., S. 319.

[47] *Engelsing:* Probleme der Lebenshaltung, S. 307.

[48] *Max Weber:* Die protestantische Ethik und der „Geist" des Kapitalismus, Stuttgart 1934.

rierte „innerweltliche Askese" der mittelständischen Unternehmer die Hauptursache für die Entstehung des kapitalistischen Wirtschaftssystems ist? Auch hier gilt es zu berücksichtigen, daß ein asketisch lebender Unternehmer doch auch bestrebt war, sich in seiner Lebenshaltung von den Arbeitern abzusetzen. Dazu war bei aller Sparsamkeit der Lebensführung ein gewisser repräsentativer Aufwand vonnöten. Darüber hinaus mußte die von der Industrialisierung geschaffene Güterfülle doch auch verbraucht werden. Die Unternehmer waren auf diese Weise gezwungen, an der von ihnen selber geschaffenen Güterfülle zu partizipieren. Kulischer macht in seiner Wirtschaftsgeschichte[49] darauf aufmerksam, daß schon sehr früh die Läden in den großen Städten elegant und verschwenderisch ausgestattet wurden, um auf diese Weise Kunden anzulocken. Dabei waren es nicht nur Luxusgeschäfte, die zu Ende des 17. und zu Anfang des 18. Jahrhunderts ihren Absatz auf diese Art vergrößern wollten. Auch solche Geschäfte, die nur Waren für geringe Ansprüche führten, betrieben diese Art von Reklame. Daß an dieser allgemeinen Konsumsteigerung gerade die kalvinistischen Unternehmer nicht teilnahmen, ist wenig wahrscheinlich. In einer expandierenden Wirtschaft ist ein von einer ganzen Schicht freiwillig geübter Verbrauchsverzicht eine systemwidrige Unmöglichkeit. Auf die Dauer jedenfalls kann sich niemand den Luxus einer „innerweltlichen Askese" leisten. In einer dynamischen Wirtschaft, in der wagemutige Unternehmer die Produktivität der Ökonomie stetig steigern, muß die konsumbejahende Moral den Sieg über die verbrauchsasketische Ethik davontragen.

2. Bedürfnissteigerung und Verfall der ständischen Gesellschaftsordnung: Konservatismus

Die Vertreter des Konservatismus lehnen die Bedürfnissteigerung mit ihren egalisierenden Wirkungen ab. Sie sind im Gegensatz zu den liberalen Sozialtheoretikern gerade an der Erhaltung der überkommenen feudalen Gesellschaftsstruktur interessiert. Im Kontrapunkt zur bürgerlichen Tauschgesellschaft war nach der Ansicht der Konservativen in der überkommenen korporativen Ordnung jeder zu seiner vollen Zufriedenheit in einen Kosmos von Pflichten und Rechten, Diensten und Leistungen eingefügt. Keiner wehrte sich gegen die ihm von Gott und der Gesellschaft zugewiesene soziale Position. Jeder erfreute sich der aus seiner ständischen Stellung fließenden, zwar begrenzten, aber gesicherten gesellschaftlichen Freiheiten. Die von der stetigen Bedürfnissteigerung inaugurierte arbeitsteilige Tausch-

[49] *Josef Kulischer:* Allgemeine Wirtschaftsgeschichte des Mittelalters und der Neuzeit, Band II, Die Neuzeit, 3. Aufl., München–Wien 1965, S. 414 f.

gesellschaft bringt die ständischen Freiheiten in Gefahr. Während die Liberalen in der Herausbildung der bürgerlichen Gesellschaft den Garanten individueller Freiheit erblicken, sehen die romantisch-konservativen Autoren in dieser Gesellschaftsformation das Ende der korporativen Ordnung besiegelt. „Je unbegrenzter der Mensch in seinen Begierden wurde, um so mehr zog sich durch die ungeschickte Teilung seiner Kräfte sein eigentlicher Wirkungskreis zusammen. Die äußeren immer wiederkehrenden Bedürfnisse der körperlichen Natur, die sich bei dem Gleichgewicht der Kräfte so leicht befriedigen lassen, wurden immer gebietender, immer ungestümer ... und je verächtlicher man den unmittelbaren Nutzen behandelte, um so dienstbarer mußte man sich seinem Joche unterwerfen." (Adam Müller)[50]
In der durch die Bedürfnisausweitung geschaffenen arbeitsteiligen Tauschgesellschaft ist es den Menschen verwehrt, „vollständig und nach allen Richtungen das zu seyn, was sie in ihrer Lage sein können"[51]. Die liberale Gesellschaftstheorie heißt es gut, daß nun alle Bürger gleichermaßen den Gesetzen des Marktes unterworfen sind. Die romantisch-konservativen Autoren erblicken in diesem Strukturprinzip der bürgerlichen Tauschgesellschaft ein zutiefst antiliberales Moment. Die Freiheit des Menschen, sich gemäß seiner sozialen Position entfalten zu können, wird durch das ubiquitäre Marktprinzip vereitelt. Der Adlige hat sich bei Strafe des ökonomischen Untergangs wie der Bürger marktkonform zu verhalten. Die Konservativen kritisieren auch, daß die ständige Steigerung der Bedürfnisse die Verbrauchslagen der einzelnen gesellschaftlichen Schichten einander annähert. Sie halten dafür, daß die ständische Schichtung der Gesellschaft in der Lebenshaltung zum Ausdruck kommen solle. „Dum scilicet homo secundum aliquam mensuram quaerit habere exteriores divitias, prout sunt necessariae ad vitam ejus secundum suam conditionem." (Thomas von Aquin)[52] In der bürgerlichen Tauschgesellschaft, in der jeder unabhängig von überkommenen ständischen Vorstellungen ein Maximum an Bedürfnisbefriedigung erstrebt, ist kein Raum mehr für die Idee des standesgemäßen Unterhalts. Die bürgerliche Tauschgesellschaft mit ihren egalitären Konsumprinzipien entspricht nicht der natürlichen Ordnung.
Eine der Natur gemäße Gesellschaft kennt keine Gleichheit. „Verbindung setzt Ungleichheit zwischen den sich Verbindenden voraus." Dabei wurzelt die ständisch-hierarchische Struktur der Gesellschaft in der Bedürfnisstruktur des Menschen. Aus dem Verhältnis von „Überfluss und Bedürfniss" er-

[50] *Müller:* Die Lehre vom Gegensatze, in: Ausgewählte Abhandlungen, S. 220.
[51] *Ders.:* Theilung der Arbeit, in: Vermischte Schriften, Kunst, Erster Teil, Wien 1818, S. 234.
[52] *Thomas von Aquin:* S. theol. q. 18, Deutsche Thomasausgabe, 20. Band, München–Heidelberg 1943, S. 228.

wächst „Superiorität und Abhängigkeit" (Franz von Baader)[53]. Nach Carl Ludwig von Haller entspricht der „natürlichen Überlegenheit" auf der herrschenden Seite „das Bedürfniß an Nahrung und Pflege, an Schuz, Belehrung und Leitung"[54] auf der gehorchenden. Die Heraufkunft der bürgerlichen Tauschgesellschaft mit ihren egalisierenden Konsumpraktiken markiert den Abfall von der ständischen Verfassung der Gesellschaft, die durch die unterschiedlichen menschlichen Bedürfnisse legitimiert ist. Was soll das romantisch-konservative Bewußtsein mit seinem ausgeprägten Sinn für Struktur und Form auch von einer Gesellschaftsordnung halten, in der die Menschen ihren selbsterarbeiteten Reichtum zur Schau stellen und ihr Leben nicht mehr an einem in der Tradition verankerten ständischen Wertkodex ausrichten? Mit Hilfe des aufklärerisch-individualistischen Naturrechts greift der Liberale die feudale Gesellschaft an. Der Konservative hingegen betrachtet gerade sie als Inkarnation der natürlichen Ordnung. Er verficht nicht das aufklärerisch-individualistische, sondern das konservativ-universalistische Naturrecht. Eingeschlossen in eine nostalgische Geschichtsbetrachtung, versucht der Konservative, die Fehlentwicklung zur liberalen Tauschgesellschaft aufzuhalten bzw. zu korrigieren. Dabei muß die von der liberalen Ökonomie in Gang gebrachte Bedürfnissteigerung auf ein vernünftiges Maß zurückgebracht werden. Nur auf diese Weise könne man der natürlichen Ordnung Geltung verschaffen.

Im folgenden soll auf die spezielle Kritik einiger bekannter Vertreter des romantisch-konservativen Ideenkreises an den sozialen Folgen der Bedürfnissteigerung eingegangen werden.

Justus Möser tadelt bereits die nivellierenden Folgen der Bedürfnissteigerung. Wenn der pyramiden- und stufenförmige Aufbau des Staates nicht mehr in der Lebenshaltung seiner Mitglieder zum Ausdruck kommt, ist die überkommene ständische Ordnung zutiefst gefährdet. Da jeder gesellschaftlichen Stufe ein ihr eigenes Maß an Ehre zukomme, da jede soziale Schicht unveränderlich in ein hierarchisches System von Rechten und Pflichten eingefügt werden solle, müsse minutiös auf die Einhaltung der ständisch bestimmten Verbrauchsgewohnheiten geachtet werden. Möser zufolge halten sich in der Hauptsache die unteren Gesellschaftsschichten nicht mehr an die ihrem gesellschaftlichen Stand angemessene Lebensweise. Es sei sogar schon

[53] *Franz von Baader:* Über das durch die Französische Revolution herbeigeführte Bedürfnis einer neuen und innigeren Verbindung der Religion mit der Politik, in: Gesellschaftslehre, hrsg. v. H. Grassl, München 1957, S. 76.

[54] *Carl Ludwig von Haller:* Restauration der Staatswissenschaft, Band I, 2. Aufl., Winterthur 1820, S. 357.

so weit gekommen, daß nun Kaffee, Tee, Zucker und Wein zu den „Bedürfnissen eines Bettlers"[55] gehörten.
Der Aufstieg des Bürgertums gefährdet nach Adam Müller das harmonische und gleichgewichtige Verhältnis zwischen dem Adel und der Bourgeoisie. In einem geordneten und natürlichen Gemeinwesen ergebe sich im ständigen Widerstreit und der ständigen Wiedervereinigung des aristokratischen und des bürgerlichen Prinzips eine das Gemeinwohl fördernde Harmonie. Die natürlichen und für ein gedeihliches Zusammenleben notwendigen sozialen Gegensätze wurzeln Adam Müller zufolge in der Familie und strahlen von dort aus in den gesellschaftlichen Raum. Im Rahmen dieser Untersuchung ist dabei von besonderem Interesse, daß Adam Müller sowohl den familiären Geschlechts- als auch Alterspaaren neben bestimmten sozialen Aufgaben spezifische Bedürfnisse zuordnet. Das Alter, vertreten durch die Geistlichkeit, repräsentiert den Lehrstand und das „geistige Bedürfniß". Das Weib, vertreten durch den Adel, repräsentiert im Wehrstand das „Bedürfniß zu erhalten". Der Mann, dem im gesellschaftlichen Raum die Bürgerschaft entspricht, personifiziert den Nährstand und das „Bedürfniß zu produzieren". Die Jugend, dargestellt durch die Kaufmannschaft, steht für den Verkehrsstand und das „physische Bedürfniß"[56]. Wenn das fruchtbare Wechselspiel zwischen den einzelnen Gruppen und Bedürfnissen gestört ist, gerät die politische Ordnung in Gefahr. Jedem gesellschaftlichen Stand muß daher Gelegenheit geboten werden, seine spezifischen Bedürfnisse befriedigen zu können. Das setzt voraus, daß die einzelnen sozialen Schichten sich ihrer von der Natur gesetzten Grenzen bewußt sind. Keine soll in den Bedürfnisbereich der anderen Stände eindringen, keine darf das politische Gemeinwesen für ihre egoistischen Interessen mißbrauchen. Nur dann ist die Gewähr für eine gedeihliche gesellschaftliche Entwicklung gegeben, wenn alle historisch überkommenen Stände, also sowohl der Adel als auch der Klerus und das Bürgertum, das geschichtlich legitimierte Dreiständeschema weiterhin akzeptieren. Während Adel und Klerus die tradierte Ordnung nicht anzweifelten, wird diese von den Bürgern in Frage gestellt. Sie machten sich anheischig, sich auf Kosten von Adel und Landwirtschaft eine dominierende Rolle im Staate zu verschaffen. Basis dieser Machtentfaltung des Bürgertums ist die Steigerung der Bedürfnisse. Infolge der „Entdeckung neuer Welten von Bedürfnissen und Absatz" habe der „Dritte Stand, das bewegliche Eigentum, seine Macht ins Unendliche erweitert"[57], haben Handel und Manufaktur ein Übergewicht über das unbewegliche Eigentum, den Ackerbau, er-

[55] *Justus Möser:* Patriotische Phantasien, Sämtliche Werke, Band V–VI, Hrsg. J. W. J. v. Voigts geb. Möser, Berlin 1842, S. 104.
[56] *Müller:* Elemente der Staatskunst, Band II, S. 220 f.
[57] *Ders.:* Vorlesungen über die deutsche Wissenschaft und Literatur, a. a. O., S. 96.

halten. Müllers Sozialkritik entzündet sich auch an der Neuerungssucht der landwirtschaftlichen Bevölkerung. Anstatt den gesellschaftszerstörenden Geist des städtischen Bürgertums abzuwehren, falle das Land zunehmend dem geld- und bedürfnishungrigen Händlergeiste anheim. Aus Landwirten würden zusehends Stadtwirte. „Das Motiv ihrer Wirtschaft liegt in der Stadt und in städtischen Bedürfnissen; der Zweck derselben ist städtischer Genuß."[58] Die auf dem Lande um sich greifende Genußsucht überantwortet den Boden der „Strudelgewalt des Marktes"[59]. Er nimmt Warenform an. Grundeigentum, seit Jahrhunderten im Besitze einer Familie, weitergegeben von Generation zu Generation, wird verkauft, um Gewinn zu erzielen und um augenblickliche Bedürfnisse zu befriedigen. Mit dem Ende der feudalen Agrarverfassung verschwindet das Moment der Dauer gänzlich aus der Gesellschaft. Stattdessen beherrscht der Augenblick, der temporäre Genuß das politische Gemeinwesen.

Die romantische Kritik an der gesellschaftszerstörenden Wirkung der Bedürfnisentgrenzung bereitete den Boden, auf dem dann die konservative Gesellschaftslehre die Verteidigung der feudalen Statusgesellschaft gegenüber der in zunehmender Expansion befindlichen bürgerlichen Gesellschaft fortführte.

Mit Nachdruck wendet sich Heinrich Leo dagegen, daß die Jagd nach Geld und die stetig zunehmende Bedürfnissteigerung die überkommene feudale Ordnung zerstören. Für ihn hat die organisch gewachsene Feudalordnung die Dignität des Sein-Sollenden und deshalb Anspruch auf Dauer. Die bürgerliche Tauschgesellschaft lehnt er als künstliches Gebilde ab. Die abstrakte, lebensferne Begrifflichkeit der liberalen Theorie habe ihre Entsprechung in der Künstlichkeit des liberalen Gemeinwesens. Der artifizielle und damit naturwidrige Charakter der bürgerlichen Tauschgesellschaft manifestiere sich augenfällig in der kontinuierlichen Steigerung der künstlichen Bedürfnisse. Während man früher „wirklichen Bedürfnissen" genügte, sei man jetzt dazu übergegangen, „Bedürfnisse künstlich zu erzeugen"[60]. In diesem Trubel künstlich geschaffener Bedürfnisse ist jeder des anderen Feind. Jeder versucht, den anderen „in der Erzeugung neuer Werthe, in der wohlfeileren Befriedigung schon angewöhnter Bedürfnisse"[61] zu überrennen. Ein „Höllenschlund merkantiler Interessen"[62] hat sich aufgetan. Arbeitsteilung und Gewerbefreiheit, Momente, welche die Bedürfnissteigerung sowohl voraussetzen als auch steigern, haben Leo zufolge den „Bürgerstand mit Haut und

[58] *Ders.:* Agronomische Briefe, in: Ausgewählte Abhandlungen, S. 162.
[59] Ebd., S. 163.
[60] *Otto Kraus:* Aus Heinrich Leos geschichtlichen Monatsberichten und Briefen, in: Allgemeine konservative Monatsschrift, 51. Jg., Leipzig 1894, S. 788.
[61] Ebd.
[62] Ebd.

Haar"[63] aufgefressen. Die Bodenfreiheit verschlinge den Bauernstand; Ackerbau und Handwerk würden immer fabrikmäßiger betrieben und kämen dadurch in die Hände reicher Kapitalisten und Aktiengesellschaften.
Neben der Zerstörung der überkommenen ständischen Ordnung beklagt Leo als weitere Folge der Bedürfnissteigerung die Erlahmung des nationalen Wehrwillens. Leo, der dem „Verschlingen unserer miserablen Nachbarnationen"[64] das Wort redet, erblickt in der asketischen Lebensführung des Soldaten die unabdingbare Voraussetzung für die militärische Schlagkraft des Heeres. „Als Blüchers Soldaten ... im Frühjahr 1814 in Paris einziehen und sich dazu in besten Schmuck setzen sollten, war das reinste Hemd, was die meisten Leute anzuziehen vermochten, doch chokoladefarbig. Aber diese prächtigen Dreckteufel hatten Napoleon geschlagen. Hüten wir uns, daß wir bei täglich frischer Wäsche auf dem Leib und kostbaren Teppichen unter den Füßen nicht dann gelegentlich einmal von einem zweiten Napoleon Fußtritte bekommen, statt ihn im schmutzigen Hemd zu schlagen."[65]
Nur ein asketisches Leben gewährt die außenpolitische Unabhängigkeit; die wehrpolitische Ohnmacht der Nation sei mit der „Blüte des Handels zu teuer erkauft"[66].
Dieser antizivilisatorische Affekt beeinflußt auch das Denken Wilhelm Heinrich Riehls. Er bedauert, daß städtische und großstädtische Verhaltensformen

[63] Ebd. – Nicht alle Konservativen haben die Bedürfnisentgrenzung abgelehnt. Die Vertreter der sog. Historischen Schule der Nationalökonomie sowie die Sozialkonservativen begrüßen die stetige Steigerung des Massenwohlstandes. Die sich dabei ergebende Einebnung der gesellschaftlichen Unterschiede wird bejaht. Grund dafür ist das starke sozialpolitische Engagement dieser beiden Nebenströmungen des Konservatismus. *Wilhelm Roscher*, ein führender Vertreter der Historischen Schule, meint, man solle sich darüber freuen, daß auch die „Ärmeren anfangen, an einem feinern Leben, welches sich über die rohesten Genüsse erhebt, Geschmack zu finden." Unnütz darüber zu klagen, „daß man die Magd von der Frau, den Schreiber von dem Beamten kaum unterscheiden könne." (Ansichten der Volkswirthschaft aus dem geschichtlichen Standpunkte, Leipzig und Heidelberg 1861, S. 446.) Ähnlich denkt der Sozialkonservative *Victor Aimé Huber:* „Wir finden das von manchen Seiten so viel verschrieene Streben auch kleiner und kleinster Leute nach vorwärts und nach oben, nach reichlicherer, mannigfaltigerer und angenehmerer Befriedigung ihrer Bedürfnisse, nach Vermehrung ihrer Genüsse und ihres Komforts, leiblich und geistig, nach Fortschritt in jeder Beziehung, nach Aufrücken in der socialen Leiter, wenigstens für die Kinder u.s.w. *an sich* ganz gerechtfertigt." (Die Arbeiterfrage im Lichte volkswirtschaftlicher Tatsachen und Dogmen, in: V. A. Hubers Ausgewählte Schriften über Socialreform und Genossenschaftswesen, Hrsg. K. Munding, Berlin 1894, S. 464.)

[64] Heinrich Leo an Gerlach, zit. in: *Hans Joachim Schoeps:* Das andere Preußen, Stuttgart 1952, S. 158.

[65] Leo an Gerlach, ebd., S. 157 f.

[66] Leo an Gerlach, ebd., S. 158.

und Denkgewohnheiten zunehmend das Leben auf dem Lande bestimmen. Organisch strukturierte Dörfer verlieren ihren rustikal-natürlichen Charakter und degenerieren zu Zwittergebilden, die weder Dorf noch Stadt sind. Andererseits vermehren und vergrößern sich die sog. künstlichen Städte. So wie im 18. Jahrhundert fürstliche Laune und Genußsucht neue Städte gegen die natürlich gewachsenen Gemeinwesen des Bürgertums gründete, so sind im „19. Jahrhundert zahlreiche künstliche Städte durch die Laune und Mode unserer bedürfnißreichen und überfeinerten Zivilisation geschaffen und mit ihrer Existenz in die Luft gestellt worden" [67]. Für den konservativen Soziologen Riehl sind Großstädte Wasserköpfe der naturwidrigen modernen Zivilisation. Die großstädtische Lebenshaltung ist naturfern. Immer künstlichere Bedürfnisse verlangen nach Befriedigung. Das bleibt nicht ohne Einfluß auf das wirtschaftliche Geschehen. In steigendem Maße wird die Wirtschaft infolge der Steigerung der künstlichen Bedürfnisse konjunkturellen Schwankungen ausgesetzt. „Nicht die notwendigen, den unabweislichen Lebensbedürfnissen dienenden Gewerbe vermehren sich auffallend rasch in den Großstädten, sondern die kurzlebigen Luxusgewerbe." [68] Der wirtschaftlichen Schwankung unterworfen sind in erster Linie die Gewerbe der Buchbinder, Lackierer und die Fabrikanten von Musikinstrumenten. Während sich in Berlin seit 1884 die Betriebe dieser Luxusgewerbe ständig vermehrten und erweiterten, haben sich die Betriebe der Maurer, Gerber und Zimmerleute sogar vermindert. Die Steigerung künstlicher Bedürfnisse resultiert nicht nur in der Herausbildung einer krisenanfälligen Wirtschaft. Sie hat wesentlich auch die Bildung einer proletarischen Klasse zur Folge. Einmal sind es gerade die von Krisen bedrohten Luxusgewerbe, die den Nährboden für die Entstehung der proletarischen Schicht abgeben. Zum anderen zieht das künstlich gesteigerte Bedürfnisniveau der Großstadt die Aufmerksamkeit der Dorf- und Kleinstadtbewohner auf sich. Diese geben sich mit ihrem vergleichsweise niedrigen Lebensstandard nicht mehr zufrieden und ziehen in die Großstadt. Auf diese Weise stärken sie die Reihen derjenigen, die zu einer dürftigen proletarischen Existenz verurteilt sind. Das Proletariat ist das Zerfallsprodukt der alten Gesellschaft. Seine Existenz markiert die soziale Zerrüttung schlechthin. Auf dem Wege einer sozialreformerischen Gesellschaftspolitik soll der Proletarier wieder in die überkommene Ordnung eingegliedert werden. Nur auf diese Weise läßt sich die revolutionäre Arbeiterbewegung, die sich die totale Umwälzung der gesellschaftlichen Verhältnisse zum Ziel gesetzt hat, wirksam bekämpfen.

[67] *Wilhelm Heinrich Riehl:* Land und Leute, Stuttgart und Tübingen 1854, S. 73.
[68] Ebd., S. 76.

Es hieße Riehl jedoch gründlich mißverstehen, wollte man annehmen, daß er sich in seinem sozialpolitischen Eifer für die Angleichung der Lebensbedingungen einsetzte. Gerade die Ablehnung all derjenigen Vorschläge, die auf eine Egalisierung der Verbrauchsgewohnheiten abzielen, verleiht seiner ständischen Sozialtheorie Prägnanz. Natürliche Unterschiede kann man nicht aus der Welt schaffen. Nur wenn man das Feigenblatt als allgemeine Bekleidung wieder einführte, könnte man die Verbrauchsunterschiede ausmerzen[69]. Gleichheit der Bildung, des Besitzes und des Lebensstandards gäbe es nur in den Chimären weltfremder Theoretiker. Vollkommene Gleichheit sei unmenschlich. Nur bei den Hunden und Pferden und beim Rindvieh herrsche absolute gesellschaftliche Gleichheit. Gerade der soziale Unterschied mache das Menschliche aus. Weltfremd und unnatürlich wäre es deshalb, in der Verschiedenheit der Lebenshaltungen ein soziales Unrecht erblicken zu wollen. Kann man von Unrecht sprechen, wenn der Eskimo im Norden und der Feuerländer im Süden physisch und geistig verkümmern, während dem Bewohner des Orients die Früchte in den Mund wachsen und die Bewohner der gemäßigten Zonen auf Grund ihrer Intelligenz die Welt beherrschen? Absurd wäre es, wollte man im Namen der Menschlichkeit und der sozialen Gerechtigkeit den Eskimo etwa nach Italien und den Feuerländer nach Griechenland verpflanzen. Ebenso gegen die Absichten der Natur verstieße es, wenn man den Proletarier den anderen Ständen der Gesellschaft gleichstellen wollte. In jeder sozialen Zone kann der Mensch nach Riehl seine in ihm angelegten Anlagen entfalten. Es macht gerade die Würde des menschlichen Geschlechts aus, unter allen Bedingungen und in allen klimatischen Zonen seine ihm eigenen Anlagen zu entwickeln. In jeder gesellschaftlichen Schicht, auch in der „Eiszone des untersten Proletariats", kann Menschlichkeit gedeihen. Keinesfalls sollen die Proletarier versuchen, ihren sozialen Standort den gesellschaftlich höheren Rängen anzupassen. Wie der Eskimo so soll auch der Proletarier in seinem sozialen Klima verharren und nicht gegen die Absichten der Natur seine soziale Stellung anheben wollen[70].

Das Land, die bäuerliche Daseinsweise muß gegen die vordringende Stadt verteidigt werden. Hierin stimmen alle Konservativen miteinander überein. Das hat seinen tieferen Grund darin, daß der Konservative im Boden eine entscheidende Determinante menschlicher Existenz erblickt. Ohne tragenden Boden ist der Mensch ohne Daseinsgrund. Die griechische Fabelgestalt Antaios verkörpert konservatives Lebensgefühl. Menschen ohne Bindung an den Boden sind auch ohne nationale Bindung. Aus diesem Grunde gilt es, den

[69] *Riehl:* Die bürgerliche Gesellschaft, Stuttgart und Tübingen 1851, S. 366 f.
[70] Ebd., S. 367.

Großgrundbesitz und ein wirtschaftlich gesichertes Bauerntum zu erhalten. Genau an diesem Punkt wird deutlich, wie sehr der romantische Konservatismus einer ökonomisch überholten Gesellschaftsordnung verhaftet ist. Gegen alle ökonomische Vernunft, gegen alle sozial-ökonomischen Entwicklungstendenzen soll der agrarische Charakter der Gesellschaft erhalten bleiben. Gerade in Deutschland hatte die Schutzzollpolitik der achtziger Jahre des vergangenen Jahrhunderts diese konservative Absicht[71]. Der Schutzzoll garantierte den ostelbischen Großgrundbesitzern eine standesgemäße Lebensweise. „Die Getreidezölle waren eine Art von neuer Kopfsteuer im Namen des Schutzes der nationalen Arbeit, deren gesellschaftliche Funktion es war, durch Beschränkung des freien Wettbewerbs den Einfluß der internationalen Marktwirtschaft auf die soziale Mobilität der ‚Ostelbier' zu begrenzen und dafür zu sorgen, daß die Großgrundbesitzer ‚standesgemäß', d. h. über ihre Verhältnisse leben und ihren traditionellen aristokratischen Gesellschaftsstatus wie ihre privilegierte Bestimmungsmacht im staatlichen Leben behaupten konnten. Die Subventionierung der ‚staatserhaltenden' agrarischen Oberschicht, deren sozialer und politischer Gruppencharakter auch noch in der modernen Industriegesellschaft durch den inzwischen zur numerischen Minorität abgesunkenen Gutsadel bestimmt wurde, erfolgte auf Kosten der Verbraucher und belastete am meisten und ungerechtesten den am wenigsten leistungsfähigen Teil der Bevölkerung."[72] Die Unterschicht soll für die agrarische Oberschicht Opfer bringen, damit diese im Besitz der sozialen und politischen Schlüsselpositionen bleiben knan. Der konservative Schlüsselbegriff des Opfers erfährt auf diese Weise eine überaus einseitige Auslegung.

3. Bedürfnis als Grundlage einer egalitären Gesellschaftsordnung: Sozialismus

Die bürgerliche Tauschgesellschaft wird von den sozialistischen Autoren im Gegensatz zu den konservativen nicht grundsätzlich abgelehnt. Sie ist eine notwendige Durchgangsstufe zu einem egalitären Gemeinwesen. Die krasse Unterprivilegierung der Proletarier bringt die sozialistischen Gesellschaftstheoretiker dazu, neben der rein rechtlichen Gleichheit, wie sie die bürgerliche Gesellschaft verwirklicht hat, auch die sozial-ökonomische zu fordern. Der Arbeiter ist in der bürgerlichen Gesellschaft zwar allen anderen Mitgliedern juristisch gleichgestellt, im wirtschaftlich-gesellschaftlichen Bereich

[71] Vgl. dazu *Hans Rosenberg:* Große Depression und Bismarckzeit. Wirtschaftsablauf, Gesellschaft und Politik in Mitteleuropa, Berlin 1967, S. 187.
[72] Ebd., S. 187 ff.

wird er jedoch stark benachteiligt. Besonders in der Frühzeit der Industrialisierung hatte er unter langer Arbeitszeit und schlechten hygienischen Verhältnissen am Arbeitsplatz zu leiden. Die Wohnverhältnisse waren miserabel. Kinderarbeit war an der Tagesordnung. Der Lohn reichte kaum aus, um das Nötigste zu kaufen. Friedrich List schildert das Arbeiterelend aus eigener Anschauung: „Man wußte bei uns nicht, was man in England unter den ‚notwendigsten Lebensbedürfnissen' verstand. In vielen Gegenden Deutschlands versteht man darunter Kartoffeln ohne Salz, eine Suppe mit Schwarzbrod zur höchsten Nothdurft geschmälzt, Haferbrei, hie und da schwarze Klöße. Die, welche sich schon besser stellen, sehen kaum in der Woche einmal ein bescheidenes Stück frisches oder geräuchertes Fleisch auf ihrem Tisch, und Braten kennen die meisten nur vom Hörensagen. Ich habe Reviere gesehen, wo ein Häring, an einem an der Zimmerdecke befestigten Faden mitten über dem Tisch hängend, unter den Kartoffelessern von Hand zu Hand herumging, um jeden zu befähigen, durch Reiben an dem gemeinschaftlichen Tafelgut, seiner Kartoffel Würze und Geschmack zu verleihen."[73] Das Verlangen nach einer besseren Befriedigung der Bedürfnisse, der Wunsch, das höhere Bedürfnisniveau der Bürger zu erreichen, stimulierte die Arbeiterschaft zu politischen Aktionen. „C'est le gout du luxe qui de nos jours ... entretient le mouvement social et révèle aux classes inférieures leur dignité." [74] Das Ziel aller proletarischen Aktionen ist die Gleichheit der Lebensbedingungen. Allen, auch den Arbeitern, soll ein gleiches Maß an Bedürfnisbefriedigung zuteil werden. Keiner darf sich auf Grund seiner sozialen oder ökonomischen Stellung einer besseren Befriedigung seiner Bedürfnisse als sein Mitbürger erfreuen. Den sozialistischen Autoren geht es darum, die qualitativen Verbrauchsunterschiede aus der Welt zu schaffen. Aus diesem Grund geben sie sich auch nicht mit einer absoluten Steigerung der Bedürfnisse unter Beibehaltung des Verbrauchsvorsprunges bestimmter Schichten zufrieden. Wilhelm Schulz, ein enger Mitarbeiter von Georg Büchner, hat diesen Punkt betont: „Denn gerade *weil* die Gesammtproduction steigt und in demselben Maße, als dies geschieht, vermehren sich auch die Bedürfnisse, Gelüste und Ansprüche, und die *relative* Armuth kann also zunehmen, während die *absolute* sich vermindert. Der Samojede ist

[73] *Friedrich List:* Die innere Consumtion von England in Vergleichung mit der innern Consumtion von Deutschland, Augsburger Allgemeine Zeitung Nr. 308, 3. November 1844 Beil. S. 2458. Vgl. dazu: Die Eigentumslosen, Der deutsche Pauperismus und die Emanzipationskrise in Darstellungen und Deutungen der zeitgenössischen Literatur, Hrsg. C. Jantke und D. Hilger, Freiburg und München 1965 (Orbis academicus).

[74] *Proudhon:* Système des contradictions économiques ou philosophie de la misère, Tome I, S. 320.

nicht arm bei Thran und ranzigen Fischen, weil in *seiner* abgeschlossenen Gesellschaft Alle die gleichen Bedürfnisse haben. Aber in einem *voranschreitenden* Staate, der etwa im Laufe eines Jahrzehnds seine Gesammtproduction im Verhältnisse zur Bevölkerung um ein Drittheil vergrößerte, ist der Arbeiter, der vor und nach zehn Jahren gleich viel erwirbt, nicht eben so wohlhabend geblieben, sondern um ein Drittel bedürftiger geworden." [75] Ferdinand Lassalle hat die Arbeiter davor gewarnt, sich mit der Bedürfnissteigerung in einer unverändert gebliebenen, durch Stände- und Klassenunterschiede geprägten Gesellschaft zufriedenzugeben. „Wenn also noch so feststünde, daß sich das Niveau der notwendigen Lebensbedingungen in den verschiedenen Zeiten gehoben hätte, daß früher nicht gekannte Befriedigungen gewohnheitsmäßiges Bedürfniß geworden sind ... Ihre menschliche Lage ist in diesen verschiedenen Zeiten immer dieselbe geblieben; immer diese: auf dem untersten Rande der in jeder Zeit gewohnheitsmäßig erforderlichen Lebensnotdurft herumzutanzen, bald ein wenig über ihm, bald ein wenig unter ihm zu stehen." [76] Da der Anstieg des proletarischen Lebensniveaus Hand in Hand ging mit der Verbesserung der Lage der anderen Schichten, blieb die gesellschaftliche Lage des Arbeiterstandes letzten Endes unverändert. „Ihre *menschliche* Lage ist also dieselbe geblieben, denn diese menschliche Lage bemißt sich nicht durch ihr Verhältnis zu der Lage des Tieres in den Urwäldern, oder des Negers in Afrika, oder des Leibeigenen im Mittelalter, oder des Arbeiters vor 200 oder vor 80 Jahren, sondern nur durch das *Verhältnis* dieser Lage zu der Lage ihrer *Mitmenschen,* zu der Lage der anderen *Klassen in derselben Zeit.*" [77] Die absolute Armut des deutschen Arbeiters hat wohl abgenommen, doch die relative ist gleich geblieben. Dem deutschen Proletarier mangelt zum Leidwesen Lassalles die Einsicht in die Mißlichkeit seiner Lage. „Ihr deutschen Arbeiter seid merkwürdige Leute! Vor französischen und englischen Arbeitern, da müßte man plaidieren, wie man ihrer traurigen Lage abhelfen könne, Euch aber muß man vorher erst noch beweisen, daß Ihr in einer traurigen Lage seid. So lange Ihr nur ein Stück schlechte Wurst habt und ein Glas Bier, merkt Ihr das gar nicht und wißt Ihr gar nicht, daß Euch etwas fehlt. Das kommt aber von Eurer verdammten Bedürfnislosigkeit! Wie, werdet Ihr sagen, ist die Bedürfnislosigkeit denn nicht eine Tugend? Ja, vor dem christlichen Moralprediger, da ist die Bedürfnislosigkeit allerdings eine Tugend, die Bedürfnislosigkeit ist die Tugend des indischen Säulenheiligen und des christlichen Mönches; aber

[75] *Wilhelm Schulz:* Die Bewegung der Production, Zürich und Winterthur 1843, S. 66.

[76] *Ferdinand Lassalle:* Offenes Antwortschreiben an das Central-Comité, Reden und Schriften, Band II, Hrsg. E. Bernstein, Berlin 1893, S. 427.

[77] Ebd.

vor dem Geschichtsforscher und vor dem Nationalökonomen, da gilt eine andere *Tugend ... Möglichst viel* Bedürfnisse haben, aber *sie auf ehrliche und anständige Weise befriedigen* – das ist die Tugend der heutigen, der nationalökonomischen Zeit." [78]

Der Bedürfnisreichtum ist überhaupt ein entscheidendes Strukturmerkmal aller sozialistischen Gesellschaftsentwürfe. Da alle sozialen Divergenzen auf der Unterdrückung menschlicher Bedürfnisse beruhen, läßt sich die soziale Harmonie nur dann erreichen, wenn diese Bedürfnisse selbst bestimmendes Strukturprinzip der neuen und besseren Ordnung werden. Der Aufbau der Zukunftsgesellschaft zentriert sich um die menschlichen Bedürfnisse. Das Verdienst, diese Idee theoretisch fruchtbar gemacht zu haben, kommt vor allem Charles Fourier zu. Das Bild einer die echten Bedürfnisse des Menschen respektierenden Gesellschaftsordnung entsteht ihm aus der Kritik an der unmenschlichen und deshalb unvernünftigen Bedürfnisbefriedigung der kapitalistischen Gesellschaft. In dieser Welt der verkehrten Bedürfnisbefriedigung dominiert der Egoismus der Einzelnen über das Wohl der Gesamtheit, tragen die unechten, egoistischen Bedürfnisse den Sieg über die echten, altruistischen davon. So wünscht der Advokat, daß die Streitsucht der Menschen nicht erlahme; der Soldat zeigt sich daran interessiert, daß er weiterhin Krieg führen könne. Der Architekt hofft auf zahlreiche Feuersbrünste, um auf diese Weise möglichst viele neue Häuser errichten zu können. Jeder hat in dieser verkehrten Welt das unauslöschliche Bedürfnis, dem anderen Schaden zuzufügen. Den größten Profit aus dieser widernatürlichen Ordnung ziehen jedoch die Kaufleute und Börsenherren. Sie sind es, welche die Mehrzahl der arbeitenden Bevölkerung zu einem unmenschlichen Bedürfnisniveau verdammen. Sie leben in Luxus, während die Arbeiter ihr Leben in engen Wohnungen und unter primitiven Arbeitsbedingungen fristen müssen [79]. Um aber dem sozialen Parasitentum ein für alle Male ein Ende zu machen, um eine gerechtere Ordnung zu errichten, bedarf es nach Fourier der genauen Kenntnis der Naturgesetze. Ein und dieselbe Gesetzmäßigkeit beherrscht sowohl die Planeten als auch die Gesellschaft. Gott gibt allen Körpern ihre ihnen eigentümlichen Farben, Formen und Eigenschaften. Er bestimmt den Lauf der Gestirne, die Aufeinanderfolge der verschiedenen Gesellschaftsformen. Er ist der Urheber der Gesetze, nach denen sich die Bedürfnisse und Leidenschaften aller Lebewesen ausbilden. Dabei ist die Gesetzmäßigkeit der materiellen Welt größtenteils erforscht. Newton vor allem kommt das Verdienst zu, die Wirkweise der Attraktion ergründet zu haben. Fourier, ganz in der Naturanschauung des 17. und 18. Jahrhun-

[78] *Ders.:* Arbeiter-Lesebuch, Reden und Schriften, Band II, S. 543 f.
[79] *Fourier:* Théorie des quatre mouvements, a. a. O., S. 287 ff.

derts verwurzelt, weiß sich als der Entdecker der sozialen Bewegungsgesetze. Genauso wie es Newtons Größe ausmache, dem Bewegungsgesetz der Materie auf die Spur gekommen zu sein, so komme ihm, Fourier, das Verdienst zu, das Bewegungsgesetz der Gesellschaft entschlüsselt zu haben. Wie die materielle so werde auch die soziale Welt vom Gesetz der Attraktion beherrscht. Wie in der Physik die Atome und Moleküle den gegenseitigen Kontakt suchen, so suchen und ergänzen sich in der Gesellschaft auch die gegenseitigen Bedürfnisse und Charaktere der Menschen. Dabei hat jedes Bedürfnis einen Anspruch darauf, befriedigt zu werden. Alles Übel der Vergangenheit hatte seinen Grund in Gesetzen der Obrigkeit, die die Leidenschaften und Bedürfnisse der Menschen inhibierten. Alle politischen und moralischen Gesetze, die dem Recht auf volle Bedürfnisbefriedigung des Menschen widersprechen, müssen deshalb außer Kraft gesetzt werden. Es gilt, eine Gesellschaft zu konstruieren, in der die Menschen in voller Freiheit ihre natürlichen Bedürfnisse stillen und ungehemmt ihren Leidenschaften frönen können. Nur wenn das Gesetz der passionellen Attraktion, d. h. die natürliche Neigung der Bedürfnisse, Befriedigung zu erlangen, zum bestimmenden Strukturelement des politischen Gemeinwesens wird, kann die gesellschaftliche Harmonie und das Wohl des Einzelnen garantiert werden.

Fourier kennt zwölf Bedürfnisse. Diese wiederum lassen sich auf drei Grundbedürfnisse reduzieren. Jeder, ohne Unterschied des Geschlechts, des Alters oder der Rasse wird vom Luxustrieb, dem Gruppentrieb und dem Trieb nach gleichzeitiger Befriedigung der Sinne und der Seele geleitet[80]. Das Luxusbedürfnis des Menschen gründet in den fünf Sinnen. Jeder Mensch hat das Bedürfnis, zu sehen, zu hören, zu riechen, zu schmecken und zu fühlen. Wird einer dieser fünf Triebe nicht vollauf befriedigt, so ist der Mensch unglücklich. Alle Sinne müssen deshalb zu ihrem Recht kommen; nur die uneingeschränkte Befriedigung des Luxustriebes garantiert das Glück und die Gesundheit des Menschen. Derselbe ubiquitäre Charakter eignet auch dem Gruppenbedürfnis. Dieses gliedert sich in folgenden Untergruppen auf: 1. Groupe d'Honneur ou Corporation; 2. Groupe d'Amitié; 3. Groupe d'Amour; 4. Groupe de Famille ou de Parenté[81]. Alle Menschen fühlen in sich das Bedürfnis, geehrt zu werden und zu verehren, sich anderen in Freundschaft anzuschließen, zu lieben sowie eine Familie zu gründen. Ohne die Befriedigung dieser vier Gruppenbedürfnisse wäre das Leben leer und inhaltlos. Um sich entfalten zu können, braucht der Mensch die anderen.

[80] Ebd., S. 112 (1re Le Luxisme, ou désir du Luxe, 2e Le Groupisme, ou désir des Groupes, 3e Le Sérisme, ou désir des Séries).
[81] Ebd., S. 114.

Die volle Befriedigung des Luxusbedürfnisses und des Gruppenbedürfnisses reicht allerdings noch nicht zu einem harmonischen Gesellschaftsleben aus. Dazu gehört wesentlich, daß drei andere Bedürfnisse, die auf die gleichzeitige Befriedigung der Sinne und der Seele abzielen, befriedigt werden. Es sind dies die Cabaliste, die Composite und die Papillonne. Die Cabaliste ist das Bedürfnis der Intrige und des Wetteifers; sie spornt den gesellschaftlichen Wettbewerb an und erhöht auf diese Weise die Leistungen des Einzelnen. „La Cabaliste est la manie de l'intrigue très ardente chez les ambitieux, les courtisans, les corporations affiliées, les commerçants, le monde galant."[82] Nur derjenige Mensch, der diesen Wettbewerbstrieb völlig befriedigen kann, ist glücklich und zufrieden. Ein Diplomat, der fern vom Intrigenspiel des Hofes seine Zeit in einer kleinen Stadt verbringen muß, fühlt sich vereinsamt und unglücklich. Ebenso freudlos ist das Leben eines Kaufmanns, der sich von seinen kompetitiven Geschäften zurückgezogen hat. Für ein gedeihliches und harmonisches Gesellschaftsleben ist auch die Befriedigung der Composite[83], des Bedürfnisses nach augenblicklicher Begeisterung notwendig. Sie tritt in Erscheinung bei vaterländischen Kundgebungen und im Berufsleben. Im Gegensatz zum Wettbewerbstrieb schafft die Befriedigung des Bedürfnisses nach augenblicklicher Begeisterung das Gefühl der Harmonie. Die Papillonne dagegen ist das allen Menschen gemeinsame Bedürfnis nach neuen Eindrücken, nach neuer Arbeit. „La Papillonne: C'est le besoin de variété périodique, situations contrastées, changements de scène, incidents piquants, nouveautés propres à créer l'illusion à stimuler sens et âme à la fois."[84] Jeder Genuß führt auf die Dauer zur Langeweile, jede Arbeit stumpft nach einer gewissen Zeit ab. So rufen musikalische und dramatische Darbietungen bei zu langer Dauer Ermüdung der Zuhörer hervor. Ein ausgedehntes Mittagessen führt zur Übersättigung. Arbeiter, die täglich dieselbe Tätigkeit verrichten müssen, werden auf die Dauer seelisch und körperlich krank. Ein Arbeitsabschnitt sollte also nicht länger als zwei Stunden dauern. Die drei letztgenannten Bedürfnisse wirken als Katalysatoren der anderen neun; Cabaliste, Composite und Papillonne verleihen den Luxus- und Gruppenbedürfnissen erst ihre wahre Bestimmung.
Zum Zwecke einer harmonischen Organisation der Gesellschaft sollen sich Fourier zufolge Menschen, welche die gleichen Beschäftigungen und Bedürfnisse haben, zu Gruppen vereinigen[85]. Jede dieser Gruppen, von Fourier als Phalastères bezeichnet, umfaßt jeweils 1500 Personen. In ihnen ermöglicht

[82] *Ders.:* Le nouveau monde industriel et sociétaire, Oeuvres complètes, Tome sixième, Paris 1845, S. 69.
[83] Ebd., S. 72.
[84] Ebd., S. 66.
[85] Ebd., S. 431 ff.

das harmonische Zusammenspiel von Leidenschaften und Bedürfnissen ein spannungsfreies gesellschaftliches Zusammenleben. Die Attraktionskraft der von Gott dem Menschen verliehenen Bedürfnisse gewährleistet die Heraufkunft der Periode des „Garantismus". Die Phalangen geben dem einzelnen Genossen das Recht, seine Bedürfnisse in der von ihm gewünschten Weise zu befriedigen. Dadurch ist jegliche Bedürfnisbefriedigung, die einen antisozialen Charakter aufweist, ausgeschlossen. Das Bedürfnis, die Ordnung der Phalange zu stören oder gar zu zerstören, ist ihren Bewohnern fremd.

Die harmonische Ordnung der Phalange bietet auch die Gewähr für eine stetige Steigerung der Produktion. Diese wiederum ist die unabdingbare Voraussetzung für den Fortbestand einer Gesellschaftsordnung, die sich hauptsächlich auf die menschlichen Bedürfnisse stützt. Der technisch-ökonomische Fortschritt gibt also die Basis für die Versöhnung von Individuum und Gesellschaft ab. Nur in einer prosperierenden Gesellschaft läßt sich der Konflikt zwischen der Bedürfnisnatur des Menschen und den Erfordernissen der sozialen Ordnung aufheben.

Nach dem Vorbilde Fouriers konzipierte der Deutsche Franz Stromeyer eine auf den menschlichen Bedürfnissen basierende Organisation der Gesellschaft. Es sei die Aufgabe der sozialistischen Bewegung, „die Verhältnisse der Gesellschaft so einzurichten, daß in ihnen eine Befriedigung der ursprünglichen Natur des Menschen"[86] möglich ist. Eine den Bedürfnissen ihrer Bürger angemessene Gesellschaftsordnung könne auf jeden Zwang verzichten. „Wo immer eine freiwillige und ungezwungene Vereinigung von Menschen stattfindet, da können wir mit Bestimmtheit behaupten, daß einer von den vier Urtrieben oder mehrere zugleich als Veranlassung und Bindemittel der Vereinigung zugrundeliegen."[87] In enger Anlehnung an Fourier kennt Stromeyer folgende vier Urtriebe: die Freundschaft, den Ehrgeiz, die Liebe und den Familiensinn. Eine auf den wahren Bedürfnissen der Menschen basierende Sozialordnung führt nicht nur zu einer herrschaftslosen Verfassung der Gesellschaft, sondern verhindert auch die Ausbreitung gesellschaftsschädigender Bedürfnisse. Stromeyer zufolge entspringen asoziale Neigungen aus verkehrten Sozialordnungen. Wo findet man das Laster der Trunkenheit? „Unter den Klassen, die unter der Last der Entbehrung und harter Arbeit seufzen und die in der Trunkenheit ein Reizmittel suchen, um in ihr farbloses, ermattetes Dasein einige Regung zu bringen."[88] Eine Gesell-

[86] *Franz Stromeyer:* Über das menschliche Wesen und sein Verhältnis zur Gesellschaft, in: Die frühen Sozialisten, Hrsg. Frits Kool und Werner Krause, Olten und Freiburg im Breisgau 1968, S. 459.

[87] Ebd., S. 459.

[88] Ebd., S. 461.

schaft dagegen, die in den wahren Bedürfnissen wurzelt, ist frei von assozialen Kräften. „Es handelt sich also darum, die gesellschaftlichen Einrichtungen so zu treffen, daß ... zufällige, äußere Umstände, welche geeignet sind, aus den natürlich guten und nützlichen Anlagen und Neigungen der Menschen schädliche und lasterhafte Folgen und Wirkungen zu entwickeln, soviel als möglich beseitigt und vermieden werden.“ [89]
Die Fouriersche Gesellschaftslehre wirkte nicht nur auf Stromeyer ein, sondern befruchtete auch die Sozialtheorie Weitlings [90]. Auch er übernimmt den Fourierschen Gedanken, die Gesellschaft solle nach den Bedürfnissen der Menschen konzipiert werden. „Der Zweck der Verwaltung ist, den Austausch der Fähigkeiten und Begierden der verschiedenen Individuen nach den Naturgesetzen zu leiten und denselben die zum Wohle und zur Harmonie aller nötige Richtung zu geben.“ [91] Denn von der „Organisation der Befriedigung der Begierden und des Austausches der Fähigkeiten aller hängt ... das Glück oder Unglück der Individuen ab“ [92]. Dabei teilt Weitling die Bedürfnisse in drei Gruppen ein. „Alle Begierden teilen wir in drei Hauptklassen: 1. Die Begierden des Erwerbes ... 2. Die Begierden des Genusses ... 3. Die Begierden des Wissens.“ [93] Wird, wie in der bürgerlich-kapitalistischen Ordnung, die Befriedigung des Erwerbsbedürfnisses „durch die gewaltsame oder listige Unterdrückung der Begierden anderer und durch Benutzung und Entziehung ihrer Fähigkeiten erlangt, so heißt sie: Raub, Diebstahl, Bankerott, Wucher, Betrug, Steuer; auch zuweilen Lohn, Verdienst, Gewinn“ [94]. Die ausbeuterische Befriedigung des Bedürfnisses nach Genuß wird von Weitling als „Luxus, Verschwendung, Überfluß, Reichtum, Prasserei“ bezeichnet. In einer sozialistischen Ordnung dagegen führt die Befriedigung des Genußbedürfnisses zu „Gesundheit, Wohlstand, Glück, Ehre, Ruhm, Vergnügen“ [95]. Die Befriedigung des Bedürfnisses nach Wissen resultiert in der verkehrten kapitalistischen Ordnung in „Tyrannei, Betrug, Lüge usw.“. In einem sozialistischen Gemeinwesen jedoch bringt die Befriedigung dieses Bedürfnisses „Verstand, Weisheit, Talent, Gelehrsamkeit“ [96] mit sich. Soll die Befriedigung der Bedürfnisse zum Wohl des Einzelnen und zur gesellschaftlichen Harmonie führen, so muß die Struktur des politischen Gemein-

[89] Ebd.
[90] Über den Einfluß Fouriers auf Wilhelm Weitling vgl.: *Wolfgang Schieder:* Anfänge der deutschen Arbeiterbewegung, Stuttgart 1963, S. 275 (Industrielle Welt, Band IV).
[91] *Wilhelm Weitling:* Garantien der Harmonie und Freiheit, S. 137.
[92] Ebd., S. 134.
[93] Ebd., S. 132.
[94] Ebd.
[95] Ebd.
[96] Ebd.

wesens den drei soeben erwähnten Grundbedürfnissen des Menschen entsprechen. „Sonach muß die Organisation der Gesellschaft nach den verschiedenen Begierden der Menschen und den Fähigkeiten, welche zur Befriedigung dieser Begierden dienen, in folgender Ordnung bestehen: 1. Die *Verwaltung* oder die Fähigkeiten des Wissens. 2. Die *Produktion* oder die Fähigkeiten des Erwerbens. 3. Die *Konsumation* oder die Fähigkeiten des Genusses."[97] Dem Bedürfnis des Wissens gebührt ein hervorragender Platz in der Gesellschaftsordnung. Um ein harmonisches Verhältnis zwischen den Bedürfnissen und Fähigkeiten der Menschen zu gewährleisten, muß dafür Sorge getragen werden, daß die „Wissenschaft die Verwaltung der Gesellschaft leitet", muß der Wissenschaft der Platz eingeräumt werden, „den ihr die Natur bezeichnete, nämlich den der Leitung aller übrigen Begierden und Fähigkeiten"[98]. In der bürgerlichen Ordnung allerdings herrschen das Bedürfnis nach Erwerb und das Bedürfnis nach Genuß über die Gesellschaft. Das aber widerspricht der erklärten Absicht der Natur. „Nach den Gesetzen der Natur ist ... die Begierde des Wissens diejenige, welche die andern leitet; denn man kann nichts genießen, ohne es zu haben, und nichts haben, ohne zu wissen, wo und wie es zu bekommen sei."[99] Die Befriedigung des Wissensbedürfnisses ist also die Voraussetzung für die Befriedigung des Erwerbs- und vor allem auch des Genußbedürfnisses. Erst die wissenschaftliche Durchdringung der Welt führt zu einer der hedonistischen Natur des Menschen angemessenen Produktion und Konsumtion. Der Geist der Wissenschaft garantiert eine gerechte Gesellschaft. Bislang nämlich artet die „unterdrückte Wißbegierde ... aus in Unsinn, Irrtum, Aberglauben, Vorurteil, Täuschung und Lüge, welche zum Vorteil der Genuß- und Habsucht verbreitet wurden"[100]. In der sozialistischen Gesellschaft wird die wissenschaftliche Rationalität die Ausbeutung einer Klasse durch eine andere verhindern. Wenn nämlich der Geist der Wissenschaft die Produktion lenkt und steigert, wird er auch für die gerechte Verteilung des wachsenden Wohlstandes sorgen. Niemand wird mehr um die Früchte seiner Arbeit geprellt werden. „Mithin entsteht ... aus der Freiheit und der Harmonie der Begierden *aller* das Gute und aus der Unterdrückung und Bekämpfung derselben zum Vorteil einiger alles Böse."[101] Die vernünftige Organisation der Bedürfnisse gewährleistet sowohl das Glück des Individuums als auch die Harmonie der Gesellschaft. Die Knebelung der menschlichen Bedürfnisse dagegen führt zu sozialem Unrecht und Klassenkampf.

[97] Ebd., S. 135.
[98] Ebd., S. 136.
[99] Ebd., S. 135.
[100] Ebd., S. 133.
[101] Ebd., S. 131.

Die Bedürfnisse der Bürger und die vom technischen Fortschritt ausgelöste Bedürfnissteigerung sind wesentliche Elemente der Marxschen Sozialtheorie. Marx geht aus von der Produktionsweise. Er unterscheidet asiatische, antike, feudale und modern-bürgerliche Produktionsweisen [102]. Die Produktionsweise charakterisiert sich durch bestimmte Produktionsverhältnisse und einen mit diesen Produktionsverhältnissen korrespondierenden Stand der Produktivkräfte. Die Produktionsweise ist dabei die Basis für den politischen Überbau. „Die Produktionsweise des materiellen Lebens bedingt den sozialen, politischen und geistigen Lebensprozeß überhaupt." [103] Die Kraft, die die Produktionsweise verändert, ist die Produktivität der menschlichen Arbeit, ist die Fähigkeit, das Bedürfnisniveau laufend zu erhöhen. Jeder Produktionsweise eignet eine bestimmte Höhe des auf den Produktivkräften beruhenden Bedürfnisniveaus. Allerdings kann die Produktivität innerhalb eines bestimmten Produktions-, d. h. Eigentumsverhältnisses nur bis zu einer gewissen Grenze erhöht werden. An einem bestimmten Punkt wird die Eigentumsordnung zur Schranke für die Weiterentwicklung der Produktivkräfte. Unter feudalen Produktionsverhältnissen lassen sich die Errungenschaften der modernen Technik wie Dampfkraft und Elektrizität kaum anwenden. Die Handmühle erzeugte den Feudalismus, die Dampfmühle den Kapitalismus [104]. Moderne Technik läßt sich nur im kapitalistischen Betrieb sinnvoll verwerten. Aber auch die kapitalistische Produktionsweise weist über sich hinaus, auch im Kapitalismus stoßen die sprunghaft ansteigenden Produktivkräfte an die Grenze der kapitalistischen Produktions- und Eigentumsverhältnisse. Die kapitalistische Wirtschaftsweise unterscheidet sich von den anderen darin, daß die Produktionsmittel, d. h. die Maschinen, die Fabriken vom Produzenten, vom Arbeiter getrennt sind. Der Klasse der Besitzer der Produktionsmittel steht die Klasse der Nichtbesitzer, d. h. der Proletarier gegenüber. Diese haben nur ihre Arbeitskraft und sind gezwungen, sie auf dem Arbeitsmarkt anzubieten. Das zweite Merkmal ist, daß die Arbeiter juristisch frei sind. Sie sind nicht wie im Feudalismus den Weisungen des Feudalherrn oder wie in der Sklavenwirtschaft den Befehlen des Sklavenhalters unterworfen. Sie können Verträge nach eigenem Gutdünken abschließen, seien es Arbeitsverträge, Warenkaufverträge, Eheverträge. Drittens unterscheidet den Kapitalismus von allen vorangegangenen Produktionsweisen, daß die Produktionsmittel gesellschaftlich genutzt werden; d. h., eine Reihe von Arbeitern arbeitet an einer Maschine zusammen in einer Fabrik.

[102] *Marx:* Zur Kritik der politischen Ökonomie, Vorwort, MEW Band XIII, Berlin 1961, S. 9.
[103] Ebd., S. 8 f.
[104] *Ders.:* Das Elend der Philosophie, a. a. O., S. 130.

Die Widersprüche des kapitalistischen Systems, die Entwicklung, die zur Selbstzerstörung dieser Produktionsweise führt, läßt sich gerade mit Hilfe des Bedürfnisbegriffes gut demonstrieren. Die Klasse der Kapitalisten vermochte dank ihrer ingenieusen Erfindungskraft und ihrer unternehmerischen Fähigkeiten die Fesseln der feudalen Produktionsweise zu sprengen. „Die Bourgeoisie, wo sie zur Herrschaft gekommen, hat alle feudalen, patriarchalischen, idyllischen Verhältnisse zerstört." [105] Sie „hat in ihrer kaum hundertjährigen Klassenherrschaft massenhaftere und kolossalere Produktionskräfte geschaffen als alle vergangenen Generationen zusammen." [106] Die Kapitalisten, von Profitsucht getrieben, revolutionieren die Technik der Produktion immer wieder von neuem und steigern so die Produktivität der menschlichen Arbeit ins Riesenhafte. Diese Erfolge werden auch im Verbrauchsverhalten demonstriert. Der demonstrative Konsum richtet sich sowohl gegen die Proletarier als auch gegen die anderen Kapitalisten. In der kapitalistischen Bewerbungsskala steht derjenige am höchsten, der das meiste Kapital angehäuft hat und dem es gelungen ist, die fortschrittlichste Technik in seinen Dienst zu stellen. Marx geht davon aus, daß in den allerersten Anfängen des Kapitalismus die Kapitalisten sich des demonstrativen Verbrauchs zunächst noch enthielten. „In den historischen Anfängen der kapitalistischen Produktionsweise ... herrschen Bereicherungstrieb und Geiz als absolute Leidenschaften vor." [107] Sehr bald aber änderte sich das Verhalten der Kapitalbesitzer. Der Fortschritt der kapitalistischen Produktion schafft nicht nur eine Welt von Genüssen. Er öffnet mit der Spekulation und dem Kreditwesen tausend Quellen plötzlicher Bereicherung. Auf einer gewissen Entwicklungshöhe wird ein konventioneller Grad von Verschwendung, die zugleich Schaustellung des Reichtums und daher Kreditmittel ist, sogar zu einer Geschäftsnotwendigkeit der ‚unglücklichen' Kapitalisten. „Der Luxus geht in die Repräsentationskosten des Kapitals ein" [108] Paul Sweezy macht darauf aufmerksam, daß Marx mit dieser Feststellung Veblens Lehre von der *conspicuous consumption*, wie sie in der „Theory of the Leisure Class" ausgearbeitet wurde, vorweggenommen hat[109]. Marx verwirft die Ansicht vom sparsamen Kapitalisten, der, um überhaupt akkumulieren zu können, ein asketisches und bedürfnisarmes Leben führt. „Obgleich ... die Verschwendung des Kapitalisten nie den bona-fide-Charakter der Verschwendung des

[105] *Ders.:* Manifest der Kommunistischen Partei, MEW Band IV, Berlin 1959, S. 464.
[106] Ebd., S. 467.
[107] *Marx:* Das Kapital, Band I, MEW Band XXIII, Berlin 1962, S. 620.
[108] Ebd.
[109] *Paul Sweezy:* Theorie der kapitalistischen Entwicklung, Eine analytische Studie über die Prinzipien der Marxschen Sozialökonomie, Aus dem Amerikanischen, Köln 1959, S. 61. (Veröffentlichungen der Akademie für Gemeinwirtschaft Hamburg.)

flotten Feudalherrn besitzt, in ihrem Hintergrund vielmehr stets schmutzigster Geiz und ängstlichste Berechnung lauern, wächst dennoch seine Verschwendung mit seiner Akkumulation, ohne daß die eine die andre zu beanspruchen braucht." [110] Kapitalansammlung und demonstratives Verbrauchsverhalten schließen einander also nicht aus. Die Kapitalisten demonstrieren in ihrem Verbrauchsgebaren ihre ökonomische und politische Machtposition, wenn auch zeitweilig mit einem schlechten Gewissen. Es entwickelt sich in der „Hochbrust des Kapitalindividuums ein faustischer Konflikt zwischen Akkumulations- und Genußtrieb" [111]. Die Kapitalisten wollen akkumulieren und konsumieren: mit dieser Behauptung wendet sich Marx gegen die Abstinenztheorie. Diese im 19. Jahrhundert vom englischen Nationalökonomen Nassau W. Senior [112] zuerst vertreten, geht davon aus, daß die akkumulierenden Unternehmer sich um des zu erwartenden Kapitalzinses willen des genußreichen Lebens enthalten. Der Konsumverzicht ist für den Kapitalisten ein Opfer; der Kapitalzins ist die notwendige Belohnung dafür.

Ganz anders sieht es auf der proletarischen Seite der kapitalistischen Gesellschaft aus. Im Gegensatz zu den Kapitalisten leben die Arbeiter in bedrückender Armut. Hier wird nicht Reichtum, sondern notgedrungen Elend demonstriert. Der „Raffinierung der Bedürfnisse und ihrer Mittel" auf der Seite der Kapitalisten steht die „viehische Verwildrung, vollständige, rohe, abstrakte Einfachheit des Bedürfnisses auf der andren Seite" [113] gegenüber. Selbst „Licht, Luft etc., die einfachste tierische Reinlichkeit, hört auf, ein Bedürfnis für den Menschen zu sein" [114]. Der Arbeiter sinkt sogar auf ein untertierisches Niveau. „Nicht nur, daß der Mensch keine menschlichen Bedürfnisse hat, selbst die tierischen Bedürfnisse hören auf. Der Irländer kennt nur mehr das Bedürfnis des Essens und zwar nur mehr des Kartoffelessens und zwar nur der Lumpenkartoffel, der schlechtesten Art von Kartoffel. Aber England und Frankreich haben schon in jeder Industriestadt ein kleines Irland." [115] Demgegenüber hat das Tier wenigstens noch das „Bedürfnis der

[110] *Marx:* Das Kapital, Band I, a. a. O., S. 620.

[111] Ebd.

[112] Vgl. dazu: *L. J. Zimmermann:* Geschichte der theoretischen Volkswirtschaftslehre, Aus dem Holländischen, Köln-Deutz 1954: „Nassau William Senior definierte das Sparen als ein Opfer, für das dem Wirtschaftssubjekt eine Entschädigung vergütet werden müsse. Diese Entschädigung sei der Zins (Abstinenztheorie). Da Senior keinen Unterschied machte, ob das ‚Opfer' einen Armen oder einen Reichen träfe ... hatte es Lassalle leicht, ihn zu verspotten, indem er auf den ‚armen Rothschild' wies, der sich vieles versagen müsse, um ein bescheidenes Zinseinkommen zu verdienen" (S. 170).

[113] *Marx:* Ökonomisch-Philosophische Manuskripte, a. a. O., S. 548.

[114] Ebd.

[115] Ebd.

Jagd, der Bewegung etc." [116]. Diese Bedürfnislosigkeit des Arbeiters wird Marx zufolge von der bürgerlichen Nationalökonomie sanktioniert, ja geradezu gefordert. „Die Selbstentsagung, die Entsagung des Lebens und aller menschlichen Bedürfnisse ist ihr Hauptlehrsatz." [117] Geld und Reichtum, die nur durch Sparen zu erreichen sind, traten an die Stelle der wirklichen Bedürfnisse. „Je weniger du ißt, trinkst, Bücher kaufst, in das Theater, auf den Ball, zum Wirtshaus gehst, denkst, liebst, theoretisierst, singst, malst, fichtst, etc., um so mehr sparst du, um so größer wird dein Schatz, den weder Motten noch Staub fressen, dein Kapital." [118] Die Wissenschaft des Reichtums, die Nationalökonomie, ist zur Wissenschaft des Entsagens, des Darbens geworden. „Jeder Luxus des Arbeiters erscheint ihm daher als verwerflich, und alles, was über das allerabstrakteste Bedürfnis hinausgeht ... erscheint ihm als Luxus." [119] Das wahre Ideal dieser Enthaltsamkeit predigenden Wissenschaft sei der „asketische, aber wuchernde Geizhals und der asketische, aber produzierende Sklave." [120] Der Arbeiter, der spart, der seine Bedürfnisse auf ein Minimum reduziert, ist das Ideal der Nationalökonomie. Das Elend der Arbeiterschaft wird durch die kapitalistischen Wirtschaftskrisen noch verschärft. Der technische Fortschritt erhöht laufend die Produktion. Durch die Anarchie der kapitalistischen Produktion, ihre absolute Planlosigkeit findet das Angebot jedoch nicht immer die notwendige Nachfrage. Die Produktion wird ohne Rücksicht auf die Konsumtion ausgedehnt. „Die Überproduktion ... hat das allgemeine Produktionsgesetz des Kapitals zur Bedingung, zu produzieren im Maß der Produktivkräfte (d. h. der Möglichkeit, mit gegebner Masse Kapital größtmögliche Masse Arbeit auszubeuten) ohne Rücksicht auf die vorhandnen Schranken des Markts oder der zahlungsfähigen Bedürfnisse." [121] Eine zu geringe Konsumnachfrage, bedingt durch zu niedrige Löhne, verhindert, daß die Produktion vom Markte aufgenommen wird. „Je mehr aber sich die Produktivkraft entwickelt, um so mehr gerät sie in Widerspruch mit der engen Basis, worauf die Konsumtionsverhältnisse beruhen." [122]

Die Unternehmer können ihre im Übermaß produzierten Waren nicht verkaufen. Die Ausdehnung der Produktion wird infolge der zu geringen Nachfrage aufgehalten; die Folge davon ist ein konjunktureller Abschwung. Die Krise rührt nicht vom mangelnden Verbrauchswillen der Konsumenten her; sie

[116] Ebd.
[117] Ebd., S. 549.
[118] Ebd.
[119] Ebd.
[120] Ebd.
[121] *Ders.:* Theorien über den Mehrwert, 2. Teil, a. a. O., S. 535.
[122] *Ders.:* Das Kapital, Band III, MEW Band XXV, Berlin 1964, S. 255.

hat ihren Grund vielmehr in den niedrigen Löhnen der Arbeiterschaft. Die krisenfreie Entwicklung der Wirtschaft ist begrenzt, „nicht durch die konsumtiven Bedürfnisse der Gesellschaft überhaupt, sondern durch die konsumtiven Bedürfnisse einer Gesellschaft, wovon die große Mehrzahl arm ist und stets arm bleiben muß" [123]. Die Entwicklung der kapitalistischen Produktivkräfte ist nicht zuletzt auch für die Schaffung einer bedürfnisreichen sozialistischen Gesellschaft notwendig; doch ist jeder Schritt hin zum sozialistischen Endziel mit Leiden und Elend erkauft. Nicht genug, daß die Arbeiter kaum das Nötigste zum Leben verdienen, ihre mangelnde Konsumkraft erzeugt Krisen, die Millionen arbeitslos macht und sie ihres wenn auch noch so geringen Lebensunterhalts völlig beraubt. Wenn es richtig ist, daß der „letzte Grund aller wirklichen Krisen ... die Armut und Konsumtionsbeschränkung der Massen" [124] bleibt, dann muß eine Gesellschaft errichtet werden, in der es diese konsumtiven Fesseln der Produktivität nicht gibt. Diese Entwicklung kann weder entscheidend forciert werden, noch kommt sie ganz von allein. „Das Kapital treibt ... ebensosehr hinaus über nationale Schranken und Vorurteile ... und überlieferte, in bestimmten Grenzen selbstgenügsam eingepfählte Befriedigung vorhandner Bedürfnisse und Reproduktion alter Lebensweise. Es ist destruktiv gegen alles dies und beständig revolutionierend, alle Schranken niederreißend, die die Entwicklung der Produktivkräfte, die Erweiterung der Bedürfnisse, die Mannigfaltigkeit der Produktion und die Exploitation und den Austausch der Natur- und Geisteskräfte hemmen." [125] Dies gilt für die Frühzeit des Kapitalismus, als es galt, die Fesseln der feudalen Gesellschaft endgültig zu zerstören. Dies hat aber auch für die nachkapitalistische Gesellschaftsordnung Gültigkeit.

Das kontinuierliche Wachstum der Produktivkräfte wird im zu engen Rahmen der spätkapitalistischen Produktionsverhältnisse gebremst. Daher muß der Kapitalismus zerstört und durch eine sozialistische Ordnung ersetzt werden. Die im kapitalistischen Zeitalter entfesselten Produktivkräfte erzwingen in der spätkapitalistischen Phase eine Gesellschaftsordnung, in der gewährleistet ist, daß dem riesigen Produktionsvolumen ein entsprechendes Konsumvolumen gegenübersteht. Der Sozialismus muß den Kapitalismus ablösen. Nur im egalitär verfaßten sozialistischen Gemeinwesen reicht die Konsumkraft aus, die im überreichen Maße produzierten Güter zu absorbieren. Da alle Bürger über ein ausreichendes Einkommen verfügen, ist die Gewähr gegeben, daß der Markt geräumt wird. In der sozialistischen Gesellschaft wird vor allem aber nicht mehr an den wahren Bedürfnissen der Ver-

[123] *Ders.:* Das Kapital, Band II, MEW Band XXIV, Berlin 1963, S. 318.
[124] *Ders.:* Das Kapital, Band III, a. a. O., S. 501.
[125] *Ders.:* Grundrisse der Kritik der politischen Ökonomie (Rohentwurf), 1857–1858, Berlin 1953, S. 313.

braucher vorbeiproduziert. Mit Hilfe eines Wirtschaftsplanes werden Konsum und Produktion aufeinander abgestimmt. Der Übergang von der kapitalistischen zur sozialistischen Gesellschaftsordnung kommt jedoch nicht ohne das Zutun der Menschen zustande. Der Sozialismus muß erkämpft werden. Diese Aufgabe fällt nach Karl Marx vor allem dem Proletariat zu. Die Arbeiterklasse, die Entbehrung und Bedürfnisarmut am eigenen Leibe erfahren und unter den unmenschlichen kapitalistischen Produktionsverhältnissen zu leiden hat, ist zur Geburtshelferin einer gerechteren Sozialverfassung prädestiniert. Diese spezifische Verschränkung von Determinismus und Voluntarismus unterscheidet die Marxsche Soziallehre von der Gesellschaftstheorie der Frühsozialisten. Diese glauben nicht, daß der zur vollen Entwicklung gelangte Kapitalismus sich selbst zerstört. In undialektischer Weise lehnen sie zumeist die kapitalistische Gesellschaft kategorisch ab. Bei Proudhon und Fourier tritt dies deutlich in Erscheinung. Sie sind der Auffassung, daß die neue Gesellschaft nicht vom Proletariat, sondern entweder vom Staat, wie bei Blanc, oder von hochmögenden Individuen, wie bei Fourier, aus der Taufe gehoben werden wird.

Einer vom sozialistischen Geist geprägten Gesellschaft fehlt nicht nur die wirtschaftliche Ausbeutung einer sozialen Klasse durch eine andere; sie weist zudem eine radikal-demokratische Struktur auf. Diese wurzelt in den Bedürfnissen der Bürger. Hatten die Autoren der romantisch-konservativen Schule aus den Bedürfnissen der Menschen die Notwendigkeit einer hierarchischen Verfassung der Gesellschaft abgeleitet, waren selbst einige Vertreter des aufklärerisch-liberalen Ideenkreises der Auffassung, daß die Bedürfnisse der Bürger eine nach den Prinzipien von Befehl und Gehorsam konzipierte Sozialstruktur erzwingen, so erblicken die Sozialisten in den Bedürfnissen den Ausgangspunkt für eine radikal-demokratische Sozialordnung. Für die sozialistischen Autoren bedarf der Besitzer einer machtverleihenden Position ausdrücklich der Zustimmung der Untergebenen. Die Souveränität ruht nicht beim Herrscher, sondern bei den Beherrschten. Diese können jederzeit ihre Zustimmung zur Herrschaft versagen. „L'autorité du Prince, du Seigneur, du Pere, dépend de l'obéissance des sujets, des vassaux, des enfans. Leurs soins sont payés par les respects de ceux qui leur sont soumis. Celui qui veut des louanges donne autre chose en échange: celui qui est élevé au plus haut point de grandeur est redevable de sa gloire aux hommes même de la plus basse condition, il a besoin d'eux pour y parvenir, & il n'est grand parce qu'ils s'abaissent." [126] Diese radikal-demokratischen Strukturelemente fehlen in der liberal-aufklärerischen Soziallehre weitgehend. Dies trifft vor allem für die französischen Vertreter der bürgerlichen

[126] *Morelly:* Essai sur le coeur humain, S. 198.

Gesellschaftstheorie zu. Sie lehnten Rousseaus radikalen Demokratismus ab. „Quelle que soit sa portée politique, la pensée politique de Rousseau n'a guère eu d'influence sur la bourgeoisie francaise." (Jacques Droz) [127] Die Lehre von der Souveränität des Volkes widersprach den Besitzinteressen der bürgerlichen Klasse. Aus diesem Grunde war die aufklärerisch-liberale Sozialtheorie mehr an dem Gedanken der Menschenrechte und der Schaffung eines staatsfreien Raumes interessiert. Droz schreibt in diesem Zusammenhang: „Celle-ci (die Bourgoisie; M.) s'élève contre l'autocratie et le privilège; mais, attachée à la propriété, elle n'admet pas l'idée d'égalité, au nom de laquelle l'Etat risquerait de tomber entre les mains d'une démocratie brutale et ignarde." [128] Während Rousseau eine Verbindung von radikalem politischen Demokratismus und bürgerlicher Eigentumsordnung befürwortete, fordern die Sozialisten die Verwirklichung der radikalen Demokratie auf der Basis einer kommunistischen Eigentumsordnung. Bereits Morelly ist zugleich Kommunist und Demokrat. Das Volk ist für ihn die einzige Macht, die gesetzliche Autorität verleihen und legitimieren kann. Als Kommunist stehen ihm bei der Artikulation seiner demokratischen Vorstellungen keinerlei Rücksichten auf irgendwelche bürgerliche Besitzinteressen im Wege. Dagegen geriete der Anwalt des Bürgertums in Gefahr, bei der Formulierung radikal-demokratischer Postulate die besitzbürgerlichen Interessen zu gefährden.

In diesem Kapitel wurde versucht, die gesellschaftsverändernden Wirkungen der Bedürfnissteigerung zu untersuchen und dabei zu fragen, wie die Vertreter der drei Ideologien Liberalismus, Konservatismus und Sozialismus diese Wirkungen beurteilen. Dabei stellte sich heraus, daß die Konservativen den zersetzenden Einfluß der Bedürfnissteigerung auf die überkommene ständische Ordnung beklagen, die Liberalen und Sozialisten diesen Prozeß jedoch gutheißen. Für die Konservativen gründet die ständische Gesellschaft in der natürlichen Ordnung. Die unterschiedliche Bedürfnisausstattung der Menschen erfordert eine hierarchische Gesellschaftsverfassung. Dies gilt prinzipiell auch für die liberalen Theoretiker. Nur ist es diesmal die bürgerliche Besitzordnung und nicht die feudale Sozialstruktur, die es zu legitimieren gilt. Für die Liberalen stellt die bürgerliche Gesellschaft, in der alle Bürger vor dem Gesetz gleich sind, den Endpunkt der sozialen Entwicklung dar. Dagegen betrachten die Sozialisten das bürgerliche Gemeinwesen nur als Durchgangsstufe zu einem sozialistischen. Sie wollen neben der rechtlichen auch die ökonomisch-soziale Gleichheit verwirklichen. Unter diesen

[127] *Jacques Droz:* Histoire des doctrines politiques en France, Paris 1963, S. 59 (Que sais-je? 304).
[128] Ebd.

Umständen verändert der Bedürfnisbegriff seinen Bedeutungsinhalt. Während die konservative Theorie den Bedürfnisbegriff unter das ständische, die liberale Soziallehre unter das besitzbürgerliche Prinzip subsumiert, wird das Bedürfnis im Sozialismus zum Emanzipationsbegriff. Die Bedürfnisse sind in der sozialistischen Gesellschaft nicht mehr Merkmal der Zugehörigkeit zu einem bestimmten Stand oder einer bestimmten Klasse. Im sozialistischen Gemeinwesen stößt kein Bürger bei der Befriedigung seiner Bedürfnisse an soziale Schranken, keinem ist es verwehrt, seine Bedürfnisse nach seinem Gutdünken zu befriedigen. Die Bedürfnisse des Menschen werden nun nicht mehr dazu verwendet, Standes- und Klassendifferenzen zu legitimieren. Sie sind im Gegenteil das Medium für die Selbstverwirklichung und Selbstbefreiung des Menschen in der sozialistischen Gesellschaft.

Da alle sozialen Differenzen, alle Klassenauseinandersetzungen auf der Unterdrückung menschlicher Bedürfnisse beruhen, wird die volle Bedürfnisbefriedigung aller Bürger zum Strukturprinzip des sozialistischen Gemeinwesens.

III. Bedürfnis als gesellschaftsstiftende Kraft

Die Vertreter der drei Ideologien Konservatismus, Liberalismus und Sozialismus analysieren nicht nur den Zusammenhang zwischen der Bedürfnissteigerung und der durch sie bedingten Veränderung der Sozialstruktur. Ihr wissenschaftliches und gesellschaftskritisches Augenmerk gilt ebenso der Natur der sozialen Beziehung in der bürgerlichen Tauschgesellschaft selber. Diese stellt sich dar als ein arbeitsteiliges Beziehungsgespinst, in dem egoistische Bedürfnisträger ihre Produkte austauschen. Seine Grundzüge bilden sich in einem langwierigen, Jahrhunderte dauernden Prozeß aus, der allmählich die „Ökonomie des ganzen Hauses"[1] (Otto Brunner) ablöst. Mit der Ausbreitung der bürgerlichen Tauschgesellschaft verliert das Haus, das maßgebende Sozialgebilde aller bäuerlichen und bäuerlich-adligen Kulturen, seine Bedeutung als gesellschaftliches Modell. Die ökonomischen und sozialen Funktionen, die vordem in inniger Verbindung den Charakter des Oikos bestimmten, werden nun auseinandergerissen und bilden die Partikel eines gesamtgesellschaftlichen Warenverkehrs. Betrieb und Haushalt werden getrennt, Produktion und Konsumtion dem Marktgeschehen überantwortet. Dadurch geht der Hausherr seiner politischen und wirtschaftlichen Machtfülle verlustig. Nun ist der Arbeitende nicht mehr eingefugt in die strenge Ordnung eines Oikos, nicht mehr Höriger eines Feudalherren. Er ist nun freies Rechtssubjekt, das Arbeitsverträge nach eigenem Gutdünken abschließen kann. Die Arbeitsleistung wird in der bürgerlichen Tauschgesellschaft zum Gegenstand eines Vertrages, der im Prinzip des ‚do ut des' wurzelt. Nicht mehr die überkommenen ständischen Rangvorstellungen bestimmen die soziale Position des Einzelnen, sondern einzig und allein seine Leistung, die er am Markte erbringt. Mit all dem, was das Individuum leistet und wessen es bedarf, wird es aus dem übersehbaren Oikos herausgenommen und in den undurchsichtigen Wirkungszusammenhang der liberalen Tauschgesellschaft eingegliedert. Nicht mehr die bergende Hülle des Hauses, die Fürsorge des Hausherren bestimmen das Geschick des modernen Wirtschaftsbürgers. Seine Existenz ist nun dem gesamtgesellschaftlichen Wirtschaftskreislauf überantwortet. Nicht mehr die traditionellen Autoritäten entscheiden über das Leben in der liberalen Erwerbsgesellschaft, sondern die Tauschgesetze des Marktes. Auf diese Weise wird das Verhältnis der Menschen untereinander auf eine völlig neue Basis gestellt und die soziale Be-

[1] *Otto Brunner:* Das „ganze Haus" und die alteuropäische Ökonomik, in: Neue Wege der Sozialgeschichte, Göttingen 1956, S. 33 ff.

ziehung entemotionalisiert. Der Tauschakt als die dominierende gesellschaftliche Verbindung entbehrt aller emotionalen Gehalte. Das Prinzip des ‚do ut des' entscheidet darüber, ob soziale Beziehungen aufgenommen werden oder nicht. Nach Max Webers bekanntem Diktum ist der Tausch der „Brüderlichkeit an der Wurzel fremd"[2]. Unbeschadet der Herausbildung von Tauschbeziehungen schon vom frühen Mittelalter an, bildet sich das Beziehungsgeflecht egoistisch miteinander verbundener Tauschpartner zuerst im merkantilistischen Obrigkeitsstaat heraus. Die Wirtschaftsförderung des kameralistischen Systems kreiert das arbeitsteilige „System der Bedürfnisse". Im Zeitalter des Liberalismus wird dieses interdependente Gebilde dann entpolitisiert und völlig seiner eigenen Gesetzmäßigkeit überlassen.
Wie bewerten nun die Vertreter der drei klassischen politischen Ideologien Liberalismus, Konservatismus und Sozialismus die Heraufkunft der bürgerlichen Tauschgesellschaft? Wie nehmen sie Stellung zur liberalen Sozietät, in der alle menschlichen Beziehungen über das neutrale Medium des Marktes gestiftet werden, in der egoistische Bedürfnisträger ihre Produkte austauschen?

1. Die entemotionalisierte Bedürfnisbeziehung: Liberalismus

Die entemotionalisierte Tauschgesellschaft wird von der liberalen Gesellschaftslehre positiv gewertet. Allein in der Tauschgesellschaft kann der Mensch sein Bedürfnis nach Selbstbestimmung in vollem Umfange befriedigen. Hier gibt es keinen Hausherren, der über die Lebensführung des Einzelnen bestimmen kann; hier ist niemand mehr auf Gedeih und Verderb der Dispositionsgewalt des wirtschaftlichen Herrn ausgeliefert. Die liberale Sozialtheorie heißt es gut, daß die sozialen Beziehungen in der Vertragsgesellschaft wieder gelöst werden können. Jedem ist es anheimgestellt, eine frei eingegangene Bindung wieder zu beenden. Auf diese Weise ist die Garantie gegeben, daß der Vertragspartner niemals in unangemessener Weise Herrschaft ausüben kann. Objektive Marktgesetze weisen das machtlüsterne Individuum in seine Schranken.
Die entemotionalisierte Beziehung zwischen egoistischen Bedürfnisträgern garantiert die persönliche Freiheit. Mit aller Deutlichkeit hat Adam Smith, einer der Klassiker der liberalen Wirtschafts- und Gesellschaftslehre, die sachlich-nüchterne Natur der sozialen Beziehung in der bürgerlichen Tauschgesellschaft bejaht. Alle Tauschgeschäfte wurzeln in der von Smith als „com-

[2] *Max Weber:* Wirtschaft und Gesellschaft, Grundriß der Sozialökonomik, 1. Halbband, 3. Abt., Tübingen 1925, S. 365.

mercial society"[3] bezeichneten bürgerlichen Gesellschaft im Egoismus der Tauschpartner. Um die zur eigenen Bedürfnisbefriedigung notwendigen Güter von den anderen zu erlangen, muß an die Eigenliebe (self-love) der Tauschpartner appelliert werden. Die Hilfe der anderen ist in keiner Weise altruistisch motiviert. „It is not from the benevolence of the butcher, the brewer, or the baker, that we expect our dinner, but from their regard to their own interest. We address ourselves not to their humanity but to their self-love, and never talk to them of our own necessities, but of their advantages."[4] Allein dem Bettler bleibe es vorbehalten, sich auf das Wohlwollen und die Wohltätigkeit seiner Mitbürger zu verlassen. Ein auf seine Selbständigkeit bedachter Bürger dagegen gestalte seine sozialen Beziehungen utilitaristisch, nicht altruistisch.

Konservative Kritiker haben aus dem antifeudalistischen und antiautoritären Charakter der liberalen Gesellschaftslehre geschlossen, sie basiere auf der Annahme eines gesellschaftsunabhängigen Individuums. Schenkte man Othmar Spann, dem Vertreter einer ganzheitlichen Soziallehre, Glauben, so ginge die liberale Lehre in der Tat von dem völlig auf sich gestellten Menschen aus. „Der Individualismus sieht notwendig das Reich der Menschheit an als ein Reich isolierter selbstgenüglicher Geistigkeiten. Das individualistische Denken stellt die Menschen etwa in der Art vor, wie wir uns die Bäume im Wald vorstellen könnten. Der einzelne Baum ist etwas, das durch eigene Keimkraft emporgewachsen ist, das *selbst* in der Erde wurzelt, sich selbst zum Gewächs gestaltet. Die Bäume scheinen auch grundsätzlich unabhängig voneinander zu wachsen."[5] Sowenig also der einzelne Baum zu seiner Lebenserhaltung auf die anderen Bäume angewiesen ist, sowenig bedarf nach Spanns Ansicht in der liberalen Staatstheorie der einzelne Mensch des anderen. Es gehört jedoch zu den eigentümlichen Kennzeichen der aufklärerisch-liberalen Soziallehre, daß sie das Bedürfnis des Menschen nach Staat und Gesellschaft hervorhebt. So weit gefächert das ideologische Spektrum der aufklärerisch-liberalen Staatslehre auch ist, so abwegig ist doch die Behauptung, der bedürfnislose und selbstgenügsame Mensch sei eine Grundannahme des liberalen Staatsdenkens. Pointiert haben sich die aufklärerisch-liberalen Autoren für die Bedürfnissteigerung ausgesprochen. Mit Nachdruck vertreten sie auch die Auffassung, daß die Bedürfnisnatur des Menschen notwendigerweise ein Leben in der Gesellschaft impliziert. Dabei amalgamiert sich der Gedanke des in den Bedürfnissen wurzelnden appetitus socialis mit der Auffassung von der Zweckmäßigkeit aller sozialen Gebilde.

[3] *Smith:* An inquiry into the nature and causes of the wealth of nations, S. 10.
[4] Ebd., S. 7.
[5] *Othmar Spann:* Der wahre Staat, Vorlesungen über Abbruch und Neubau der Gesellschaft, 3. Aufl., Jena 1931, S. 21.

Diese Verschränkung der beiden Momente hat ihren Grund im Wesen der bürgerlichen Tauschgesellschaft selbst. Für den sozial aufstrebenden Wirtschaftsbürger ist die Gesellschaft zu allererst eine Einrichtung, die dem Einzelnen ein Höchstmaß an Gewinnmaximierung und Bedürfnisbefriedigung garantieren soll.

Beide Institutionen, sowohl die Gesellschaft als auch der Staat, stehen im Dienste des gewinnsüchtigen homo oeconomicus. Ihr Zweck erschöpft sich darin, die Interessen der egoistischen, auf ihre optimale Bedürfnisbefriedigung erpichten Bürger zu wahren. Gerade seine Selbstsucht verweist den bedürftigen Einzelnen auf die anderen. Allein in der Gesellschaft kann er seine egoistischen Bedürfnisse befriedigen. Dies gilt in besonderem Maße für die arbeitsteilige bürgerliche Tauschgesellschaft.

Wie eng beide Momente, der in den Bedürfnissen wurzelnde appetitus socialis und das rationalutilitaristische Kalkül, zu einer homogenen Einheit verschmolzen werden können, dafür ist die Soziallehre des Thomas Hobbes ein beredtes Zeugnis. Dieser Klassiker der liberalen Gesellschaftslehre schreibt in seinem Werk De Cive: „So clear it is by experience to all men who a little more narrowly consider human affairs, that all free congress ariseth either from mutual poverty, or from vain glory"[6]. Utilitaristische Erwägungen führen also bei Hobbes zum gesellschaftlichen Zusammenschluß. Die Eigenliebe stiftet die Beziehungen zwischen den Bedürfnisträgern. Staat und Gesellschaft entstehen aus den Bedürfnissen der einzelnen Bürger. Beider Aufgabe ist es, die ungestörte Bedürfnisbefriedigung der Bürger zu sichern.

Bei den Philosophen der französischen Aufklärung findet sich die Vorstellung von Hobbes wieder, daß die Bedürfnisse die Menschen aufeinander verweisen und das Zusammenleben als notwendig und nützlich erscheinen lassen. Wie bei Hobbes verdankt sich in der französischen Aufklärungsphilosophie die Soziabilität sowohl der utilitaristischen Überlegung als auch der Bedürftigkeit der Menschen. Helvétius bringt dies klar zum Ausdruck. Seiner philosophischen Weltansicht, deren konstitutives Prinzip das dem Selbstinteresse verpflichtete Individuum ist, entspricht eine Gesellschaftslehre, die den zugleich bedürftigen und egoistischen Bürger zum Ausgangspunkt nimmt. „L'interet & le besoin sont le principe de toute sociabilité. Ce principe ... est donc le seul qui unisse les hommes entr'eux."[7] Das Selbstinteresse motiviert den Menschen, den Forderungen seiner Bedürfnisnatur zu entsprechen und sich dem sozialen Verband beizugesellen. „L'homme, ou pour se

[6] *Thomas Hobbes:* Philosophical elements of a true citizen, The English works of Thomas Hobbes, Ed. W. Molesworth, Vol. II, London 1841, S. 4 f.

[7] *Helvétius:* De l'homme, Tome premier, Londres 1773, S. 112.

nourrir ou pour se soustraire à la fureur du Tigre & du Lion, dut donc se réunir à l'homme." [8] Ähnlich wie Helvétius sieht auch Holbach die menschliche Gesellschaft in der Bedürfnisnatur und dem Selbstinteresse des Menschen angelegt. „Si chaque homme se suffisoit à lui-même, il n'auroit nul besoin de vivre en société; nos besoins, nos fantaisis nous mettent dans la dépendance des autres & font que chacun de nous, pour son propre intérêt, est forcé d'être utile à des êtres capables de lui procurer les objets qu'il n'a pas lui-même." [9] Der Göttinger Staatsrechtslehrer Schlözer betont, daß der Staat sowohl aus utilitaristischen Erwägungen als auch aus den menschlichen Bedürfnissen hervorgeht. Einerseits entspringt das politische Gemeinwesen der Willkür des Menschen, ist es Produkt seiner utilitaristischen Denkweise. „Der Staat ist eine I. Erfindung: Menschen machten sie zu ihrem Wol, wie sie Brand-Cassen erfanden." [10] Ganz im Sinne dieser utilitaristischen Auffassung rät Schlözer den Staatsrechtslehrern, den Staat „als eine künstliche, überaus zusammengesetzte Maschine, die zu einem bestimmten Zwecke gehen soll" [11], zu betrachten. Andererseits ist es jedoch nicht völlig in das Belieben der Menschen gestellt, einen Staat zu gründen. Nur im Staate könne der Mensch seine Bedürfnisse störungsfrei und dauerhaft befriedigen, nur im Staate könne er sein Glücksverlangen stillen. Es sind vor allem die Bedürfnisse, die den Menschen zur Gründung eines Staates zwingen. „Menschenglück one Verein, und dauernder Verein one Stat (ist) nicht möglich." [12] Folgerichtig gelangt Schlözer zu dem Ergebnis, der Staat sei „ein unentberliches Bedürfnis der Menschheit" [13]. Daraus erhellt, daß alle Völker sich in Staaten organisierten. „Aber uralt ist diese Erfindung; wir treffen sie schon beim allerersten Anfang der Geschichte an." [14]

Während das Bedürfnis in der liberal-aufklärerischen Staatslehre den Menschen auf den Staat und die Gesellschaft verweist, trägt der gesellschaftliche Zusammenschluß doch auch das Gepräge eines voluntaristischen Aktes. Bei aller Angewiesenheit auf den anderen, bei allem Bedürfnis nach dem Gemeinwesen ist der gesellschaftliche Zusammenschluß letzten Endes doch auch rational-voluntaristisch vermittelt. Beide Momente, sowohl die auf die Gesellschaft verweisende Bedürfnisnatur des Menschen als auch der kontraktuell-pragmatische Charakter des gesellschaftlichen Zusammenlebens, fügen sich zu einer Einheit. Neben dem in den Bedürfnissen gründenden

[8] Ebd., S. 111.
[9] *Holbach:* Système de la nature, Première partie, S. 327.
[10] *Schlözer:* Allgemeines StatsRecht und StatsverfassungsLere, S. 3.
[11] Ebd., S. 4.
[12] Ebd., S. 5.
[13] Ebd.
[14] Ebd., S. 4.

appetitus socialis behauptet sich gleichrangig der voluntaristisch-utilitaristische Charakter liberaler Staatsauffassung. Es sind also nicht allein vorgegebene Seinsstrukturen, die das Leben in der Gesellschaft a priori erheischen. Es ist im Gegenteil gerade auch das pragmatische Kalkül, das Interesse an einem besseren und sichereren Leben, was die Menschen zum gesellschaftlichen Zusammenschluß motiviert. Es hieße die liberal-aufklärerische Gesellschaftslehre mißdeuten und simplifizieren, wollte man diese dialektische Verbindung nach einer Seite hin entspannen. Weder kann man allein die voluntaristische Komponente des Vertragsabschlusses sehen und von einem bedürfnislosen und deshalb selbstgenügsamen Individuum ausgehen. Noch ist es möglich, über der Betonung des Bedürfnisses nach Staat und Gesellschaft das voluntaristische und zweckrationale Moment des gesellschaftlichen Zusammenschlusses zu übergehen. Die aufklärerisch-liberale Soziallehre bestimmt das Wesen der gesellschaftlichen Beziehung in Übereinstimmung mit den Strukturprinzipien der bürgerlichen Tauschgesellschaft. Gleich weit entfernt von einer brüderlich-christlichen Auffassung der Sozialbeziehung wie von einer bedürfnislos-solipsistischen Definition des Individuums argumentiert die liberale Staatslehre von den Interessen des egoistischen homo oeconomicus her. Dessen vornehmliches Interesse besteht darin, seine Zwecke im politischen Gemeinwesen zu verwirklichen. Die Gesellschaft dient ihm dazu, seine Bedürfnisse zu befriedigen und seinen Gewinn zu maximieren. Auf diese Weise gerinnt in der liberalen Soziallehre die entemotionalisierte und zweckhafte Sozialbeziehung der bürgerlichen Tauschgesellschaft zum konstitutiven Merkmal von gesellschaftlicher Verbindung überhaupt. Die spezifisch bürgerliche Dialektik von Bedürfnis und Interesse erhält auf diese Weise den Rang eines Merkmals, das allen gesellschaftlichen Verbindungen eignet.

2. Bedürfnisbeziehung als Liebesbeziehung: Konservatismus

Die romantisch-konservativen Sozialtheoretiker lehnen die bürgerliche Tauschgesellschaft ab. Sie wenden sich gegen eine Sozialordnung, in der die Bedürfnisbeziehungen entemotionalisiert sind. Sie verwerfen ein Gemeinwesen, in dem alle sozialen Bindungen zu Tauschrelationen geschrumpft sind. Die sozialen Beziehungen sollen den Geist der Liebe atmen und nicht vom kühlen do ut des bestimmt sein. Der ungebrochene menschliche Akkord und nicht die utilitaristische Vertragsbeziehung soll den Geist des Staates und der Gesellschaft bestimmen. Hatte Adam Smith die Selbstsucht als das dominierende Moment der bürgerlichen Tauschgesellschaft erkannt und gutgeheißen, so fordert Adam Müller, die gesellschaftliche Beziehung zu einer

Liebesbeziehung zu gestalten. Nach Ansicht der Konservativen ist die Gesellschaft aus den Fugen geraten. Dabei ist das Bild, an dem sie sie messen, die mittelalterliche Sozialordnung. In ihr waren die sozialen Beziehungen noch nicht zu Tauschrelationen depraviert. „Die natürlichen Bande der Liebe, der freien Unterwerfung und Gemeinschaft" [15] prägten den Charakter des feudalen Staates. An die Stelle der liebesgetränkten „edlen persönlichen Wechselverpflichtung" [16] trat die Sklaverei der römischen obligatio. Die feudale Sozialstruktur, die auf der „Religion der Liebe, der Gemeinschaftlichkeit" [17] beruhte, wurde abgelöst von einer Gesellschaft, in der die Beziehungen zwischen den Menschen radikal versachlicht sind. Die liberalen Gesellschaftskonstrukteure haben dabei in der irrigen Annahme, mit der Zerschlagung der feudalen Ordnung die Herrschaft von Menschen über Menschen abzuschaffen, im Gegenteil diese Herrschaft ins Unerträgliche gesteigert. Nun ist der Mensch nicht mehr seinem Gutsherren, sondern dem Markt unterworfen. Jeder Laune seines Gläubigers, jeder Konjunkturschwankung ist der aus der feudalen Geborgenheit entlassene Einzelne nun ausgesetzt. In dieser nüchternen, vom Egoismus geleiteten Welt hofft der Schwächere vergebens auf Schonung, appelliert er umsonst an das Mitgefühl der anderen. Schließlich basiert die bürgerliche Tauschgesellschaft auf der Annahme, daß der „Egoismus produktiver sei als die Liebe" (Adam Müller) [18]. Die soziale Beziehung soll romantisch-konservativer Überzeugung nach nicht von utilitaristischem Geiste bestimmt sein. Auch der Staat ist kein künstlicher Zweckverband, keine mechanische Veranstaltung, sondern ein Organismus, dessen einzelne Teile irreversibel und harmonisch einander zugeordnet sind. Geht die liberale Staatslehre bei der Definition der sozialen Beziehungen von der Dialektik von Bedürfnis und Interesse aus, so verwirft die romantisch-konservative Theorie alle utilitaristischen Erklärungsversuche. Nicht das Interesse, sondern allein Liebe und Treue sollen die Menschen aneinanderbinden und in das politische Gemeinwesen einfügen. Die Beziehungen in der vom Willen des Einzelnen unabhängig existierenden Schicksalsgemeinschaft Staat sind Relationen äußerster Intensität. Sie dürfen niemals durch rational-utilitaristische Überlegungen entwürdigt werden. „Der erste Grundirrtum der gangbaren politischen Systeme ist widerlegt: der Staat ist nicht eine bloße Manufactur, Meierei, Assecuranz-Anstalt, oder mercantilische Societät, er ist *die innige Verbindung der gesammten physischen und geistigen Bedürfnisse, des gesammten inneren und äußeren Lebens einer Nation, zu einem großen energischen, unendlich bewegten und lebendigen Ganzen.*" [19]

[15] *Müller:* Agronomische Briefe, a. a. O., S. 183.
[16] Ebd., S. 184.
[17] Ebd., S. 182.
[18] Ebd., S. 181.
[19] *Ders.:* Elemente der Staatskunst, Erster Teil, S. 51.

Das gesellschaftliche Ideal des romantisch-konservativen Autors ist der ungebrochene menschliche Akkord. Er erstrebt eine Sozialordnung, der im Gegensatz zur bürgerlichen Tauschgesellschaft das utilitaristische Vertragsverhältnis egoistischer Bedürfnisträger zutiefst fremd ist. Der romantisch-konservative Mensch, wiewohl ausgeprägte Individualität, verlangt nach dem Leben in der Gemeinschaft. Sein Wille ist auf die harmonische Vereinigung mit den Entitäten Gesellschaft, Staat und Kirche gespannt. Dabei ist es wie in der liberalen Gesellschaftslehre das Bedürfnis, das den Menschen auf ein Leben mit den anderen verweist. Im Unterschied zur liberalen Sozialphilosophie wird die Bedürfnisbeziehung aber nicht durch einen voluntaristischen Akt auf Dauer gestellt; der romantisch-konservativen Soziallehre nach ist der Mensch völlig unabhängig von seinem Willen auf die Gesellschaft hingeordnet. Daran knüpft sich für Novalis der Gedanke, daß „das Bedürfnis eines Staats ... das dringendste Bedürfnis eines Menschen“ [20] ist. Adam Müller spricht vom „ewigen Bedürfniß des Staats“ [21], der das „Bedürfniß aller Bedürfniße des Herzens, des Geistes und des Leibes“ [22] ist. Überall und zu allen Zeiten muß das Bedürfnis nach dem Staate befriedigt werden; es gibt demzufolge keinen staatenlosen Urzustand. Der Staat ist keine Erfindung der Menschen, sondern in den Bedürfnissen von vornherein angelegt. Im Gegensatz zur liberalen Gesellschaftslehre ist auch nicht das Tauschgeschäft das Vorbild für die sozialen Kontakte. Es ist die Familie, der im romantisch-konservativen Ideenkreis ein paradigmatischer Wert für die Beziehung zwischen den Staatsbürgern zukommt. Alle sozialen Beziehungen haben ihr Vorbild im Verhältnis zwischen den Eltern einerseits und zwischen Eltern und Kindern andererseits. „Das Geschlechtsverhältniß ist das Schema jener ersten Eigenschaft aller Rechtsverhältnisse, nämlich der Gegenseitigkeit; das Verhältnis der verschiedenen Lebensalter in der Familie ist das Schema jener anderen Grundeigenschaft der Rechtsverhältnisse, der Subordination.“ [23] Weder das Verhältnis zwischen den Eltern noch die Beziehung zwischen Eltern und Kindern können auf reine Tauschverhältnisse reduziert werden. Familiäre Beziehungen sind getragen vom Geist der Liebe; das utilitaristische Vertragsdenken widerspricht dem innersten Wesen familiärer Bande. Daraus erhellt, daß auch die Beziehungen zwischen den Befehlenden und den Gehorchenden dem Gebote der Nächstenliebe und Brüderlichkeit unterworfen sind. Bei der Verbindung von „Superiorität und Abhängigkeit,

[20] *Novalis:* Anthropologische Fragmente, a. a. O., S. 161.
[21] *Müller:* Versuche einer neuen Theorie des Geldes, Leipzig und Altenburg 1816, S. 150.
[22] *Ders.:* Elemente der Staatskunst, Erster Teil, S. 42.
[23] Ebd., Zweiter Teil, S. 65.

Überfluss und Bedürfniss"[24] handelt es sich nach Franz von Baader nicht um ein reines Gewaltverhältnis. Zur Signatur der in den Bedürfnissen verankerten hierarchischen Verkettung gehört die Einbettung in einen religiös-sittlichen Verhaltenskodex. Um zu verhindern, daß sich der Herr und der Knecht gegenseitig ihrer Freiheit berauben, muß ihre soziale Beziehung der christlichen Religion untergeordnet werden; beide sollen sie die Herrschaft des göttlichen Gesetzes akzeptieren[25]. Die Bedürfnisbeziehung zwischen dem Über- und dem Untergebenen soll also durch religiöse Normen versittlicht werden. Diese Ethisierung des gesellschaftlichen Bedürfnisgeflechts fehlt in der Soziallehre des Berner Patriziers Karl Ludwig von Haller. Zwar erkennt Haller wie die anderen Konservativen „eine höhere Macht, natürliche Überlegenheit an irgend einem nützlichen Vermögen auf der einen Seite, und auf der anderen ein Bedürfniß an Nahrung und Pflege, an Schuz, Belehrung und Leitung, welches jener höheren Macht entspricht und durch sie befriedigt wird."[26] Doch reduziert Haller die hierarchische Bedürfnisbeziehung auf ein schieres Gewaltverhältnis. Sie wird nicht durch religiöse Normen kontrolliert. Hallers naturalistische Gesellschaftstheorie forderte die Kritik konservativer Denker heraus. Friedrich Julius Stahl rügte: „Darum möge man immerhin das Naturgesetz, die natürlichen Bedürfnisse wohl beachten, aber das Naturgesetz allein kann doch nicht Maß geben für die politischen Einrichtungen."[27] Es bleibt zu fragen, ob Haller zu den Konservativen zu zählen ist, da in seiner Soziallehre die Bedürfnisbeziehungen zwischen den Menschen nicht in die christliche Caritas eingebettet sind.

Der Geist der Liebe, das Bedürfnis nach einer innigen Verbindung mit Staat und Gesellschaft macht sich im Gegensatz zu den Prämissen der liberalen Sozialtheorie selbst in der arbeitsteiligen Tauschgesellschaft des Bürgertums bemerkbar. Gerade die so sehr auf ihre Unabhängigkeit pochenden liberalen Wirtschaftsbürger sind in zunehmendem Maße auf die Gesellschaft und den Staat angewiesen. Diese sich „unabhängig wähnenden Sklaven, die weder Gottes noch der Gesellschaft bedürften"[28], benötigen immer mehr den Mit-Menschen. Die vermeintliche Unabhängigkeit enthüllt sich bei näherem Zusehen als eine Illusion des unauflöslich in das gesellschaftliche Be-

[24] *Baader:* Über das durch die Französische Revolution ..., S. 76.

[25] Ebd., S. 76.

[26] *Haller:* Restauration der Staatswissenschaft, Band I, S. 357.

[27] *Friedrich Julius Stahl:* Die gegenwärtigen Parteien in Staat und Kirche, Berlin 1863, S. 295. *Jakob Baxa* bezeichnet die Soziallehre Hallers als ein „sonderbares Gemisch von Machiavellismus, Liberalismus und Patriarchalismus". (Gesellschaftslehre von Platon bis Nietzsche, Leipzig 1927, S. 55.)

[28] *Müller:* Versuche einer neuen Theorie des Geldes, S. 110.

ziehungssystem eingebundenen Individuums. Der Bürger der liberalen Tauschgesellschaft kann „nur arbeiten, in wie fern die ganze Gesellschaft für ihn arbeitet; er bedarf die Gesammtheit der übrigen und ihre Kräfte an allen Orten; kurz, die Gesellschaft, die Vereinigung aller ökonomischen Functionen, der Staat bleibt das Bedürfniß aller Bedürfnisse"[29]. Die fortschreitende Arbeitsteilung macht eine Klammer notwendig, die das von der Atomisierung bedrohte Ganze zusammenhält. „Ich habe bereits angedeutet, daß dieses Bedürfniß der Vereinigung in der natürlichen Ordnung der Dinge zunehmen müsse in demselben Grade wie die Teilung der Arbeit; daß je mehr die Kräfte des Menschen aus einander treten, auch das Band derselben, oder der Staat gewaltiger werden müsse."[30]

Interessanterweise ist es für Adam Müller gerade das Geld, welches die Einheit zwischen den Personen stiftet. Während die romantisch-konservative Gesellschaftslehre immer wieder auf die Versachlichung und Entpersönlichung der sozialen Beziehungen in der Geldwirtschaft hinweist, preist Adam Müller im Gegensatz dazu das Geld als die einheitsstiftende Kraft im modernen politischen Gemeinwesen. Indem wir uns des Geldes bedienen, beweisen wir unser Bedürfnis nach der Gesellschaft und dem Staat. Der Mensch „bedarf also außer sich selbst noch eines Bandes, das ihn mit den Personen und Sachen unauflöslich verbinde, und wiewohl sein eigenes unnachlassendes Bedürfniß nach jener Gemeinschaft schon diese Verbindung vollzieht, so wird er doch derselben sich nur bewußt, in wie fern er in den Personen und Sachen das gleiche Bedürfniß wahrnimmt. Das, was diese Verbindung vollzieht, ist ... der Staat; und Geld ist nichts anders als der ökonomische Ausdruck für dieses Bedürfniß der Vereinigung oder für den Staat; so wie das *Gesetz* der juristische Ausdruck dafür ist"[31]. Geld ist jedoch nicht, wie Adam Smith meint, die Ware, ein indirektes Tauschgut. Es ist mehr als „ein nützliches Auskunftsmittel bey dem Tausch und Kram des gemeinen Lebens"[32]. Die liberale Nationalökonomie hat eine rein materielle Vorstellung vom Gelde. Sie verkennt seinen öffentlichen, gemeinschaftsstiftenden Charakter; sie übersieht, daß das Geld letzten Endes nur ein „Substitut des Staates oder der bürgerlichen Gesellschaft"[33] ist. Geld ist Gemein-, nicht Privateigentum. „Nur im Moment des Umsatzes oder der Circulation sind die Substanzen des Geldes wirklich Geld: und in diesem Moment sind sie Feod."[34] Und das bedeutet eben feudales, öffentliches Eigentum. Das Geld

[29] Ebd., S. 155.
[30] Ebd., S. 156.
[31] Ebd., S. 158.
[32] Ebd., S. 157.
[33] Ebd., S. 34.
[34] Ebd., S. 35.

ist also nicht ein profanes Tauschmittel, sondern der „Repräsentant des höheren Verlangens nach der Vereinigung, nach dem Staate" [35]. Die liberale Nationalökonomie übersah nicht nur den gemeinschaftsstiftenden, öffentlichen Charakter des Geldes. Sie interpretierte die Tauschbeziehung der liberalen Gesellschaft ausschließlich mit ihren utilitaristischen und individualistischen Kategorien. Adam Müller weist darauf hin, daß dem vermeintlich völlig entemotionalisierten Tauschverhältnis auch ein amicables Moment innewohnt. Die Beziehung zwischen den Tauschpartnern ist auch in der bürgerlichen Gesellschaft mehr als nur das Verhältnis von ausschließlich egoistischen Bedürfnisträgern. Das Bedürfnis nach Liebe, nach emotionaler Verbundenheit läßt sich auch in der Krämerwelt des Bürgertums nicht unterdrücken. „Mit jedem Bissen für unseren Hunger, mit jedem Tropfen für unseren Durst wollen wir ... daß auch der Nächste, dessen liebevollen Beystand wir brauchen um dieses Brotes und dieses Weines willen, sich derselbigen Befriedigung erfreue, daß also das Band fortdaure, welches die Tage unter einander, die Geschöpfe der Tage unter einander und diese regelmäßig mit jenen verbindet." [36] Adam Müller lastet Adam Smith an, seine ökonomische Theorie „abgesondert von jenem Mittelpunkt, welches die Liebe ist" [37], konzipiert zu haben. Er gehe „von der einen großen Tatsache der menschlichen Gefräßigkeit" aus, ohne nachzuweisen, „wie das unvermeidliche Gefressenwerden zu verhüten sey" [38]. Eine Gesellschaft, in der das egoistische Kalkül dominiert, werde von sozialen Krisen gefährdet. Das utilitaristische Sozialprinzip führe zu Ausbeutung und sozialem Elend. Nicht die amicable Sozialbeziehung, sondern Klassenkampf und Klassenhaß der Menten das gesellschaftliche Leben. „Überläßt man ... das Bedürfniß der Menschen sich selbst und der willkürlichen Richtung, welche die Theorien verlangen", so wird unausweichlich „die Sklaverey des Privateigenthums zur einzigen Richtschnur alles menschlichen Bedürfnisses und aller menschlichen Production" [39]. Statt daß die Menschen sich lieben, hassen sie sich. Statt daß man den Armen und Unglücklichen hilft, läßt man sie mit dem Hinweis auf unabänderliche Wirtschaftsgesetze im Elend verkommen. Als Folge davon richten sich die Benachteiligten und Ausgebeuteten gegen Staat und Gesellschaft. Ihr natürliches Bedürfnis nach der Gemeinschaft, das sie in einem von Klassenspannungen erschütterten Staatswesen nicht befriedigen können, degeneriert zum Trieb nach sozialer Destruktion. Deshalb muß nach romantisch-konservativer Ansicht das soziale Elend durch den Staat beseitigt wer-

[35] Ebd., S. 156.
[36] Ebd., S. 108.
[37] Ebd., S. 109.
[38] Ebd.
[39] Ebd., S. 116.

den. Nur in einer Gesellschaft ohne soziale Ungerechtigkeiten können die Menschen ihr Bedürfnis nach Staat und Gesellschaft in einer für alle Bürger fruchtbaren Weise befriedigen.

Zuweilen wird behauptet, nur die spätromantische Gesellschaftslehre hebe das Bedürfnis nach Staat und Gesellschaft hervor. Dagegen habe sich die Frühromantik dem liberalen Gesellschaftsbild gegenüber aufgeschlossen gezeigt. Carl Schmitt vor allem sprach von dem „ungebrochenen frühromantischen Subjektivismus"[40]. Nicht minder pointiert erblickt Karl Muhs das Wesen der frühromantischen Sozialphilosophie in einem gesellschaftsfeindlichen Individualismus. Die romantische Ironie ist ihm das untrügliche Zeichen für einen ungehemmten Kult des Individuellen. Die Ironie „ist das Instrument zur Sicherung des autonomen Individuums"[41]. Stand die „frühromantische Dichtung im letzten Grunde unter individualistischem Aspekt[42], so beginne um die Jahrhundertwende der Übergang von der ursprünglich individualistischen zur universalistischen Gesellschaftsauffassung[43]. Nun kritisieren die Romantiker unter dem Einfluß Burkes, de Bonalds und de Maistres die Schreckensherrschaft der Jakobiner. Die Revolution und die ihr zugrundeliegende utilitaristisch-rationalistische Staatsauffassung werden nun heftig attackiert.

Diese Trennung von früher und später Romantik wird von vielen Autoren jedoch abgelehnt. Paul Kluckhohn spürt in allen Phasen der Romantik die Sehnsucht nach der Gemeinschaft, das Bedürfnis des Einzelnen nach der Verschmelzung mit der Gemeinschaft. „Die Romantiker dagegen vertreten, so schroff individualistisch man auch manche ihrer Äußerungen auffassen mag, doch die *Tendenz zur Gemeinschaft.*"[44] In der Tat hat nicht zuletzt die Frühromantik den Sinn des Lebens in der Gemeinschaft begriffen und erschlossen[45]. So paradox es sich auf den ersten Blick ausnehmen mag, gerade diese aus einer individualistischen Einstellung geborene Bewegung wurde nicht müde, die Notwendigkeit der gemeinschaftlichen Bindung zu betonen. In einer dialektischen Kehre sucht die das Recht des Individuums so sehr betonende Frühromantik die Verankerung des Einzelnen in den gemeinschaftlichen Ordnungen. Auf diese eigentümliche dialektische Verschränkung von

[40] *Carl Schmitt:* Politische Romantik, 2. Aufl., München und Leipzig 1925, S. 138, vgl. auch S. 23.

[41] *Karl Muhs:* Individualismus, Universalismus und Gemeinschaftsidee im Weltbild der Romantik, in: Zeitschrift für die ges. Staatswissenschaft (104) 1944, Heft 2/3, S. 171.

[42] Ebd., S. 172.

[43] Ebd., S. 176.

[44] *Paul Kluckhohn:* Persönlichkeit und Gemeinschaft, Studien zur Staatsauffassung der deutschen Romantik, Halle/Saale 1925, S. 12.

[45] Dazu bes. *Fr. Schultz:* Klassik und Romantik der Deutschen, Band II, S. 42 ff.

Individualismus und Gemeinschaftssehnsucht in der Frühromantik hat Ernst Troeltsch mit Nachdruck hingewiesen. Auch er sieht das Wesen der Frühromantik zunächst in „einem extremen, ästhetisch mit sich und den Dingen spielenden Subjektivismus und einem in alles sich versetzen könnenden, individualistischen Anarchismus"[46]. Aber gerade in diesem Individualismus liegt der Zwang beschlossen, „nach Gegengewichten in der Entdeckung der Gemeinschaften als individueller Organismen und des organischen historischen Traditionalismus"[47] zu suchen. Sowenig sich der Romantiker einseitig dem Gefühl oder der Ratio verschreibt, sondern dialektisch fruchtbar beide Seiten paart, sowenig vergißt er über dem individualistischen Anspruch des Menschen die Forderungen der Gemeinschaft. Die nährende Kraft der Geselligkeit erfahren die Vertreter der frühen Romantik in ihren Dichterzirkeln. Hier, im Kreise Gleichgesinnter, wird das Schlegelsche Wort, daß „vermitteln und Vermittelt werden . . . das ganze höhere Wesen des Menschen"[48] ausmache, sinnfällig. Gerade der junge Schlegel, wiewohl ausgeprägter Individualist, wird nicht müde, das Bedürfnis des Menschen nach der Gemeinschaft zu betonen. Für ihn gilt, daß der Mensch „nur durch die Liebe und durch das Bewußtsein der Liebe . . . zum Menschen wird"[49]. Schon in seinem frühen „Versuch über den Begriff des Republikanismus" (1796) lassen sich universalistische, gemeinschaftsbejahende Töne vernehmen. In wenig liberaler Weise erklärt er den Staat als „ununterbrochene *Masse*, ein koexistentes und sukzessives *Kontinuum* von Menschen, die *Totalität* derer, die im Verhältnis des physischen Einflusses stehn"[50]. In den Werken der frühen Romantik findet sich also bereits ein unübersehbarer Hang zur Gemeinschaft. Dieser bestimmt dann ausschließlich die Gesellschaftslehre der späten Romantik. Daran, daß auch schon das Denken der frühen Romantiker auf einen ganzheitlichen und universalistischen Ton gestimmt ist, kann kein Zweifel bestehen.

[46] *Ernst Troeltsch:* Die „Deutsche Historische Schule", in: Die Dioskuren, Jahrbuch für Geisteswissenschaften, Hrsg. Walter Strich, Erster Band, München 1922, S. 184.
[47] Ebd.
[48] *Schlegel:* Romantische Fragmente, in: Gesellschaft und Staat im Spiegel deutscher Romantik, Hrsg. J. Baxa, Sammlung Herdflamme, Band VIII, Jena 1924, S. 70 f.
[49] *Ders.:* Seine prosaischen Jugendschriften, Band II, S. 83.
[50] *Ders.:* Versuch über den Begriff des Republikanismus, Kritische Schlegel-Ausgabe, Band VII, Hrsg. E. Behler, München–Paderborn–Wien 1966, S. 15.

3. Bedürfnisbeziehung als Liebesbeziehung zwischen Gleichen: Sozialismus

In Übereinstimmung mit den romantisch-konservativen und im Kontrast zu den liberalen Autoren vindizieren die Vertreter des sozialistischen Ideenkreises den gesellschaftlichen Beziehungen einen sittlich-emotionalen Charakter. Sie lehnen mit den Romantikern die liberale Auffassung ab, wonach die entemotionalisierte ‚do ut des'-Beziehung die beste Grundlage für das menschliche Zusammenleben abgibt und der Würde des Menschen am ehesten Rechnung trägt. Auch für die Sozialisten ist die Gesellschaft mehr als ein Beziehungsgespinst egoistischer Bedürfnisträger, zusammengehalten ausschließlich von dem Interesse an einer optimalen Bedürfnisbefriedigung und Gewinnmaximierung. Sie erhoffen sich eine soziale Ordnung, in der die Menschen brüderlich vereint sind. Dabei wurzelt das Bedürfnis nach altruistischen Beziehungen tief in jedem Menschen. Jedoch kann in der von egoistischer Rechenhaftigkeit bestimmten bürgerlichen Tauschgesellschaft dieses Bedürfnis nach mitmenschlicher Beziehung nicht befriedigt werden. Es kommt deshalb darauf an, die bürgerliche Tauschgesellschaft zur brüderlichen sozialistischen Ordnung weiterzuentwickeln.

Im folgenden soll gezeigt werden, daß der Liebesgedanke alle sozialistischen Autoren, sowohl die religiös-christlichen als auch die atheistischen, entscheidend beeinflußt hat. In der sozialistischen Aufklärung läßt sich dieser Einfluß bereits nachweisen. Für den Abbé Mably ist die altruistische Hinneigung zum anderen die notwendige Konsequenz eines tief im Menschen verankerten Liebesbedürfnisses. Nur eine Sozialordnung, in der dieses Bedürfnis nach Liebe in vollem Umfang befriedigt werden kann, darf das Prädikat vernünftig für sich in Anspruch nehmen. Dabei ist es für Mably im Gegensatz zur bürgerlich-liberalen Aufklärungsphilosophie nicht der vom Nutzen diktierte Entschluß, der die Sozialbeziehung schafft; es sind vielmehr vorrationale Handlungsantriebe, die uns den brüderlichen Kontakt mit dem Mit-Menschen suchen lassen. Eine in den Bedürfnissen wurzelnde Notwendigkeit motiviert den Einzelnen zur selbstlosen Hingabe an den anderen. Es sind „instincts involontaires qui préviennent toute réflexion"[51], die die Menschen in brüderlicher Liebe vereinen bzw. vereinen sollen. Selbst in der widernatürlichen bürgerlichen Tauschgesellschaft fühlt jeder in sich „la pitié ... le besoin d'aimer"[52]. Daraus ergibt sich die Verpflichtung, eine Gesellschaftsordnung zu errichten, in der die Menschen brüderlich vereint leben können. Das Privateigentum, das in der bürgerlichen Gesellschaft brüderliche Kontakte verhindert, wird in der kommunistischen Zukunftsgesellschaft der

[51] *Mably:* De la législation, a. a. O., S. 24.
[52] Ebd., S. 24.

Verwirklichung einer humanen Ordnung nicht mehr im Wege stehen. Das Bedürfnis nach Liebe wird dann in vollem Umfange befriedigt werden können; die Menschen werden harmonisch und konfliktlos miteinander leben. Während in der bürgerlichen Gesellschaft die Bedürfnisse zum Wurzelgrund von Neid und Zwietracht degenerieren, werden sie im Sozialismus die Basis für eine harmonische Gesellschaftsordnung abgeben. Wirkliche Eintracht, ein von gegenseitiger Liebe und Achtung getragenes Sozialleben sind der bürgerlichen Gesellschaft zutiefst fremd. Sie ist nicht mehr als „un assemblage de citoyens envieux, avides, jaloux et ardens à se nuire"[53]. Der Verpflichtung „à nous rapprocher, a nous unir, a nous aimer, a nous soulager, a nous servir et a nous faire des sacrifices réciproques"[54] kann man nur in einem Gemeinwesen nachkommen, dem die verderblichen Einflüsse des Privateigentums fremd sind.

Wie im vorigen Kapitel schon dargelegt, spielt das Bedürfnis nach Liebe eine entscheidende Rolle in der Soziallehre Fouriers. Es sind insbesondere die „désirs des groupes", die den Menschen auf ein solidarisches Gemeinwesen verweisen. Die Gruppenbedürfnisse erheischen eine brüderliche Gesellschaftsordnung. Ehre, Freundschaft, Liebe und Familiensinn gedeihen nur in einer anti-utilitaristischen, sozialistischen Gemeinschaft. In einer von Raffgier und Betrug durchsäuerten Ordnung lassen sich die Gruppenbedürfnisse nur mangelhaft befriedigen. Erst die Vereinigung von Menschen mit den gleichen Bedürfnissen und Leidenschaften in Phalangen stiftet brüderliche Gesellschaftsbande. In diesen Phalangen kann vor allem auch das Bedürfnis nach Einheit, der „besoin d'unité", befriedigt werden. Alle zwölf Grundbedürfnisse, die Fourier kennt, verdichten sich zu dem einen Bedürfnis der Vereinigung mit allen Menschen. Angestrebt wird diese Einheit sowohl von den Eroberern als auch von den Philosophen. Beide sinnen sie auf ihre Weise auf die Harmonisierung des Gemeinwesens. Der Eroberer strebt eine „unité forcée par la terreur et asservissement universel"[55] an. Im Gegensatz dazu zielt das Einheitsbedürfnis des Philosophen auf eine „philantropie universelle, ou fraternité des tous le peuples"[56]. Das Gemeinwesen, das der Philosoph stiftet, enträt aller gewalttätigen Momente. In ihm leben die Menschen brüderlich und harmonisch vereint zusammen. Daran knüpft sich bei Fourier der Gedanke, daß die Phalange allen Vertretern der alten und korrupten Gesellschaft eine Heimat sein könnte. Könige, Kleriker, Kapitalisten, Händler und Verbrecher würden sich in ihr heimisch fühlen. Selbst Bedürfnisse, die in der bürgerlichen Gesellschaft Schaden stiften, ließen sich

[53] Ebd., S. 27.
[54] Ebd., S. 24.
[55] *Fourier:* Le nouveau monde, a. a. O., S. 51.
[56] Ebd.

in der sozialistischen Ordnung der Phalange nutzbringend für die Gesellschaft verwenden. So könnte zum Beispiel der blutrünstige Kaiser Nero als Metzger ein nützlicher und geachteter Bürger der Phalange werden. Sein Mordbedürfnis, das in der früheren Ordnung gesellschaftszerstörend wirkte, kann in der sozialistischen Gemeinschaft einen wesentlichen Beitrag zur harmonischen Gestaltung des Gruppenlebens leisten.

Fourier fordert die Bildung von industriellen Armeen. Diese haben im Gegensatz zu den früheren Heeren die friedliche Aufgabe, Sümpfe trockenzulegen und bislang unfruchtbare Gebiete urbar zu machen. Auf diese Weise tragen die Soldaten zur Völkerverständigung bei und dokumentieren die Einheit des Menschengeschlechtes. Sie greifen die Völker nicht an, sondern helfen ihnen, der Kampf des Menschen gegen seinesgleichen gehört der Vergangenheit an. Beseelt vom Bedürfnis nach Liebe und Einheit, erstreben die Menschen die Vereinigung des ganzen Menschengeschlechtes [57].

Der „besoin d'amour" ist auch ein konstitutives Moment der Gesellschaftslehre von Pierre Leroux. Entschiedener Kritiker der liberalen Theorie, war es sein Bestreben, die Soziallehren von Saint-Simon, Owen und Fourier zu vereinigen. Er wirft dem Liberalismus vor, die sozialen Pflichten zu wenig zu beachten. Leroux ist es vor allem darum zu tun, die Prinzipien der Freiheit, der Gleichheit und der Brüderlichkeit harmonisch zu verbinden. Diese drei sozialen Grundprinzipien lassen sich nicht von einem von außen an den Menschen herangetragenen Tugendkatalog ableiten, sondern entspringen direkt der leib-seelischen Bedürfnisstruktur des Menschen. Freiheit, Gleichheit und Brüderlichkeit finden ihre Entsprechung in spezifischen, mit diesen Postulaten korrespondierenden Grundbedürfnissen. Der „besoin de connaitre" verweist auf die Gleichheit; der „besoin d'agir" auf die Freiheit. Die Brüderlichkeit wurzelt im „besoin d'aimer" [58]. Zwischen den drei Grundbedürfnissen und den drei Postulaten Freiheit, Gleichheit und Brüderlichkeit besteht ein Verhältnis wechselseitiger Verschränkung. „En effet, si les hommes ne sont pas égaux, comment voulez-vous les proclamer tous libres, et, s'ils ne sont ni égaux ni libres, comment voulez-vous qu'ils s'aiment d'un fraternel amour?" [59] Die Beziehungen zwischen den freien und gleichen Menschen sollen also brüderlicher Natur sein. Da aus jedem Bedürfnis das Recht auf volle Befriedigung erwächst, so verlangt der „besoin d'amour" eine Gesellschaftsordnung, in der das Bedürfnis nach Liebe gestillt werden kann. Auch für Leroux verfehlt die entemotionalisierte Kontraktbeziehung die wahre Natur des Menschen, da sie sein Liebesbedürfnis unbefriedigt läßt.

[57] *Fourier:* Théorie de l'unité universelle, Troisième Volume, Oeuvres complètes, Tome quatrième, Paris 1841, S. 561 ff.
[58] *Pierre Leroux:* De l'égalité, Nouvelle édition, Paris 1848, S. 6.
[59] Ebd., S. 5.

Es gilt deshalb, eine sozialistische Ordnung zu stiften. Während die Menschen früher an ihre Familienkaste, das System der staatlichen Kaste und das System der Eigentumskaste gekettet waren, können sie sich nun von dieser dreifachen Sklaverei befreien und einen Menschheitsbund ins Leben rufen. In der Zukunft werden alle Schranken, die den brüderlichen und egalitären Sozialkonnex bislang verhindert haben, fallen und den Weg zu einer harmonischen Menschheitsgemeinschaft freigeben. Im Anschluß an Saint-Simon ist es für Leroux die Philosophie, die den Weg der Menschen zu einer brüderlichen Gemeinschaft ebnen und begleiten soll. Als die wichtigste Voraussetzung für eine sozialistische Gesellschaft sah Leroux die Verbesserung der Lage des Arbeiters an. Er forderte die Vertretung der Proletarier in der Gesetzgebung, Arbeitsschutz, Versorgung der alten Arbeiter, Vorsorge gegen Arbeitslosigkeit und die Eigentumsbildung in Arbeiterhand. Vor allem lehnte er die gewaltsame Veränderung der Gesellschaft als unvereinbar mit seinen brüderlichen Idealen ab. Er hoffte vielmehr auf die sozialreformatorische Arbeit des Staates und der Kirche. Nur auf der Grundlage einer religiös motivierten Sozialreform könne eine brüderliche Gesellschaft begründet werden. Mit Recht schrieb Heinrich Heine über Leroux: „Sein ganzes Leben und Streben ist der Verbesserung des moralischen und materiellen Strebens der unteren Klassen gewidmet.“ [60]

Nicht anders als Leroux erstrebt Karl Marx eine brüderliche Sozialordnung, und wie jener lehnt er das grundlegende Prinzip der liberalen Tauschgesellschaft, die entemotionalisierte Tauschrelation, ab. Im Gegensatz zu Leroux ist Marx jedoch der Ansicht, daß nur eine radikale Umgestaltung der bürgerlichen Gesellschaft ein brüderliches Sozialleben ermögliche. Nur ein dialektischer Umschlag vermag eine völlig neue Gesellschaft ins Leben zu rufen. Alle Verhältnisse in der bürgerlichen Ordnung widersprechen den Prinzipien, welche die sozialen Beziehungen in der zukünftigen Gesellschaft bestimmen werden. Anstatt daß die Menschen brüderlich miteinander verkehren, sinnt in der bürgerlichen Gesellschaft jeder darauf, den anderen auszubeuten. Im System des Privateigentums ist jeder darauf aus, „dem andern ein neues Bedürfnis zu schaffen ... um ihn in eine neue Abhängigkeit zu versetzen und ihn zu einer neuen Weise des Genusses und damit des ökonomischen Ruins zu verleiten“ [61]. Der andere wird auf diese Weise zum Objekt der Ausbeutung degradiert. „Jeder sucht eine *fremde* Wesenskraft über den andern zu schaffen, um darin die Befriedigung seines eigenen eigennützigen Bedürfnisses zu finden.“ [62] Die Bedürfnissteigerung versklavt

[60] Zit. nach *Béla Földes:* Die Hauptströmungen der sozialistischen Gedankenwelt, Berlin 1923, S. 88.

[61] *Marx:* Ökonomisch-Philosophische Manuskripte, a. a. O., S. 546 f.

[62] Ebd., S. 547.

die Menschen mehr und mehr, statt sie zu befreien. Sie intensiviert die egoistisch-ausbeuterischen Bedürfnisbeziehungen. In dem Maße, in dem neue und bessere Güter produziert werden, ketten die neuerwachten Bedürfnisse die Menschen enger aneinander. „Jedes neue Produkt ist eine neue Potenz des wechselseitigen Betrugs und der wechselseitigen Ausplünderung." [63] Die neugeschaffene Güterfülle, jedes „wirkliche oder mögliche Bedürfnis ist eine Schwachheit, die die Fliege an die Leimstange heranführen wird" [64].
So offen und einsichtig Marx zufolge diese ausbeuterischen Bedürfnisbeziehungen in der bürgerlichen Gesellschaft sind, so erstaunlich ist es, daß dem bürgerlichen Bewußtsein die Kenntnis dieser entarteten Sozialbeziehungen fehlt. Das bürgerliche Denken übersieht diese unmenschlichen Abhängigkeiten. Der Bourgeois wähnt sich als bedürfnisloses, solipsistisches Atom. Eingeschlossen in die Grenzen einer illusionären Utopie, bläht er sich in seiner „unsinnlichen Vorstellung und unlebendigen Abstraktion zum Atom ... d. h. zu einem beziehungslosen, selbstgenügsamen, bedürfnislosen, absolut vollen, seligen Wesen" [65] auf. Dies aber ist die falsche Widerspiegelung einer falschen Wirklichkeit. Der wirklichkeitsfremde Charakter dieser Wunschvorstellung enthüllt sich täglich und stündlich aufs neue, denn die Sinnesausstattung des bürgerlichen Menschen kümmert sich wenig um seine Wunschträume. „Jede seiner Wesenstätigkeiten ... jeder seiner Lebenstriebe wird zum *Bedürfnis*, zur Not, die seine *Selbstsucht* zur Sucht nach andern Dingen und Menschen außer ihm macht." [66] Selbst der Magen erinnert an die Verflechtung des Individuums mit der Gesellschaft. Sowohl die Befriedigung der körperlichen als auch der geistigen Bedürfnisse erzwingt die kontinuierliche Verbindung mit der gesellschaftlichen Umwelt. Doch die soziale Situation des Bürgers verhindert die Erkenntnis der Gesellschaft und ihrer Gesetze. Das bürgerliche Denken ist falsches Bewußtsein, und zwar notwendigerweise falsches Bewußtsein. Denn vom sozialen Standort des Bürgertums aus ist die Einsicht in die wahre Natur der kapitalistischen Gesellschaft versperrt. Der Kapitalist kann nicht anders als solipsistisch denken. Er produziert wohl gesellschaftlich und für die Gesellschaft, aber die Produktionsmittel sind in seinem Besitz. Dieser Umstand trübt ihm den Blick für die sozialen Realitäten. Dies hat zur Folge, daß der Bürger den sozio-ökonomischen Kosmos allein mit den Kategorien des vermeintlich völlig auf sich gestellten homo oeconomicus zu begreifen sucht. Den auf ihren Gewinn ausgerichteten Einzelkapitalisten entzieht sich die wahre Natur der Gesellschaft. Deshalb kann sich das „gesellschaftliche Prinzip, die gesellschaftliche Funk-

[63] Ebd.
[64] Ebd.
[65] *Marx:* Die Heilige Familie, MEW Band II, Berlin 1959, S. 127.
[66] Ebd.

tion des Kapitals ... nur über ihre Köpfe hinweg, durch ihren Willen hindurch, ihnen selbst unbewußt durchsetzen"[67].

Ganz anders das Proletariat. Es ist im Arbeitsprozeß zusammengefaßt und deshalb in der Lage, die gesellschaftlichen Zusammenhänge zu durchschauen. Dem vereinzelten bürgerlichen Warenbesitzer und Rechtssubjekt stehen die in den Fabriken zusammen arbeitenden und leidenden Proletarier gegenüber. Diese ihre wirtschaftliche und soziale Lage bedingt ihr anti-bürgerliches Bewußtsein. Sie erkennen deshalb die Klassenstruktur der bürgerlichen Gesellschaft. Ihre unmenschliche Lage, ihr Dasein außerhalb der bürgerlichen Ordnung ermöglicht es ihnen, die Strukturen eben dieser bürgerlichen Gesellschaft zu erkennen. Aufgrund ihrer außerbürgerlichen Position können sie auch eine Gesellschaftsordnung denken, die der bürgerlichen widerspricht. „Wenn das Proletariat die *Auflösung* der bisherigen *Weltordnung* verkündet, so spricht es nur das *Geheimnis seines eignen Daseins aus,* denn es ist die *faktische* Auflösung dieser Weltordnung." [68]

Daß die sozialistische Ablehnung der bürgerlichen Tauschgesellschaft an die romantisch-konservative Kritik der bürgerlichen Sozialordnung gemahnt, dafür ist das Werk von Karl Marx ein überzeugendes Beispiel. Obgleich Karl Marx die Entmachtung der feudalen durch die bürgerlichen Schichten prinzipiell bejaht, so anerkennt er doch die Intimität der gesellschaftlichen Beziehungen in der Feudalzeit. Diese seien in der bürgerlichen Gesellschaft zu einer reinen Rechenbeziehung geschrumpft. Das Bürgertum habe die „buntscheckigen Feudalbande, die den Menschen an seinen natürlichen Vorgesetzten knüpften, unbarmherzig zerrissen und kein anderes Band zwischen Mensch und Mensch übriggelassen ... als die gefühllose ‚bare Zahlung'"[69]. Der bürgerliche Geist nüchterner Rechenhaftigkeit durchdringe nun das ganze politische Gemeinwesen. Allen aus der feudalen Zeit überkommenen Denkgehalten und Verhaltensweisen sage die Bourgeoisie rücksichtslos den Kampf an. „Sie hat die heiligen Schauer der frommen Schwärmerei, der ritterlichen Begeisterung, der spießbürgerlichen Wehmut in dem eiskalten Wasser egoistischer Berechnung ertränkt. Sie hat die persönliche Würde in den Tauschwert aufgelöst." [70] Wie die romantisch-konservative Schule so beklagt auch Marx, daß in der bürgerlichen Tauschgesellschaft die sozialen Beziehungen zu ‚do ut des'-Relationen degenerierten. Wie sehr Marxens Gesellschaftsbild sich aus romantisch-konservativen Denkgehalten nährt, beweist auch die Tatsache, daß Marx die Familienbande als Beispiel für die

[67] *Georg Lukács:* Geschichte und Klassenbewußtsein, Studien über marxistische Dialektik, Berlin 1923, S. 75.

[68] *Marx:* Zur Kritik der Hegelschen Rechtsphilosophie, a. a. O., S. 391.

[69] *Ders.:* Manifest der Kommunistischen Partei, a. a. O., S. 464.

[70] Ebd., S. 464 f.

gesellschaftlichen Beziehungen setzt. Nach Marx sollen die Beziehungen zwischen den Geschlechtern in den gesellschaftlichen Raum ausstrahlen. In dem Verhältnis des Mannes zum Weibe zeige sich, „inwieweit das Bedürfnis des Menschen zum menschlichen Bedürfnis, inwieweit ihm also der *andre* Mensch als Mensch zum Bedürfnis geworden ist, inwieweit er in seinem individuellsten Dasein zugleich Gemeinwesen ist" [71]. Diese Worte könnten auch von Novalis oder Adam Müller geschrieben sein.

Indes weicht die sozialistische und namentlich auch die marxistische Gesellschaftslehre in einem entscheidenden Punkt von der romantisch-konservativen Sozialtheorie ab. Während nämlich die romantisch-konservativen Autoren sich an der Vergangenheit orientieren, ihre Lehre nach geschichtlich überholten Sozialstrukturen ausrichten, sind die Sozialisten ausgesprochen zukunftsorientiert. Sie verwerfen das herkunftsorientierte Denken und hoffen auf den in der Gesellschaft angelegten Fortschritt. Dieser artikuliert sich nicht zuletzt in einer stetigen Steigerung der ökonomischen Produktivkräfte. Die Bedürfnissteigerung bildet die Grundlage für die zukünftige brüderliche Gesellschaft. Von Mably abgesehen, erblicken alle sozialistischen Autoren im Bedürfnisreichtum einer hochentwickelten Industriegesellschaft das Fundament für eine ausbeutungsfreie und brüderliche Sozialordnung. Die solidarische Gemeinschaft der Zukunft bedarf der bedürfnisreichen Basis einer prosperierenden Industriegesellschaft. Nur in ihr läßt sich Brüderlichkeit in vollem Umfange praktizieren. Mit allem Nachdruck hat darauf schon Saint-Simon hingewiesen. „C'est par la multiplication des besoins et des travaux divers que la fraternité des hommes peut devenir un objet de pratique." [72] Die bedürfnisreiche industrielle Gesellschaft koinzidiert mit der vierten Periode der Entwicklung des Christentums. Erst in dieser vierten Entwicklungsstufe der christlichen Religion kann das Sozialprinzip der Brüderlichkeit verwirklicht werden. In der ersten Periode mußte sich die Kreation brüderlicher Sozialbeziehungen noch auf das Feld der Theorie beschränken. „Le christianisme gagna, et les hommes devinrent frères en théorie; ils étaient loin de l'être en pratique." [73] Den Christen blieb es zunächst verwehrt, der Gesellschaft ihre Ideale aufzuprägen. Die Verwirklichung des christlichen Brüderlichkeitsideals entbehrte zunächst aller gesellschaftlichen Voraussetzungen. In der ersten Periode wurde das römische Reich zerstört und das Christentum zur Staatsreligion erniedrigt. Ebenso ungünstig für die Verwirklichung des echten Christentums war die zweite Periode. Sie dauerte vom 5. bis zum 13. Jahrhundert. In dieser Zeit mußten die Christen Krieg gegen die Heiden führen und in den Kreuzzügen den christlichen Glauben schüt-

[71] *Marx:* Ökonomisch-Philosophische Manuskripte, a. a. O., S. 535.
[72] *Saint-Simon:* L'industrie, Oeuvres complètes, Tome I, S. 50.
[73] Ebd., S. 48.

zen. Der kriegerischen Tätigkeit entsagen konnten die Christen erst in der dritten Periode, die im 13. Jahrhundert begann. Nun wurden Arbeit und wissenschaftliche Betätigung in den Dienst der Versittlichung des Menschen gestellt. Die Verwirklichung echt brüderlicher Sozialbande bleibt allerdings der vierten Periode, die 1789 begann, vorbehalten. Erst in der bürgerlich-industriellen Gesellschaft wird die Basis für eine brüderliche Ordnung geschaffen. Pazifistisch gesinnte Unternehmer und Wissenschaftler bewirken die Steigerung der Produktion und damit auch den Anstieg der Bedürfnisse. Der Verwirklichung einer echt christlichen Ordnung steht nun nichts mehr im Wege.

Wie Saint-Simon so sieht auch Marx in der Bedürfnissteigerung eine wichtige Voraussetzung für die Verwirklichung einer sozialistischen Gesellschaftsordnung. Während aber Saint-Simon alle Hoffnung in die friedliche Zusammenarbeit zwischen den Arbeitern und den Unternehmern setzte, fordert Marx die radikale Revolutionierung der gesellschaftlichen Verhältnisse. Nur die Diktatur des Proletariats birgt die Möglichkeit in sich, eine sozialistische Gesellschaft zu verwirklichen. Erst in einem sozialistischen Gemeinwesen werden „das Bedürfnis oder der Genuß ... ihre *egoistische* Natur verloren" [74] haben. Dabei ist sich Marx immer bewußt, daß die bürgerliche Gesellschaft eine notwendige Durchgangsstufe zur brüderlich-sozialistischen Ordnung ist. Die technischen und ökonomischen Leistungen des Bürgertums sind die Voraussetzungen dafür, daß „das *Bedürfnis* des Menschen zum *menschlichen* Bedürfnis" [75] werden kann.

Die Ordnung der Zukunft sieht Moses Hess in der gegenwärtigen bereits angelegt. Für ihn bildet wie für Marx die Bedürfnisentgrenzung in der hochindustrialisierten Wirtschaftsgesellschaft die Basis für eine solidarische Gemeinschaft. Deshalb kann man, nachdem „das menschliche Vermögen, das menschliche Wesen (die *Production* und die *Communication* der *Consumtion* der Produkte) bis zum Überflusse entwickelt" [76] ist, an die Errichtung einer sozialistischen Gesellschaft gehen. Die sozialen und geographischen Distanzen zwischen den Menschen verringern sich immer mehr. „Die Menschen ... rücken sich täglich näher. Die Schranken des Raumes, der Zeit, Religion und Nationalität, die *Schranken der Individuen* fallen krachend zusammen." [77] An die Verwirklichung der solidarischen Ordnung konnte so lange nicht gedacht werden, „so lange wir noch nicht ganz entwickelt waren,

[74] *Marx:* Ökonomisch-Philosophische Manuskripte, a. a. O., S. 540.
[75] Ebd., S. 535.
[76] *Hess:* Über das Geldwesen, in: Rheinische Jahrbücher zur gesellschaftlichen Reform, Band 1, Darmstadt 1845, wiederabgedr. in: *Ders.:* Philosophische und sozialistische Schriften 1837–1850, S. 332 f.
[77] Ebd., S. 333.

und wir konnten uns nicht entwickeln, wenn wir nicht miteinander in Verkehr traten"[78]. Allerdings führt die stetig zunehmende gesellschaftliche Interdependenz nicht zwangsläufig zu einer menschlicheren Gesellschaft. Obgleich die erste Form des Produktentausches, der Raubmord, längst der Vergangenheit angehört, ist noch lange nicht alles Unrecht aus der Welt geschafft. Der Mensch ist immer noch Objekt sozialer Ausbeutung. Die auf dem ungehemmten Egoismus des Einzelnen gründende bürgerliche Gesellschaft widerspricht völlig der antizipierten sozialen Ordnung. In dieser verkehrten Welt des Krämergeistes stiftet das Geld die sozialen Beziehungen. „Das Geld ist der geronnene Blutschweiß der Edlen, die ihr unveräußerliches Eigentum ... ihre Lebenstätigkeit selbst zu Markte tragen."[79] Die bürgerliche Gesellschaft hat nur die Wahl, entweder ihre sozialdarwinistischen Züge weiterzuentwickeln oder aber zur Gründung einer solidarischen Gemeinschaft zu schreiten. „Wir können uns auf der Stufe der Entwickelung, wohin wir gelangt sind, nur mehr gegenseitig ausbeuten und aufzehren, wenn wir uns nicht in Liebe miteinander vereinigen."[80] Da die erste Möglichkeit von keinem einsichtigen Menschen ernstlich angestrebt werden kann, bleibt nur der Weg, eine brüderliche Gemeinschaft zu gründen. Moses Hess ist fest davon überzeugt, daß es zur Gründung dieses brüderlichen Gemeinwesens kommen wird. Das bedeutet, daß das Geld, das jetzt noch die sozialen Beziehungen vergiftet, abgeschafft wird. „Sobald aber die Menschen sich *vereinigen,* sobald ein *unmittelbarer* Verkehr zwischen ihnen statt finden kann, muß das unmenschliche, äußerliche, todte Verkehrsmittel *notwendig* abgeschafft werden."[81] Die Bedürfnisbeziehung wird durch „kein fremdes Wesen, *kein drittes Mittelding*" mehr entfremdet[82]. Dabei hatte das Geld in der bürgerlichen Gesellschaft durchaus seine Dienste geleistet. Als ein „äußerliches Vereinigungsmittel"[83] hielt es die bürgerliche Gesellschaft zusammen. Die brüderliche Gemeinschaft der Zukunft kann dieses künstlich-mechanischen Bandes jedoch entraten. Sie gründet im altruistischen Sozialkonnex der Bürger. Das in der Zukunft zur Auswirkung kommende „*Bedürfniß* einer unmittelbaren, innigen Vereinigung der Menschen"[84] stiftet ohne das Zutun irgendwelcher künstlicher Vereinigungsmittel ein harmonisches und brüderliches Gemeinwesen. Nicht mehr der Gelddurst, der

[78] Ebd., S. 348.
[79] Ebd., S. 335.
[80] Ebd., S. 348.
[81] Ebd., S. 347.
[82] Ebd.
[83] Ebd.
[84] Ebd.
[85] Ebd., S. 345.

„Blutdurst des sozialen Raubtieres" [85], sondern das Bedürfnis einer unmittelbaren und innigen Verbindung mit den anderen beseelt die Menschen.
In diesem Kapitel wurden die Gemeinsamkeiten zwischen den Konservativen und Sozialisten deutlich. Beide lehnen sie die bürgerliche Gesellschaft mit ihren entemotionalisierten Tauschbeziehungen auf das entschiedenste ab. Nach konservativer Auffassung liegt die Bestimmung der sozialen Beziehung im Sittlichen. Nicht der eigene Vorteil, sondern die Sorge um das Wohl und Wehe des anderen soll in der Gesellschaft vorherrschen. Vorbild ist dabei die Familie; sie bringt in archaischer Einfachheit Grundmuster des sozialen Lebens zur Erscheinung. Wie der Vater die Kinder, so soll der Reiche und Mächtige die Armen und Schwachen beschützen. Besitz und Macht dürfen nicht zu Ausbeutung und Unterdrückung mißbraucht werden. Ihre soziale Funktion besteht darin, den Bedürftigen Unterstützung zu gewähren. Auch für die Sozialisten ist die Familie Vorbild für die Gesellschaft. Die innigen Liebesbeziehungen zwischen den Ehegatten sollen nach Marx ins Soziale übersetzt werden. Das Bedürfnis nach Liebe verlangt auch im Bereich der Gesellschaft Befriedigung. Allerdings wollen die Sozialisten im Kontrapunkt zu den Konservativen eine egalitäre Gesellschaft. Es sind Gleiche, die eine harmonische und brüderliche Gemeinschaft stiften. Dagegen erhoffen die Liberalen aus der Versachlichung der sozialen Beziehungen, aus der Umwandlung der Gemeinschaft in eine Gesellschaft die Erweiterung des Freiheitsspielraumes der Individuen. Nun kann der Einzelne als freier Vertragspartner selbständig über sein soziales Geschick bestimmen. Allein die von Gefühlen freie Vertragsbeziehung verhindert auf die Dauer die Degeneration der sozialen Beziehungen zu Abhängigkeitsrelationen.

IV. Bedürfnis und Verteilung des Sozialprodukts

War die vorindustrielle Gesellschaft wesentlich durch den Mangel an lebensnotwendigen Gütern geprägt, so gestattet die industrielle Gesellschaft dank ihrer kontinuierlich steigenden Produktion die volle Bedürfnisbefriedigung aller Bürger. Das Problem, das sich sowohl der agrarischen als auch der industriellen Gesellschaft stellt, ist die Frage nach der Verteilung der Güter. Nach welchem Kriterium sollen sie vergeben werden? Soll die Distribution nach der ständischen Rangordnung, nach dem Verdienst des Einzelnen oder nach den Bedürfnissen der Wirtschaftsbürger erfolgen? In der Industriegesellschaft kommen eigentlich nur die beiden zuletzt erwähnten Verteilungsmaßstäbe in Betracht. Da die industrielle Gesellschaft allen ständischen Prinzipien in ihrem innersten Wesen widerspricht, besteht nur die Alternative zwischen der Verteilung nach der Leistung und der Distribution nach den Bedürfnissen. Die leistungsbezogene Verteilung des Sozialprodukts ist recht eigentlich das Distributionsprinzip der liberal-bürgerlichen Gesellschaftslehre.

1. Das leistungsbezogene Verteilungsprinzip der Liberalen

Die liberalen Autoren verwerfen mit der feudalen Gesellschaft auch das Verteilungsprinzip dieser Sozialordnung. Nicht mehr die im vorhinein definierte ständische Stellung soll das Verbrauchsniveau des Einzelnen bestimmen. Nur die persönliche Leistung darf den Maßstab für die Verteilung des Sozialprodukts abgeben. Die vom liberalen Geiste erfüllte bürgerliche Tauschgesellschaft hat die Verbrauchssitten der ständischen Gesellschaft aufgehoben. Die kontinuierliche Steigerung der Bedürfnisse in der bürgerlichen Gesellschaft durchlöcherte und zerstörte die ständischen Verbrauchsschranken. Jeder ist nun auch seines konsumtiven Glückes Schmied. Der von den ständischen Konventionen befreite Bürger macht seine Geschäfte unbelastet von überkommenen gesellschaftlichen Bindungen. Allein das, was er am Markte als Leistung erbringt, bestimmt in der liberalen Gesellschaft den Verbrauchsstandard. Aus diesem zutiefst individualistischen Ansatz erhellt, daß die liberale Gesellschaftslehre eine egalitäre Verbrauchsstruktur ablehnt. Nichts kennzeichnet die eigenartige Mittelstellung der aufklärerisch-liberalen Sozialtheorie zwischen Konservatismus und Sozialismus so sehr wie die bürgerliche Verteilungsvorstellung. Der egalitäre Ansatz der liberalen Theorie führt einerseits zur Ablehnung der ständischen Konsumordnung. Aus prinzipiellen Erwägungen heraus wendet man sich gegen eine Verteilungsordnung, die in der konservativen Auffassung von der natürlichen Rangverschiedenheit der Menschen wurzelt. Nicht minder scharf wenden sich die Vertreter der aufklärerisch-liberalen Gesellschaftslehre aber auch gegen die egalitär-kommunistischen Verteilungsvorstellungen. Diese kompromißlose Zurückweisung sowohl der ständisch-konservativen als auch der kommunistisch-egalitären Konsumprinzipien gründet in der bürgerlichen Arbeitswertlehre. Dieses Kernstück der liberalen Volkswirtschaftslehre soll im folgenden erörtert werden. Nur im Horizonte der bürgerlichen Lehre vom Arbeitswert läßt sich die Konsumtheorie der liberalen Nationalökonomie verstehen. Die liberale Arbeitswertlehre geht zunächst davon aus, daß sich das Recht auf privates Eigentum aus dem Eigentum, das der Einzelne an seiner eigenen Person hat, ergibt. Sie bewegt sich also völlig in den Dimensionen einer individualistischen Auffassung vom Menschen. Der einzelne Wirtschaftsbürger soll in den Genuß dessen gelangen, was seine Hände erarbeiten. Einer der bekanntesten Vertreter der bürgerlichen Arbeitswertlehre, John Locke, schreibt in diesem Zusammenhang: „Though the earth and all inferior creatures be common to all men, yet every man has a ‚property' in his own ‚person'. This nobody has any right to but himself. The ‚labour' of his body and the ‚work' of his hands, we may say, are properly his."[1] In ähnlicher Weise wie Locke leitet Holbach das Recht auf Eigentum ab. „Un champ devient ... une portion de celui qui le cultive, parce que c'est sa volonté, ce sont ses bras, ses forces, son industrie ... qui ont rendu ce champ ce qu'il est."[2] Da nun aber der bürgerlichen Aufklärung zufolge die Menschen verschieden stark, intelligent und fleißig sind, ist auch das Eigentum verschieden, das der Einzelne sich anzueignen vermag. Die Ungleichheit der Eigentumsverteilung hat ihren Ursprung in der Ungleichheit der Menschen. In aller Deutlichkeit hat dies Holbach zum Ausdruck gebracht. „L'inegalité naturelle des hommes rend impossible l'égalité de leurs possessions."[3]

Die liberale Arbeitswertlehre ist eine zutiefst polemische Lehre: Sie ist eine Kampfansage an die Privilegien des grundbesitzenden Adels. Mit ihrer Hilfe werfen die Wortführer des aufstrebenden Bürgertums der Aristokratie vor, keinen Beitrag zur Entstehung des Sozialproduktes zu leisten. Stattdessen würden sie parasitär von ihrer Rente leben, einem Einkommen, das sie allein ihrer Besitz- und Herrschaftsposition verdanken. Gegenüber dem grundbesitzenden Adel wird auf die natürlichen Rechte der Schaffenden verwiesen; gegenüber dem Proletariat jedoch werden antiegalitäre Schlußfolgerungen aus der Arbeitswertlehre gezogen. Ihre egalitären Implikationen

[1] *Locke:* Two treatises of civil government, S. 130.
[2] *Holbach:* La politique naturelle, Tome premier, S. 39.
[3] Ebd., S. 40.

haben nur für die bürgerliche Klasse Gültigkeit. Daß auch die Proletarier arbeiten, daß auch sie nach der Arbeitswertlehre Ansprüche an die Gesellschaft stellen könnten, dies wird zurückgewiesen. Für Locke wird der Käufer der Ware Arbeitskraft Eigentümer der Arbeit des Proletariers. „Thus the grass my horse has bit, the turfs my servant has cut, and the ore I have digged in any place, where I have a right to them in common with others, become my property without the assignation or consent of anybody. The labour that was mine, removing them out of that common state they were in, hath fixed my property in them."[4] Der Besitzbürger kommt also auf legitime Weise in den Genuß der Arbeit seines Dieners. Das Lohnverhältnis ist nach liberaler Auffassung gerecht. „Master and servant are names as old as history, but given to those of far different condition; for a free man makes himself a servant to another by selling him for a certain time the service he undertakes to do in exchange for wages he is to receive."[5] Um die eigene Herrschaftsposition nicht zu gefährden, werden die in der Arbeitswertlehre ruhenden egalitären Folgerungen nicht gezogen. Die rationale bürgerliche Gesellschaftslehre enthält logische Unstimmigkeiten, die eindeutig der sozialen Stellung des Bürgertums zwischen Aristokratie und Proletariat zu imputieren sind.

Neben dem Bekenntnis zu einer antiegalitären Eigentumsverteilung behauptet sich in der aufklärerisch-liberalen Sozialtheorie auch die Auffassung, daß die Bedürfnisse der Menschen gleich seien. Die Gleichheit der menschlichen Bedürfnisse ist ein bestimmender Topos der liberalen Gesellschaftslehre. Hatte schon Hobbes die „equality of hope in the attaining of our ends"[6] konstatiert, so wird insbesondere von den französischen Aufklärern die Behauptung aufgestellt, daß die Bedürfnisse der Menschen gleich seien. Holbach zufolge stimmen die Menschen darin überein, daß sie alle das Glück suchen und das Unglück meiden. „Les ... Loix Naturelles ... nous prouvent que tous les individus de la même espèce sont enfans de la Nature comme nous, qu' ils ont les mêmes désirs, les mêmes besoins, les mêmes répugnances que nous, que ce qui nous plait doit leur plaire, que ce qui nuit à notre bonheur, doit exciter leur aversion."[7] Die Tatsache, daß alle Menschen „les mêmes prétentions à une existence agréable"[8] haben, bedeutet jedoch nicht, daß Holbach einer egalitären Verfassung der Gesellschaft das Wort redet. Im Gegenteil: das Bedürfnis aller Menschen nach Glück, der in allen Bürgern in

[4] *Locke:* Two treatises of civil government, S. 130.
[5] Ebd., S. 157.
[6] *Hobbes:* Leviathan, The English works of Thomas Hobbes, Vol. III, London 1839, S. 111.
[7] *Holbach:* La politique naturelle, Tome premier, S. 27.
[8] Ebd., S. 22.

gleicher Weise Beachtung verlangende Drang nach voller Befriedigung der Bedürfnisse schließt nicht aus, daß die Menschen in bezug auf ihre körperlichen und geistigen Fähigkeiten differieren. Diese natürlichen Unterschiede sind es auch, welche eine diese Differenzen in Betracht ziehende Gesellschaftsordnung erzwingen. Der radikale Egalitarismus widerspricht dem erklärten Willen der Natur. Die Geschichte lehrt, daß der an Körper und Geist schwache Mensch immer schon gezwungen war, die Überlegenheit des Stärkeren und Intelligenteren zu akzeptieren. Daß es also Mächtige und Machtlose, Reiche und Arme gibt, entspricht der natürlichen Ordnung [9].
Gleichermaßen konstatiert Helvétius die Gleichheit der Bedürfnisse, d. h. das gleiche Verlangen aller Menschen nach einem glücklichen Leben. „Parmi les hommes en est-il sans désirs? Presqu'aucun ... Le premier est celui du bonheur." [10] Die Annahme, „les hommes ont eu dans tous les tems à peu près les mêmes besoins" [11], geht auch bei ihm einher mit der radikalen Ablehnung aller egalitären Ordnungsprinzipien. Für Helvétius ist das Recht auf Privateigentum ein heiliges Recht, in dem der innere Frieden einer Nation gründet. Die Tatsache, daß das Eigentum in der bürgerlichen Gesellschaft normalerweise ungleich verteilt ist, ändert daran grundsätzlich nichts. Auch in einer durch Besitzunterschiede bestimmten Eigentumsordnung ist der Einzelne in der Lage, seine Bedürfnisse zu befriedigen. Die ungleiche Verteilung des Eigentums hindert keinen Bürger, sei er arm oder reich, glücklich zu werden. Entscheidend ist dabei die Zeit unmittelbar nach der Befriedigung der Bedürfnisse. Zu diesem Zeitpunkt ist der Arme genau so glücklich wie der Reiche. „Les hommes ont faim & soif: ils ont besoin de coucher avec leurs femmes, de dormir etc. Des vingt-quatre heures de la journée, ils en emploitent dix ou douze à pourvoir à ces divers besoins. Au moment qu'ils les satisfont, depuis le Marchand de peaux de Lapin jusqu'au Prince, tous sont également heureux." [12] Die ungleichen Besitzverhältnisse hindern also keinen Bürger daran, sein Glück ungetrübt zu genießen. „Les hommes sans être égaux en richesses, & en dignités, peuvent donc l'être en bonheur." [13]
In der bürgerlichen Aufklärung fehlt also dem Topos von der Gleichheit der Bedürfnisse jegliche sozialistische Akzentuierung. Daran, daß es in der Gesellschaft verschiedene voneinander abweichende Stufen der Bedürfnisbefriedigung geben soll, wird auch nicht der geringste Zweifel gelassen. Wenn von Gleichheit die Rede ist, so bezieht sich diese auf das allen Menschen gleiche Verlangen nach einem glücklichen Leben. Auch die bürgerliche Ordnung

[9] *Ders.:* Système de la nature, Première partie, S. 120 ff.
[10] *Helvétius:* De l'homme, Tome second, Londres 1774, S. 102.
[11] Ebd., De l'homme, Tome premier, Londres 1773, S. 118.
[12] Ebd., De l'homme, Tome second, S. 164.
[13] Ebd., S. 168.

kennt gesellschaftliche Unterschiede. Im Gegensatz zur ständischen Sozialverfassung ist es allerdings nicht mehr die Geburt, welche die gesellschaftliche Position bestimmt, sondern die Leistungsfähigkeit des einzelnen Bürgers. Der soziale Rang soll nicht zuletzt im Konsumniveau seinen sichtbaren Ausdruck finden. Diese Demonstration des eigenen Erfolgs ist weder in der ständischen noch in der kommunistischen Gesellschaft möglich. In jener ist der Verbrauch durch die mit der Geburt fixierte ständische Stellung bestimmt, in dieser wird nach dem egalitären Prinzip „Jedem nach seinen Bedürfnissen" verteilt. Das, was der amerikanische Soziologe Thorstein Veblen [14] als „conspicuous consumption", als demonstrativen Verbrauch bezeichnet, ist hervorstechendes Merkmal der liberalen Wirtschaftsgesellschaft. Die demonstrative Zurschaustellung der eigenen Leistung im Verbrauch ist die typische Konsumhaltung des Bürgers.

2. Die Verteilung des Sozialprodukts nach der sozialistischen und kommunistischen Gesellschaftslehre

War die bürgerlich-liberale Aufklärung der Auffassung, daß sowohl Arme als auch Reiche trotz der bestehenden sozialen Unterschiede ihre Bedürfnisse in vollem Umfang befriedigen und dadurch alle ein gleiches Maß an Glück erreichen können, so verwerfen die sozialistischen Theoretiker konsequent alle Rang- und Besitzunterschiede, weil diese die gleiche Befriedigung der Bedürfnisse aller grundsätzlich unmöglich machen. Nur in einer sozialistischen Ordnung, einer Gesellschaft, die sich durch ein Minimum an sozialer Distanz auszeichnet, kann das volle Glück aller Bürger gewährleistet werden. Das uneingeschränkte Bekenntnis zum hedonistischen Sensualismus läßt die Sozialisten die volle Befriedigung der Bedürfnisse für alle fordern. Auf der Grundlage eines hedonistischen Menschenbildes formulierten bereits die sozialistischen Aufklärer ihre Kritik an gesellschaftlichen Mißständen. Im Namen des einem jeden Menschen zustehenden Rechtes auf Glück setzten sie sich für eine menschenwürdige Existenz auch der Armen und Ausgebeuteten ein. Legitimationsgrundlage ihres Postulats ist dabei der hungrige Magen des von der feudalen bzw. frühkapitalistischen Gesellschaftsordnung Benachteiligten. Diese Art von Begründung einer sittlichen Forderung widerspricht der überkommenen ethischen Tradition. Die sozial-ethischen Prinzipien nähren sich nun nicht mehr aus dem überlieferten Tugendkatalog, sondern wurzeln in den Bedürfnissen der Ausgebeuteten. Nicht die über-

[14] *Thorstein Veblen:* The theory of the leisure class, Deutsch: Theorie der feinen Leute, Köln und Berlin o. J., S. 79 ff.

kommenen sittlichen Normen, sondern die menschlichen Bedürfnisse motivieren die soziale Anklage. Dieser epochale Wandel zeigt sich in aller Deutlichkeit im Werke des Ardennenpfarrers Meslier. Er verwirft die Lehren seiner Kirche, weil diese seiner Ansicht nach das körperliche und damit auch geistige Glück der Armen vereiteln. Der Sinn des Lebens könne nicht darin bestehen, „à pleurer, à gémir, à être pauvre et malheureux et à avoir faim" [15]. Es widerspreche jeglicher Vernunft, wenn die Reichen die Armen zu einer unmenschlichen Weise der Bedürfnisbefriedigung verdammen können. In einer von Armut und Reichtum bestimmten Gesellschaft haben die einen „toujours leurs plaisirs et leurs contentemens dans la vie" [16], während die anderen „toute leur vie dans la peine et dans la misère" [17] verbringen müssen. In den menschlichen Bedürfnissen, aus denen die sozialistische Gesellschaftskritik ihre Legitimation bezieht, waltet ein mit dem Naturgesetz übereinstimmendes teleologisches Prinzip. Dieses verleiht den aus den Bedürfnissen deszendierenden sozialen Forderungen recht eigentlich ihren verpflichtenden Charakter. Wer kann so vermessen sein, den Forderungen der Natur kein Gehör zu schenken?

Der obligatorische Charakter der in den Bedürfnissen gründenden sozialen Postulate wird bei den sozialistischen Autoren noch durch den Hinweis auf die Gleichheit der Bedürfnisse verstärkt. Als erste haben die sozialistischen Aufklärer des 18. Jahrhunderts den Satz von der Gleichheit der Bedürfnisse sozialistisch eingefärbt. Im Gegensatz zu den liberalen Sozialtheoretikern zogen sie gesellschaftliche Konsequenzen aus der Annahme von der Gleichheit der Bedürfnisse. Morelly und Mably verliehen vor der französischen Revolution der These von der Gleichheit der Bedürfnisse einen sozialistischen Bedeutungshorizont.

Morelly, der die erste „moderne Theorie eines radikalen Kommunismus" [18] verfaßte, der „einzige konsequente Kommunist unter den Denkern des achtzehnten Jahrhunderts" [19], verdankt seine Auffassung von der Gleichheit der Bedürfnisse der Lektüre von Lockes „Essay concerning human understanding" [20]. Mit Locke nimmt Morelly an, daß die geistige Grundverfassung bei allen Menschen die gleiche ist. Alle Menschen nehmen ihre Außenwelt in gleicher Weise wahr. Daraus leitet Morelly den Schluß ab, daß auch die

[15] *Jean Meslier:* Le testament, Ed. Rudolf Charles, Tome II, Amsterdam 1864, S. 158.
[16] Ebd., S. 169.
[17] Ebd.
[18] *Garaudy:* Die französischen Quellen des wissenschaftlichen Sozialismus, S. 37.
[19] *J. L. Talmon:* Die Ursprünge der totalitären Demokratie, Aus dem Englischen, Köln und Opladen 1961, S. 47.
[20] Dazu *Richard N. Coe:* Morelly, Ein Rationalist auf dem Wege zum Sozialismus, Aus dem Englischen, Berlin 1961 (Neue Beiträge zur Literaturwissenschaft, Hrsg. Werner Krauss und Hans Mayer, Band 13).

Bedürfnisse der Menschen gleich seien. Aus der Gleichheit der Bedürfnisse wiederum ergibt sich die Forderung, daß alle Menschen den gleichen Anspruch auf ein menschenwürdiges Leben haben. Dies ist nur dann gewährleistet, wenn alle Bürger die gleichen juristischen und sozialen Rechte besitzen. „Elle (die Natur; M.) fait sentir aux hommes par la parité de sentimens & de besoins, leur égalité de conditions & de droits." [21] Obgleich die Menschen in bezug auf ihre Begabung und körperlichen Fähigkeiten voneinander abweichen, so haben sie doch alle das gleiche Verlangen nach einem glücklichen Leben. Ungleiche geistige und körperliche Fähigkeiten – Morelly ist weit davon entfernt, diese zu leugnen – haben jedoch auch die Verschiedenheit von Bedürfnissen zur Folge. Die These, daß die Bedürfnisse bei allen Menschen gleich sind, schließt also keineswegs aus, daß die einen mehr Bedürfnisse haben als die anderen. Aus der Verschiedenheit der Bedürfnisse folgt aber die Verpflichtung, daß die Menschen freiwillig auf ihre den eigenen Bedürfnissen entfließenden Rechte zugunsten ihrer Mitmenschen verzichten. „Par la variété momentanée de ces besoins, qui fait qu'ils ne nous affectent pas tous, ni également, ni dans les mêmes instans; elle nous avertit de relâcher quelquefois de ces droits pour les céder à d'autres, & nous induit à le faire sans paine." [22] Im übrigen führt die unterschiedliche geistige und körperliche Ausstattung der Menschen, z. B. der Unterschied von jung und alt, zur gesellschaftlichen Vereinigung. Jedoch verleihen eine höhere Intelligenz oder eine größere körperliche Leistungsfähigkeit kein Recht auf eine bessere Bedürfnisbefriedigung gegenüber den anderen von der Natur benachteiligten Mitgliedern der Gesellschaft. „Le monde est une table suffisanment garnie pour tous les convives, dont tous les mêts appartiennent, tantôt à tous, parce que tous ont faim, tantôt à quelques-uns seulement, parce que les autres sont rassasiés; ainsi personne n'en est absolument le maître, ni n'a

[21] *Morelly:* Code de la nature, S. 24. In Deutschland war es der Sozialist *Carl Wilhelm Frölich,* der zum ersten Male die Notwendigkeit einer sozialistischen Gesellschaftsordnung auf die Gleichheit der Bedürfnisse gründete. „Wenn ich von Gleichheit unter den Menschen sprach, so konnte es mir wohl nicht einfallen, die Gesetze des Mannigfaltigen aus der Natur zu verdrängen, und sie eines wesentlichen Theils ihrer Vollkommenheit zu berauben, vielmehr war die Rede zunächst bloß von dem gleichen Rechte, das jeder Mensch auf die Güter der Erde als nothwendige Bedingungen seiner Erhaltung hat ... Dieses Recht gründet sich weder auf die ungleichen Fähigkeiten der Menschen, noch, wie die stolze Tugend wähnet, auf das Gefühl der Würdigkeit, sondern auf ihre Bedürfnisse, die bey jedem – dieselben sind." (Über den Menschen und seine Verhältnisse [1972; anonym], Hrsg. G. Steiner, Berlin 1960, S. 95 f.) Ebenso behautet *Joseph Dietzgen,* die Natur habe „uns allen das gleiche Bedürfnis" gegeben (Die Religion der Sozialdemokratie, Sämtliche Schriften, Band I, Hrsg. E. Dietzgen, Wiesbaden 1911, S. 107).

[22] *Morelly:* Code de la nature, S. 24 f.

droit de prétendre l'être." [23] Das bei allen Bürgern gleiche Verlangen nach einem angenehmen und glücklichen Leben legitimiert sie, ihre Rechte auf eine volle Befriedigung aller ihrer Bedürfnisse, die durchaus im Einzelfalle variieren können, geltend zu machen.

Mably hat wie Morelly aus der Gleichheit der Bedürfnisse die Notwendigkeit einer sozialistischen Gesellschaft abgeleitet. Da die Natur allen Menschen „les mêmes organes, les mêmes besoins" [24] gegeben hat, haben sie auch alle Anspruch auf gleiche gesellschaftliche Rechte. Diese in den gleichen Bedürfnissen der Menschen verankerten sozialen Forderungen können nur in einer sozialistischen Gesellschaft erfüllt werden. „Pourquoi des riches, pourquoi des pauvres? Ne naissons nous avec les mêmes besoins?" [25]

Die Sozialkritik des französischen Aufklärungssozialismus zielt auf das Großgrundeigentum. Mittelpunkt ihrer Anklage ist die ungleiche Verteilung von Grund und Boden. Vor der Industrialisierung ist die Besitzfrage eine Frage des Großgrundbesitzes. Noch zu Ende des 18. Jahrhunderts ist die Struktur der französischen Gesellschaft eindeutig feudalistisch [26]. Der Adel dominiert. In besonderem Maße gilt dies für das flache Land. Hier wird die Freiheit der Bauern durch seigneurale Rechte eingeschränkt. Weitere finanzielle Belastungen der bäuerlichen Bevölkerung sind der Kirchenzehnte und die Steuern des Königs. Die in dem Satz von der Gleichheit der Bedürfnisse enthaltenen egalitären Potenzen werden also zunächst für die Opfer des Großgrundbesitzes freigesetzt. Geübt wird soziale Kritik im Namen der Landarbeiter, der Kleinbauern und Pächter [27]. Es ist noch nicht das industrielle Proletariat, dessen Lebensweise man verbessern will, sondern die unter den feudalen Verhältnissen leidende bäuerliche Bevölkerung [28]. Die Lösung der sozialen Probleme der feudalen Gesellschaft erhofften die sozialistischen Denker des 18. Jahrhunderts von der Umverteilung bzw. Sozialisierung des Grundbesitzes. Ihre Sozialisierungsforderungen zielten also nicht auf das industrielle Eigentum ab. Wohl hatte gegen Ende des 18. Jahrhunderts die von Colbert

[23] Ebd., S. 23.

[24] *Mably:* Doutes proposés aux philosophes économistes, Oeuvres complètes, Tome onzième, Londres 1789, S. 167.

[25] *Ders.:* Entretiens de Phocion sur le rapport de la morale avec la politique, Oeuvres complètes, Tome dixième, Londres 1789, S. 168.

[26] Dazu *Albert Soboul:* Klassen und Klassenkämpfe in der französischen Revolution, in: Jakobiner und Sansculotten, Beiträge zur Geschichte der französischen Revolutionsregierung 1793–1794, Hrsg. *W. Markow*, Berlin 1956, S. 50 ff.

[27] Dazu *Garaudy:* Die französischen Quellen des wissenschaftlichen Sozialismus, S. 30 f.

[28] Dazu *Walter Markow:* Grenzen des Jakobinerstaates, in: Grundpositionen der französischen Aufklärung, Band I, Berlin 1955, S. 282 (Neue Beiträge der Literaturwissenschaft, Band 1).

angeregte manufakturelle Produktion erhebliche Fortschritte zu verzeichnen; doch war es immer noch das feudale und nicht das industrielle Eigentum, das der Gesellschaft seinen Stempel aufprägte. Aus diesem Grunde erschien auch das feudale und nicht das industrielle Eigentum als die Quelle sozialen Unrechtes.

Allerdings war es nicht die Bauernschaft, die aktiv an der Überwindung der feudalen Ordnung beteiligt war. Wohl gab es vor der Französischen Revolution hie und da Bauernunruhen. Doch weiteten sich diese partikularen Revolten niemals zu einer das ganze Land erfassenden revolutionären Aktion aus. Die Bauern befreiten sich nicht aus eigener Kraft von ihren feudalen Fesseln. Die Zerschlagung des Feudalismus ist das gemeinsame Werk von Bürgertum und städtischem Proletariat. Die Aufstände der Pariser Lohnarbeiter waren dabei von entscheidender Bedeutung. Die Ursachen dafür sind in der miserablen Ernährungslage zu suchen. Wegen der sprunghaft angestiegenen Getreidepreise war es der städtischen Unterschicht, insbesondere in Paris, kaum mehr möglich, Brot zu kaufen. In den Jahren 1787 bis 1789 gelangte die Getreideknappheit auf ihren Höhepunkt. Zu Anfang des Jahres 1789 mußte eine Arbeiterfamilie im Durchschnitt 58 % ihres Einkommens für Brot ausgeben; im Verlaufe des Jahres 1789 stiegen die Ausgaben für Brot auf 88 %. Es blieben also durchschnittlich ganze 12 %, um die übrigen Bedürfnisse zu befriedigen[29]. Die Pariser Massen sahen sich vor die Notwendigkeit gestellt, entweder fast das ganze Einkommen für die Beschaffung von Brot auszugeben oder zu hungern, um andere Bedürfnisse zu stillen. Der Sozialhistoriker Rudé faßt das Ergebnis seiner Untersuchung der Nahrungsmittelversorgung zur Zeit der Französischen Revolution folgendermaßen zusammen: „Yet, when all is said and done, the inescapable conclusion remains that the primary and most constant motive impelling revolutionary crowds during this period was the concern for the provision of cheap and plentiful food. This, more than any other factor, was the raw material out of which the popular Revolution was forged. It alone accounts for the continuity of the social ferment that was such a marked feature of the capital in these years and out of which the great political journées themselves developed. Even more it accounts for the occasional outbreaks of independent activity by the *menu peuple,* going beyond or running counter to the interests of their bourgeois allies"[30]. Die Hungeraufstände des Pariser Proletariats waren zunächst unpolitischer Natur. Unter dem Einfluß der Revolutionsideologen gewannen sie politischen Cha-

[29] *Soboul:* Histoire de la révolution française, Tome I: De la bastille à la gironde, Paris 1962, S. 52 f. *George Rudé:* The crowd in the French Revolution, Oxford 1959, S. 201 ff., S. 251 f.

[30] Ebd., S. 208 f.

rakter. „Without the impact of political ideas, mainly derived from the *bourgeois* leaders, such mouvements would have remained strangely purposeless and barren of result." (George Rudé)[31] Die Arbeiter halfen das Ancien Régime stürzen. „Ces émeutes populaires avaient à leur tour des conséquences politiques, ne fût-ce que d'ébranler le pouvoir." (Albert Soboul)[32]
Mit Hilfe der Pariser Arbeiterschaft hatten die bürgerlichen Revolutionäre die sozialen Vorrechte des Adels vernichtet. Das Bürgertum mußte sich jedoch nach der Revolution sehr bald gegen sozialistische Kritiker wehren, die im Namen der Arbeitswertlehre und der These von der Gleichheit der Bedürfnisse nicht nur die rechtliche, sondern auch die ökonomisch-soziale Gleichheit aller Bürger verlangten. Die Wortführer des Proletariats warfen der liberalen Bourgeoisie Verrat ihrer eigenen Prinzipien vor. Um egoistischer Besitzinteressen willen gebe sich das Bürgertum mit der rechtlichen Gleichheit zufrieden und bekämpfe alle Versuche, die revolutionäre Entwicklung in Richtung auf soziale Gleichheit zu lenken. Tatsächlich sprachen sich selbst die Jakobiner gegen eine sozialistische Ordnung aus. Mit aller Deutlichkeit verwarf Saint-Just gemeinwirtschaftliche Vorstellungen: „L'égalité des droits politiques seule était sage dans cet État où le commerce est une partie du droit des gens."[33] Vor allem die Bedürfnisse erheischten eine bürgerlich-liberale Ordnung. „Ces besoins ... ne donnent à aucun le droit de conquête sur les autres ... Ils produisent ce qu'on appele le *commerce*, ou l'*échange libre de la possession.*"[34] Allerdings solle das Eigentumsrecht eingeschränkt werden. Den Jakobinern zufolge hatte sich der Anspruch auf privaten Besitz den Prinzipien des radikalen Demokratismus unterzuordnen. Doch sei dabei allen Versuchen, eine sozialistische Ordnung zu etablieren, mit allen zur Verfügung stehenden Mitteln Einhalt zu gebieten.
Ganz anders die Sozialisten. Sie erstreben die Umwandlung der liberalen Gesellschaft in eine sozialistische. Babeuf wirft dem Besitzbürgertum vor, die wirtschaftlichen Früchte der Revolution allein geerntet zu haben. Die Arbeiterschaft sei dabei leer ausgegangen. In der Tat konnte sich das Proletariat im Gegensatz zur Bourgeoisie nicht am Erwerb der Nationalgüter und des Emigrantenbesitzes beteiligen. Nur derjenige, welcher bereits Vermögen besaß, war während der französischen Revolution und danach in der Lage, seinen Besitz zu vergrößern. Von den für 7 Milliarden Francs versteigerten

[31] Ebd., S. 209.
[32] *Soboul:* Histoire de la révolution française, S. 56.
[33] *Louis-Antoine-Léon Saint-Just:* L'ésprit de la révolution, Ed. Robert Mandrou, Paris 1963, S. 32 f.
[34] *Ders.:* Fragments sur les institutions républicaines, in: L'ésprit de la révolution, S. 136.

Gütern erhielten die Arbeiter so gut wie gar nichts[35]. Babeuf ist erbittert darüber, daß man die Hilfe der Proletarier im Kampfe gegen das Königtum in Anspruch genommen hatte, sie aber nach der Revolution um die verdienten Früchte des Sieges prellte. Während Babeuf vor der Revolution noch die Aufteilung des Bodens in gleiche Teile forderte, tritt er unter der Herrschaft des Bürgertums für eine kommunistische Eigentumsordnung ein. Nur auf diese Weise könnten soziale Not und Ausbeutung verhindert werden. Es gelte, eine Ordnung zu errichten, in der die wahren Produzenten des Reichtums in den Genuß ihrer Produkte kommen. „Je vois sans chemise, sans habit, sans souliers presque tous ceux qui font pousser le lin et le chanvre ... presque tous ceux qui les filent, qui font la toile et les étoffes, qui donne la préparation aux cuirs, qui confectionnent les chaussures." [36] Dem Revolutionär Babeuf dient also auch die Arbeitswertlehre als Grundlage seiner radikalen Gesellschaftskritik und seiner Forderung, die Arbeiter in den Genuß ihrer Arbeit kommen zu lassen. War die Arbeitswertlehre zunächst eine scharfe Waffe im Kampfe des Bürgertums gegen die feudale Gesellschaftsordnung, so wird sie nun von den Wortführern des Proletariats zur Kritik an der bürgerlichen Gesellschaft verwendet. Das radikal-egalitäre Moment, das der bürgerlichen Arbeitswertlehre von Anfang an innewohnte, gelangt nun zur vollen Auswirkung. Doch auch die Annahme von der Gleichheit der Bedürfnisse dient Babeuf zur Legitimation seiner Sozialkritik. „On reconnoît facilement que la nature a fait naître chaque homme égal en droits et en besoins avec tous ses frères, que cette égalité doit être imprescriptible et inattaquable; que le sort de chaque individu ne doit éprouver aucune altération en arrivant à la sociabilité; que les établissemens civils, loin de porter atteinte au bonheur commun, qui ne peut résulter que du maintien de cette égalité, ne doivent qu'en garantir l'inviolation." [37] In der sozialistischen Gesellschaft wird eine planmäßige, auf die Bedürfnisse der Käufer ausgerichtete Produktion für die Befriedigung aller Bedürfnisse Sorge tragen. „Tout sera approprié et proportionné aux besoins présens et aux besoins prévus ... Tous les besoins réels seront exactement étudiés et pleinement satisfaits par une rapide transmission dans toutes les localités et à toutes les distances." [38] Alle gesellschaftlichen Einrichtungen dienen in der kommunistischen Gesellschaft dazu, den einzelnen Bürger glücklich zu machen. Während in der bürgerlichen Sozietät der *„bonheur* seulement *du petit nombre"* [39] erreicht wird,

[35] Dazu *Paul Louis:* Geschichte des Sozialismus in Frankreich, Aus dem Französischen, Stuttgart 1908, S. 25 (Internationale Bibliothek 43).
[36] *Babeuf:* Lettre à Charles Germain, 28. 7. 1795, a. a. O., S. 208.
[37] *Ders.:* Le Tribun du Peuple, nr. 34, 15. brumaire an IV, in: Pages choisies, S. 237.
[38] *Ders.:* Lettre à Charles Germain, 28. 7. 1795, a. a. O., S. 212.
[39] *Ders.:* Le Tribun du Peuple, nr. 34, in: Pages choisies, S. 239.

finden im kommunistischen Gemeinwesen alle Menschen ihr Glück und ihre Zufriedenheit.

Buonarotti, Babeufs Mitkämpfer, legitimiert gleichfalls seine sozialen Forderungen mit dem Hinweis auf die Gleichheit der Bedürfnisse. „L'égalité des biens est une suite de celle de nos organes et de nos besoins."[40] Da die Natur nur die Unterschiede des Alters und des Geschlechts kennt und alle anderen gesellschaftlichen Differenzen das Produkt einer falschen Erziehung sind, fordert Buonarroti auch die gleiche Erziehung aller Bürger. „Puisque tous ont les mêmes besoins et les mêmes facultés, qu'il n'y ait donc plus pour eux qu'une seule éducation."[41]

Auch nach Ende der Revolution beriefen sich verschiedene sozialistische Autoren auf die These von der Gleichheit der Bedürfnisse, um ihren gesellschaftlichen Postulaten Nachdruck zu verleihen. Vor allem Cabet sah in der Gleichheit der Bedürfnisse die Legitimation für eine kommunistische Ordnung. „Je crois que la Nature ... a donné à tous les mêmes besoins et par conséquent les mêmes droits aux choses nécessaires pour les satisfaire."[42] Die Erde und ihre Früchte gehören allen. Die Natur „a donné à chacun un droit égal à la terre et à toutes ses productions, comme à l'air, à la lumière et à la chaleur."[43] Alle politischen und sozialen Ungleichheiten widersprechen der Ordnung der Natur. Aus diesem Grunde soll sich keiner in der Gesellschaft benachteiligt fühlen dürfen. „Je crois que la Nature n'a pas divisé ses enfans en castes, en classes, en races, en corporations, en catégories; qu'elle n'a pas destiné les *uns* à être maîtres, gouvernans, riches, oisifs ... et les *autres* à être esclaves, gouvernés, pauvres, accablés de travail."[44] Alle Laster der Armut und des Reichtums werden in einer kommunistischen Ordnung verschwinden. Doch Cabets Optimismus trog. Als er darangehen wollte, in Amerika eine kommunistische Kolonie zu gründen, scheiterte er.

Die deutschen Sozialisten, die in der ersten Hälfte des 19. Jahrhunderts eine gemeinwirtschaftliche Eigentumsordnung anstrebten, verwiesen zur Begründung ihres Postulates ebenfalls auf die Arbeitswertlehre und die Bedürfnisse. Ludwig Gall stellt fest: „Unter Not, unter Elend verstehe ich den Mangel an allen den Dingen, ohne welche für neunhundertneunundneunzig unter Tausend keine irdische Glückseligkeit denkbar ist: gesunde stärkende Nahrungsmittel, reinliche Kleidung, menschliche Wohnung, ein menschliches

[40] *Philippe-Michel Buonarotti:* Conspiration pour l'égalité dite de Babeuf, Tome second, Bruxelles 1828, S. 140.
[41] Ebd., S. 133.
[42] *Etienne Cabet:* Mon credo communiste, Cinquième édition, Paris 1847, S. 18.
[43] Ebd., S. 18 f.
[44] Ebd., S. 18.

Lager. Wohin ich auch blicken mochte, überall sah ich, daß alle diese wirklichen Bedürfnisse des Lebens und noch unzählig mehr eingebildete Bedürfnisse der Glücklichen nur durch das Ergebnis menschlicher Arbeit befriedigt werden. Ja, Alles, was das Leben erhält, veredelt, verschönert, ist durch Arbeit da; und doch sehen wir gerade die arbeitenden Klassen Mangel leiden an allem dem, was sie doch selbst hervorbringen; und umgekehrt, die nicht arbeitenden, aber geldreichen Klassen im Besitz eines Überflusses an allen denjenigen Dingen, die durch Arbeit hervorgebracht werden." [45]
Während bei Gall die Arbeitswertlehre den Tenor der Kritik an den schlechten Lebensbedingungen der Arbeiterschaft bestimmt, verweist Wilhelm Weitling mehr auf die allgemeine Bedürfnisnatur des Menschen, um seine soziale Anklage zu begründen. Die in breiten Schichten unbefriedigten menschlichen Bedürfnisse evozieren Weitlings Kritik an der Gesellschaft. „Der Mensch bedarf je nach den Verhältnissen seiner Körperkonstitution, seiner Gesundheit, seiner Beschäftigung, je nach dem Klima und der Jahreszeit, in der er lebt, einer gewissen Qualität und Quantität von Nahrung, von welcher sich bis auf einen fühlbaren Grund nichts abziehen läßt, ohne seiner Heiterkeit, seiner Gesundheit und seinem Leben zu schaden. Desgleichen bedarf er zweckmäßiger Wohnungen und Kleidungen zum Schutz gegen den seiner Gesundheit nachteiligen Einfluß der Witterung und der Jahreszeiten." [46]
Jeder Mensch hat ein Recht darauf, seine Bedürfnisse in vollem Umfange befriedigen zu können. Die Bedürfnisse befriedigen heißt, dem Naturgesetz Folge leisten. Dem Willen der Natur darf nicht widersprochen werden. „Infolge dieses ewigen Gesetzes haben alle die, welche die strengsten und schwersten Arbeiten verrichten, auch das Recht, eine kräftige und reichliche Kost für sich in Anspruch zu nehmen. Der Unglückliche, dem der grimmige Hunger in den Eingeweiden wütet, hat nach diesem Gesetze vollkommen das Recht, da Nahrung zu verlangen, wo Überfluß ist." [47] Dieses Recht auf Selbsterhaltung, das sich aus den Bedürfnissen ergibt, negiert die Eigentumsordnung der bürgerlichen Gesellschaft. „Diejenigen, welche arbeiten, haben hiernach das Recht, andern, welche nichts tun, nichts getan haben und nichts tun wollen, Nahrung, Wohnung und Kleidung zu verweigern und ihnen

[45] *Ludwig Gall:* Beleuchtung der Förster'schen Kritik der gerühmten Destilliergeräthe, Trier 1835, in: Der deutsche Sozialismus von Ludwig Gall bis Karl Marx, Ein Lesebuch, Hrsg. F. Brügel und B. Kautsky, Wien und Leipzig 1931, S. 21.
[46] *Weitling:* Das Naturgesetz, in: Die junge Generation (1), 1842, wiederabgedruckt in: Vom kleinbürgerlichen Demokratismus zum Kommunismus, Zeitschriften aus der Frühzeit der deutschen Arbeiterbewegung (1834–1847), Hrsg. W. Kowalski, Berlin 1967, S. 239.
[47] Ebd.

selbst *die* wieder zu nehmen, die sie sich mit Gewalt und List angemaßt haben."[48]

Die kapitalistische Gesellschaft vereitelt eine menschenwürdige Bedürfnisbefriedigung. Diese oszilliert im bürgerlichen Sozialsystem zwischen den beiden Polen extremen Reichtums und äußerster Armut. Nur einige privilegierte Reiche kommen in den Genuß der Güter, die von allen produziert werden. „Wem kommt dieser große Reichtum an materiellen und geistigen Mitteln zu gut? Etwa den Menschen, die ihrer bedürfen? Etwa den Elenden, die aus Mangel an geistigen und leiblichen Nahrungsmitteln physisch und moralisch verderben? – Nein, m. H., sie häufen sich bei denen auf, die ihrer nicht bedürfen, die sie weder benutzen können, noch benutzen wollen; sie fließen denen am Meisten zu, die schon am Meisten *Überfluß* haben. In unserer heutigen Welt herrscht die Regel: Wer viel hat, kriegt viel; wer wenig hat, kriegt wenig, – und wer *Nichts* hat, kriegt *gar Nichts*!"[49] konstatiert Moses Hess. Die arbeitenden Klassen empfinden ihre Armut umso stärker, als die wachsende Güterfülle auch das Verlangen der Armen nach dem sich ständig vergrößernden Reichtum erhöht. Doch bleibt die wirkliche Befriedigung der stetig steigenden Bedürfnisse Moses Hess zufolge der Arbeiterschaft versagt. „Alle hatten den Anblick der sich stets mehrenden Reichtümer, und dieser Anblick erregte den Wunsch in ihnen, Besitzer dieser Reichtümer zu werden, dieser Anblick vergrößerte nur immer ihre geistigen und materiellen Bedürfnisse, aber er befriedigte sie nicht, denn vom Zusehen wird man nicht satt, weder geistig noch leiblich."[50] Der kapitalistischen Form der Bedürfnisbefriedigung mangelt vor allem der korrigierende Einfluß der Ratio. Die Natur wird nicht durch den Geist, der Genuß nicht durch den Verstand veredelt. Auf diese Weise gerät der Mensch völlig unter die Herrschaft des Naturtriebes. „Die Unmäßigkeit in der Befriedigung gewisser sinnlicher und geistiger Lebenstätigkeiten ... verursacht, daß alle freie Lebenstätigkeit der jetzigen Menschen einen unmenschlichen oder tierischen Charakter annimmt. So wird das Trinken zum Saufen, der Gattungsakt oder die Geschlechtsliebe zur ausschweifenden Wollust."[51] In der bürgerlichen Gesellschaft ist der Mensch nicht in der Lage, seine Sinne zu kontrollieren. Dies wird erst in der kommunistischen Ordnung möglich sein. Dann wird der Mensch sein wahres Wesen entfalten können. Im System des Gemeineigentums ist die Gefahr

[48] Ebd.
[49] *Hess:* Zwei Reden über Kommunismus, in: Philosophische und sozialistische Schriften 1837–1850, S. 356.
[50] Ebd., S. 357.
[51] *Hess:* Kommunistisches Bekenntniß in Fragen und Antworten, in: Philosophische und sozialistische Schriften 1837–1850, S. 360.

von den Menschen genommen, einer tierischen Form der Bedürfnisbefriedigung anheimzufallen.

Daß die Menschen in der bürgerlichen Gesellschaft auf ein animalisches Niveau der Bedürfnisbefriedigung zurückgeworfen werden, wird auch von Karl Marx konstatiert. Im Kapitalismus entspreche der „Raffinierung der Bedürfnisse und ihrer Mittel auf der einen Seite die viehische Verwildrung, vollständige, rohe, abstrakte Einfachheit des Bedürfnisses" [52] auf der Seite der Arbeiterschaft. Als Beispiel für diesen Rückfall auf ein tierisches Niveau der Bedürfnisbefriedigung dienen Marx die Wohnverhältnisse der arbeitenden Klasse. Diese bewirken, daß der Arbeiter, der sich mit diesen unmenschlichen Wohnbedinungen abfinden muß, auf die Dauer der Spannkraft ermangelt, dieser Unordnung zu entfliehen. „Selbst das Bedürfnis der freien Luft hört bei dem Arbeiter auf, ein Bedürfnis zu sein, der Mensch kehrt in die Höhlenwohnung zurück ... Licht, Luft etc. die einfachste tierische Reinlichkeit hört auf, ein Bedürfnis für den Menschen zu sein. Der Schmutz, diese Versumpfung, Verfaulung des Menschen ... wird ihm ein *Lebenselement.*" [53] Selbst Bedürfnisse, die dem Tiere eignen, werden dem Menschen fremd. Er fällt sogar noch unter ein tierisches Niveau der Bedürfnisbefriedigung. „Nicht nur, daß der Mensch keine menschlichen Bedürfnisse hat, selbst die *tierischen* Bedürfnisse hören auf. Der Irländer kennt nur mehr das Bedürfnis des *Essens*, und zwar nur mehr des *Kartoffelessens,* und zwar nur der *Lumpenkartoffel,* der schlechteren Art von Kartoffel ... Der Wilde, das Tier hat doch das Bedürfnis der Jagd, der Bewegung etc. der Geselligkeit." [54] Im System des Privateigentums, das für Marx den tiefsten Verfall der gesellschaftlichen Ordnung markiert, verkümmert der Mensch nicht nur im Bereich der Konsumtion, sondern auch der Produktion. Der Arbeiter wird zum unbedeutenden Anhängsel einer Maschine, zum Objekt des Verwertungsprozesses des Kapitals. Die produktiven Anlagen des Proletariers verkümmern; stattdessen wird irgendein Detailgeschick im Interesse des gewinnsüchtigen Kapitalisten gesteigert. Nur die Aufhebung des Privateigentums schafft die Basis für eine menschliche Form der Bedürfnisbefriedigung. Nur in einer kommunistischen Gesellschaft können sich die Sinne in vollem Umfange emanzipieren. Die reichen Produktionsmöglichkeiten des zukünftigen Gemeinwesens gestatten es, die Bedürfnisse eines jeden Bürgers zu befriedigen. Friedrich Engels schreibt: „Die Krisen fallen weg; die ausgedehnte Produktion, welche für die jetzige Ordnung der Gesellschaft eine Überproduktion und eine so mächtige Ursache des Elends ist, wird dann nicht einmal hinreichen und noch viel weiter ausgedehnt werden müssen. Statt Elend

[52] *Marx:* Ökonomisch-Philosophische Manuskripte, a. a. O., S. 548.

[53] Ebd.

[54] Ebd.

herbeizuführen, wird die Überproduktion über die nächsten Bedürfnisse der Gesellschaft hinaus die Befriedigung der Bedürfnisse aller sicherstellen, neue Bedürfnisse und zugleich die Mittel, sie zu befriedigen, erzeugen"[55]. Nach Marx werden in der kommunistischen Zukunftsgesellschaft „die Springquellen des genossenschaftlichen Reichtums ... fließen"[56]. Auf dem Grunde dieses produktiven Reichtums ändert sich auch die Qualität der Bedürfnisbefriedigung. Frei von jeglichem Egoismus, wird die Befriedigung der Bedürfnisse der Würde des Menschen Rechnung tragen.

Es ergibt sich nun die Frage, wie man den gemeinsam erarbeiteten Reichtum verteilen soll. Will man die Distribution in einem kommunistisch organisierten Gemeinwesen nicht in das willkürliche Belieben der Wirtschaftsführung legen, will man also bei der Verteilung persönliche Maßstäbe der Bürger zugrundelegen, so bieten sich grundsätzlich zwei Möglichkeiten dar. Entweder man entlohnt jeden Bürger nach seinen Fähigkeiten oder aber nach seinen Bedürfnissen. Lorenz von Stein[57] und Karl Marx[58] ordnen die Verteilung nach den Bedürfnissen dem kommunistischen, die Distribution nach den Fähigkeiten dem sozialistischen Ideenkreis zu. In der Tat haben all diejenigen Autoren, welche sich für eine kommunistische Eigentumsordnung ausgesprochen haben, zugleich auch für die Verteilung des Sozialprodukts nach den Bedürfnissen plädiert. Und umgekehrt sind alle diejenigen, welche das Gemeineigentum bekämpfen, für die Verteilung nach den Fähigkeiten der einzelnen Bürger eingetreten. Im folgenden soll für diese Behauptung der Beweis erbracht werden.

Thomas Morus spricht sich bereits für ein kommunistisches Gemeinwesen aus, in dem die Güter nach den Bedürfnissen verteilt werden. Jeder „erhält ohne Bezahlung, überhaupt ohne jegliche Gegenleistung, alles, was er verlangt. Warum nämlich sollte man ihm etwas verweigern, da doch alles im Überfluß vorhanden ist und keinerlei Befürchtung besteht, es könne einer mehr fordern als er braucht?"[59]

Die von den sozialistischen Aufklärern entworfene Gesellschaft kennt sowohl Gemeineigentum als auch die Verteilung nach dem Bedürfnisprinzip. Jeder erhält Morelly zufolge nach seinen Bedürfnissen und arbeitet nach

[55] *Friedrich Engels:* Grundsätze des Kommunismus, MEW Band IV, Berlin 1959, S. 375.

[56] *Marx:* Kritik des Gothaer Programms, MEW Band XIX, Berlin 1962, S. 21.

[57] *Lorenz von Stein:* Geschichte der sozialen Bewegung in Frankreich von 1789 bis auf unsere Tage (1850), Band I: Der Begriff der Gesellschaft, Hrsg. G. Salomon, München 1921, S. 338.

[58] *Marx:* Die deutsche Ideologie, a. a. O., S. 528.

[59] *Thomas Morus:* Utopia, in: Der utopische Staat, Hrsg. Klaus J. Heinisch, Reinbek bei Hamburg, S. 59 f. (Rowohlts Klassiker der Literatur und der Wissenschaft, Hrsg. E. Grassi unter Mitarbeit v. W. Heiss, Bd. 68/69).

seinen Kräften. Diese durch Cabet und Marx berühmt gewordene Verteilungsformel findet sich in nuce schon bei Morelly: „Rien dans la Société n'appartiendra singulièrement ni en propriété à personne, que les choses dont il fera un usage actuel, soit pour ses besoins, ses plaisirs, ou son travail journalier ... Tout citoyen contribuera pour sa part à l'utilité publique selon ses forces, ses talens & son age." [60] Im Gegensatz zu Morus' utopischer Sozialkonzeption ist Morellys „Code de la Nature" (1755) eine Konstruktion, die auf Verwirklichung drängt[61]. Morelly nimmt für sich in Anspruch, nicht irgend eine bessere Ordnung konzipiert, sondern das Gesetz der Natur selbst formuliert zu haben[62]. In gleicher Weise wie Morelly spricht sich auch Mably für eine kommunistische Ordnung aus, in der die Güter nach den Bedürfnissen der einzelnen Bürger verteilt werden. Nach Mably verteilt der Staat „propriétaire de tout ... aux particuliers les choses dont ils ont besoins." [63]
Morelly und Mably wollen die bedürfniszentrierte Verteilung des Sozialprodukts nicht zuletzt deswegen, weil sie von der Gleichheit der Bedürfnisse bei allen Menschen überzeugt sind. Wenn die Bedürfnisse gleich sind, dann ist es auch angebracht, daß jeder seine Bedürfnisse in einer dieser Gleichheit Rechnung tragenden Weise befriedigen kann. Zweifellos respektiert die bedürfnisbezogene Verteilung die Gleichheit der Bedürfnisse stärker als die leistungsbezogene Distribution. Eine leistungsbezogene Verteilung birgt die Gefahr in sich, daß nicht alle Bedürfnisse des Menschen befriedigt werden können. Immer ist der Starke gegenüber dem Schwachen im Vorteil. Dazu kommt, daß der Leistungsstärkere sein Entgelt zur konsumtiven Demonstration seiner Leistungsfähigkeit gegenüber den Schwächeren mißbrauchen kann. Alle diese Gefahren bestehen bei der bedürfnisbezogenen Distribution nicht. Jeder erhält so viel, bis seine Bedürfnisse befriedigt sind. Von vornherein sind dabei die Nichtbefriedigung eines Bedürfnisses als auch der demonstrative Konsum ausgeschlossen.

Der egalitäre Charakter der bedürfnisorientierten Verteilung hat auch Babeuf bewogen, sich für dieses Prinzip der Distribution zu entscheiden. Er wendet sich gegen die leistungszentrierte Verteilung des Sozialprodukts; der Fleißigere und Gewandtere kann aus seiner größeren Leistung keinerlei Anspruch auf eine bessere Güterversorgung ableiten. „Nous prouverons ... que celui même qui prouveroit que, par l'effet de ses seules forces naturelles, il est capable de faire autant que quatre, et qui en conséquence, exigeroit la rétribution de quatre, n'en seroit pas moins un conspirateur contre la société,

[60] *Morelly:* Code de la nature, S. 190.
[61] Dazu *Hans Freyer:* Die politische Insel, Eine Geschichte der Utopien von Platon bis zur Gegenwart, Leipzig 1936, S. 135.
[62] Dazu ebd., S. 134.
[63] *Mably:* Doutes proposés aux philosophes économistes, a. a. O., S. 8.

parce qu'il ... détruiroit la précieuse égalité."[64] Auch die höhere Intelligenz berechtigt nicht zu einer besseren Versorgung mit Gütern. „Nous prouverons ... qu'il y a absurdité et injustice dans la prétention, d'une plus grande récompense pour celui dont la tâche exige un plus haut degré d'intelligence, et plus d'application et de tension d'esprit; que cela n'étend nullement la capacité de son estomach."[65] Die Weigerung Babeufs, die geistige Leistung bei der Verteilung zu berücksichtigen, wurzelt in seiner Auffassung, daß der menschlichen Intelligenz ein zutiefst kollektiver Charakter eignet. Alle Erfindungen und Kenntnisse setzen die Arbeiten früherer Forscher voraus. Dem einzelnen Forschungsergebnis sei deshalb kein allzu großer Wert beizumessen. Aus diesem Grunde sollen die Ergebnisse der Forschung Allgemeingut werden und nicht zur Bereicherung des einzelnen Forschers dienen. Babeufs Bewertung der geistigen Leistung steht in der Denktradition des 18. Jahrhunderts. Viele Denker dieser aufgeklärten Epoche führen die Intelligenzunterschiede auf die Art und Weise der Erziehung, die der Einzelne erfahren hat, zurück. Unterschiedliche edukative Milieus erzeugen voneinander abweichende Ausprägungen des geistigen Habitus. Babeuf hofft, daß sich in einer sozialistischen Gesellschaft die Intelligenzen ausgleichen. In einer Gesellschaft, in der alle Bürger die gleichen Erziehungschancen haben, werden die Unterschiede der Intelligenz verschwinden.

Babeuf erblickt in den als gleich angenommenen Bedürfnissen den einzigen Maßstab der Verteilung, welcher den Prinzipien einer egalitären Gesellschaftsordnung nicht widerspricht. Nur eine Verteilung, welche die Größe des Magens, die „suffisance des besoins individuels"[66] berücksichtigt, darf sich egalitär und kommunistisch nennen. Nur mit diesem Verteilungsprinzip ist gewährleistet, daß auch die Kinder, die Alten und Kranken sowie die Nichtarbeitsfähigen in den Genuß der Befriedigung aller ihrer Bedürfnisse gelangen. „Car la société ayant intérêt d'être juste s'est engagée à prendre un soin égal des enfants, des infirmes et des vieillards."[67]

Alle, die Kranken wie die Gesunden, die Jungen wie die Alten, die Arbeitsunfähigen wie die Arbeitsfähigen haben die gleichen Bedürfnisse. Sie alle wollen ein menschenwürdiges, erfülltes Leben führen. Aus dem Wesen der sozialistischen Gesellschaft ergibt sich aber auch die Forderung, daß jeder nach seinen Kräften zum Wohl der Gesellschaft beitragen muß. Jeder hat nach seinen Kräften an der Erstellung des Sozialproduktes zu arbeiten. Jeder hat sich als nützliches Glied der Gemeinschaft zu bewähren. Daraus erhellt,

[64] *Babeuf:* Manifeste des Plébéiens, in: Pages choisies, S. 260.
[65] Ebd., S. 259.
[66] Ebd.
[67] *Babeuf:* Lettre à Germain, 28. 7. 1795, a. a. O., S. 214.

daß es in einem kommunistischen Gemeinwesen keine Müßiggänger geben darf. Wenn ein Bürger während der Krankheit und im Alter das Recht auf die volle Befriedigung seiner Bedürfnisse in Anspruch nehmen kann, so darf die Gesellschaft ihrerseits seinen vollen Einsatz während der Zeit seiner Arbeitsfähigkeit beanspruchen. „Aucun oisif volontaire ne pourra exister dans son sein." [68]

Viele kommunistische Autoren weisen mit Nachdruck darauf hin, daß das bedürfnisbezogene Prinzip der Verteilung in der Praxis zu einer Distribution verschiedener Quantitäten von Gütern führt. Sie wissen, daß es unsinnig wäre, einem Kleinkind die gleiche Menge an Lebensmitteln zuzuteilen wie einem Schwerarbeiter. Das Distributionsprinzip „Jedem nach seinem Bedürfnis" ist also nicht im Sinne einer mathematisch gleichen Verteilung der Güter zu verstehen. Zur Zeit der französischen Revolution gab es in der Tat einige Egalitätsfanatiker, welche die Verteilung gleicher Gütermengen guthießen. Einer ihrer bekanntesten Vertreter ist Sylvain Maréchal: „Que s'il se trouve parmi vous quelqu'un qui ait deux bouches et quatre bras, il est trop juste assignons-lui une double portion. Mais si nous sommes tous faits sur le meme patron, partageons le gateau également." [69] Die Mehrzahl der kommunistischen Autoren bekämpfte indes den Gedanken einer Verteilung gleicher Mengen. Buonarotti weist darauf hin, daß das bedürfnisbezogene Prinzip der Distribution niemals die Verteilung gleicher Quantitäten in sich schließt. Entscheidend sei einzig und allein die „égalité des jouissances" [70], d. h. das gleiche Maß an Bedürfnisbefriedigung, dessen sich die Bürger erfreuen können. „L'égalité doit se mesurer ... par le besoin du consommateur et non par ... la quantité des objets consommés." [71] Buonarotti zufolge erreicht ein Durstiger, der, um seinen Durst zu stillen, den Inhalt einer ganzen Flasche benötigt, keinen höheren Grad der Bedürfnisbefriedigung als derjenige, dessen Durst schon mit einem kleinen Glase gelöscht werden kann.

Wie Buonarotti lehnt auch Cabet es ab, die Verteilungsforderung „Jedem nach seinen Bedürfnissen" in Richtung auf eine mathematisch gleiche Verteilung von Gütern zu interpretieren. Cabet, der sie nach dem Grundsatz „A chacun suivant ses besoins. De chacun suivant ses forces" [72] verteilen will, unterscheidet zwischen einer absoluten und einer relativen Gleichheit. Die absolute Gleichheit, welche jedem Konsumenten „la même quantité

[68] Ebd., S. 215.

[69] *Sylvain Maréchal:* Apologues modernes à l'usage d'un dauphin, Bruxelles 1788, S. 8, zit. nach: *André Lichtenberger:* Le Socialisme au XVIIIe siècle, Paris 1895, S. 441 f.

[70] *Buonarotti:* Conspiration pour l'égalité dite de Babeuf, Tome premier, S. 297.

[71] Ebd.

[72] *Cabet:* Voyage en Icarie, Paris 1848, Titelblatt.

d'aliments" [73] zugesteht, lehnt Cabet kategorisch ab. Im Gegensatz zu dieser absoluten Gleichheit plädiert er für eine Egalität, die sich an den Bedürfnissen des Verbrauchers orientiert. Sie nimmt Rücksicht „aux besoins de chaque individu" [74]. Daraus resultiert notwendigerweise die Verteilung ungleicher Quantitäten. „Celui qui avait besoin de deux fois plus de nourriture pour être rassasié avait le droit d'en prendre deux fois plus" [75]. Entscheidend ist der Grad der Bedürfnisbefriedigung und nicht die Menge der zugeteilten Güter. Wie Cabet unterscheidet Dézamy zwischen zwei Arten von Gleichheit, und zwar zwischen einer absoluten und proportionalen. Dézamy lehnt die absolute Gleichheit ab und befürwortet die proportionale. Ihr zufolge kann jeder „manger selon sa faim, boire selon sa soif" [76].

Auch für Wilhelm Weitling ist es entscheidend, daß bei der Verteilung nach den Bedürfnissen jedem das gleiche Maß an Bedürfnisbefriedigung zuteil wird. „Ob der eine zu seiner Sättigung ein halbes Pfund Nahrungsmittel bedarf und der andere drei Pfund, ob der seinen Appetit lieber mit Mehlspeisen und jener mit Fleischspeisen stillt" [77], ist nicht entscheidend. Ausschlaggebend ist, daß jeder seine Bedürfnisse befriedigen kann. Die Verteilung nach den Bedürfnissen resultiert also auch bei Wilhelm Weitling nicht in einer Distribution gleicher Mengen. Dies wäre sogar wider die Absichten der Natur. „Eine gleichmäßige Verteilung der ... Genüsse nach Zahl, Maß und Gewicht ist ... den Gesetzen der natürlichen Gleichheit als denen der Harmonie aller entgegen." [78] Weitling, dessen Sozialtheorie ein eminent egalitärer Charakter vindiziert werden muß, wendet sich gleichwohl gegen eine gleichmacherische Regelung der Verteilung des Sozialprodukts.

Marx verteidigt im Namen der Gleichheit das bedürfnisbezogene Verteilungsprinzip gegenüber dem leistungsbezogenen. Wie Babeuf so ist auch Marx der Ansicht, daß sich die unterschiedlichen intellektuellen Fähigkeiten der Menschen nicht in der Verteilung des Sozialprodukts niederschlagen dürfen. Marx hält dafür, „daß die Unterschiede des *Kopfes* und der intellektuellen Fähigkeiten überhaupt keine Unterschiede des *Magens* und der physischen *Bedürfnisse* bedingen." [79] Daraus folgt, daß der „falsche, auf unsre bestehenden Verhältnisse begründete Satz: ‚Jedem nach seinen Fähigkeiten', sofern er sich auf den Genuß im engeren Sinne bezieht, umgewandelt werden muß in den Satz *‚Jedem nach Bedürfnis'*" [80]. In Übereinstimmung mit

[73] Ebd., S. 552.
[74] Ebd.
[75] Ebd.
[76] *Dézamy:* Code de la communeauté, S. 51.
[77] *Weitling:* Das Naturgesetz, S. 245.
[78] *Ders.:* Garantien der Harmonie und Freiheit, S. 166.
[79] *Marx:* Die deutsche Ideologie, a. a. O., S. 528.
[80] Ebd.

seinen kommunistischen Vorläufern spricht sich Marx dagegen aus, daß es in einer wahrhaft gerechten Gesellschaft ein „Vorrecht des ... Genusses" gibt[81]. Allerdings kann in der ersten Phase der kommunistischen Gesellschaft das Sozialprodukt noch nicht nach dem Grundsatz „Jedem nach seinem Bedürfnis" verteilt werden. Das Maß der Bedürfnisbefriedigung wird in dieser Periode noch die Arbeitsleistung abgeben. Da die neue Ordnung mit den „Muttermalen der alten Gesellschaft, aus deren Schoß sie herkommt"[82], behaftet ist, bestimmt das bürgerliche Denken zunächst den Verteilungsmodus. Erst in der zweiten, der höheren Phase der kommunistischen Gesellschaft „kann der enge bürgerliche Rechtshorizont ganz überschritten werden und die Gesellschaft auf ihre Fahne schreiben: Jeder nach seinen Fähigkeiten, jedem nach seinen Bedürfnissen!"[83]

Gleichwohl begnügen sich einige sozialistische Autoren mit der leistungszentrierten Verteilung des Sozialprodukts. Mit dem Gemeineigentum verwerfen sie zugleich auch die kommunistische Verteilungsdevise: Jedem nach seinem Bedürfnis. Der erste sozialistische Autor, der sich für eine leistungsbezogene Verteilung aussprach, war Saint-Simon. Wahre gesellschaftliche Gleichheit „consiste en ce que chacun retire de la société des bénéfices exactement proportionnés à sa mise sociale, c'est-à-dire, à sa capacité positive, à l'emploi utile qu'il fait de ses moyens, parmi lesquels il faut comprendre, bien entendu, ses capitaux"[84].

Saint-Simon ist also weit davon entfernt, das Kapitaleinkommen abschaffen zu wollen. Gleiche Entschädigung für gleiche Leistung; diese Verteilungsforderung enthüllt das Wesen der Saint-Simonschen Sozialtheorie. Diese bestimmt sich im wesentlichen in der Herausarbeitung der Unterschiede zwischen den beiden sozialen Systemen Feudalismus und Industrialismus. Saint-Simon nimmt dabei eindeutig Partei für den Industrialismus, die seiner Meinung nach fortschrittlichere und menschlichere Sozialform. Im industriellen System kommen die Arbeitenden in den Genuß der sozialen und politischen Macht. Im Gegensatz dazu bestimmen in der feudalen Gesellschaft die sozialen Drohnen, diejenigen, welche von der Arbeit anderer leben, das politische Gemeinwesen. Die französische Revolution habe wesentlich zum Aufstieg der arbeitenden Klasse, die bei Saint-Simon sowohl die Arbeiter als auch die Unternehmer umfaßt, beigetragen. Seiner Ansicht nach hat der revolutionäre Sturm eine ganze Reihe von veralteten Privilegien der Adeligen hinweggefegt, jedoch weise auch die postrevolutionäre Gesellschaft noch ungerechtfertigte soziale Unterschiede auf. Vor allem verhindere der Gegen-

[81] Ebd.
[82] *Marx:* Kritik des Gothaer Programms, a. a. O., S. 20.
[83] Ebd., S. 21.
[84] *Saint-Simon:* Du système industriel, Paris 1821, S. 206.

satz zwischen den „Privilegierten" und den „Industriellen", daß sich ein harmonisches Gemeinschaftsleben entwickelt. Generäle, Juristen und Rentiers maßten sich feudale Rechte an. Mit aller Gewalt versuchten sie, über die Industriellen, die wahren Schöpfer des nationalen Reichtums, zu herrschen. Diese sollten sich der Schmarotzerherrschaft entledigen und dadurch die Grundlage für eine gerechte Gesellschaftsordnung bilden. Die neue Sozialverfassung werde nur solche Differenzen tolerieren, die sich aus den verschiedenen Fähigkeiten und Leistungen der Menschen ergeben. Arbeitsloses Einkommen werde es dann nicht mehr geben. Unter der Herrschaft von Wissenschaft und Industrie werde jeder nach seinen Leistungen entlohnt. Auf diese Weise gelinge die Förderung der nationalen Wohlfahrt und die Verbesserung des Loses der Arbeiterschaft am ehesten. Alle kommunistischen Experimente bergen dagegen die Gefahr in sich, daß der wirtschaftlich-technische Fortschritt erlahmt. Auch Saint-Simons Schüler Bazard und Enfantin perhorreszieren alle kommunistischen Vorschläge zur Lösung der sozialen Frage. Sie lehnen sowohl das Gemeineigentum als auch die Verteilung nach den Bedürfnissen ab. Stattdessen fordern sie wie ihr Meister, „que chacun soit placé selon sa capacité, et rétribué selon ses oeuvres" [85]. Dabei geht ihre Devise „A chacun suivant sa capacité, A chaque capacité suivant ses oeuvres" [86] einher mit der Absicht, die Arbeiterschaft aus dem Elend zu befreien. „Toutes les institutions sociales doivent avoir pour but l'amélioration morale, intellectuelle et physique de la classe la plus nombreuses et la plus pauvre." [87] Die arbeiterfreundliche Einstellung der Saint-Simonisten wurzelt allerdings nicht in einer egalitären Betrachtungsweise der Gesellschaft und ihrer Mitglieder. Die Saint-Simonisten sind fest von der *„inégalité naturelle* des hommes" [88] überzeugt. Aus diesem Grunde sprechen sie sich auch für ein Distributionsprinzip aus, das die unterschiedlichen Fähigkeiten des Menschen sinnfällig zum Ausdruck bringt. Dagegen würde das egalitäre bedürfnisbezogene Distributionsprinzip nicht zu vereinbaren sein mit der Auffassung der Saint-Simonisten, daß die Menschen von Natur aus ungleich sind.

Wie bei Saint-Simon so korrespondiert auch bei Fourier die Forderung nach einer leistungszentrierten Verteilung mit der strikten Ablehnung der kommunistischen Eigentumsordnung. Das genossenschaftliche Kapital soll von den Mitgliedern der Phalange aufgebracht werden. Das bedeutet, daß jeder

[85] *Saint-Amand Bazard* et *Barthèlemy-Prosper Enfantin:* Lettre à Monsieur le Président de la Chambre des Députés, 1. 10. 1830, in: Oeuvres de Saint-Simon, Ed. Olinde Rodrigues, Paris 1841, S. 5.

[86] Ebd., S. 2.

[87] Ebd.

[88] Ebd., S. 5.

damit einen gewissen Kapitalanteil an der Phalange erhält. Am Ende des Jahres sollen die Bewohner der Phalange nicht nur nach ihren Leistungen, sondern auch nach der Höhe ihres Kapitaleinsatzes entlohnt werden. Neben dem Kapital und der Arbeit wird auch das Talent bei der Verteilung bedacht. Dem Talent ist besonders die Produktivitätssteigerung der Arbeit zu verdanken. Jedes Mitglied der Phalange wird also „en proportion de son capital, de son travail et de son talent"[89] berücksichtigt. Dabei erhalten die Arbeiter $^{5}/_{12}$, die Kapitalbesitzer $^{4}/_{12}$ und die Talente $^{3}/_{12}$[90]. Mit dieser Art der Verteilung will Fourier die sozialen Gegensätze zum Ausgleich bringen. Trotz seiner erbitterten Kritik, die er am System der liberalen Konkurrenzwirtschaft übt, wendet er sich gegen eine radikale Änderung der auf dem Privateigentum beruhenden Ordnung. Mit vollem Recht bezeichnen ihn Charles Gide und Charles Rist in ihrer „Geschichte der volkswirtschaftlichen Lehrmeinungen" als den „bürgerlichsten aller Sozialisten"[91]. Nicht eine antikapitalistische, sondern eine volkskapitalistische Ordnung bietet Fourier zufolge den Schlüssel zur Lösung der sozialen Frage. Anstatt das Eigentum abzuschaffen, soll den Arbeitern die Möglichkeit geboten werden, auf dem Wege der Ersparnis selbst in den Besitz von Aktien zu gelangen. „Il faut inventer un régime oú chacun, même le plébéien le plus pauvre, soit associé et propriétaire."[92] Aus diesem Grunde wenden sich Fourier und seine Schüler gegen alle Bestrebungen, eine kommunistische Ordnung zu etablieren. Im „Bulletin phalanstérien" (1848) heißt es: „Nos amis ... n'ont qu'une chose à faire, c'est de soutenir ferme le drapeau phalanstérien, et de le distinguer nettement, radicalement, de tout socialisme révolutionnaire, violant et antipropriétaire."[93] Das klassenkämpferische Verhältnis zwischen Arbeit und Kapital muß zugunsten einer vertrauensvollen Zusammenarbeit der beiden sozialen Lager überwunden werden. Dieser von Fourier und seinen Jüngern angestrebte soziale Ausgleich zwischen Arbeit und Kapital wäre gefährdet, wollte man die Güter nach dem kommunistischen Bedürfnisprinzip verteilen. Sowohl die Anteilseigner, die Besitzer der Phalange, als auch die besonders Tüchtigen würden dagegen protestieren, wenn sie nicht besser bei der Verteilung berücksichtigt würden als diejenigen, die kein Kapital eingesetzt haben, und die weniger Tüchtigen. Das radikalegalitäre

[89] *Fourier:* Théorie de l'unité universelle, a. a. O., S. 9.

[90] *Ders.:* Le nouveau monde, a. a. O., S. 314.

[91] *Charles Gide* und *Charles Rist:* Geschichte der volkswirtschaftlichen Lehrmeinungen, Aus dem Französischen, 3. Aufl., Jena 1923, S. 265.

[92] *Fourier:* Théorie de l'unité universelle, Premier volume, Oeuvres complètes, Tome deuxième, Paris 1843, S. 199.

[93] Bulletin phalanstérien v. 17. 9. 1848, zit. in: *Hermann Pechan:* Louis Blanc als Wegbereiter des modernen Sozialismus, Jena 1929, S. 47.

Verteilungsprinzip „Jedem nach seinem Bedürfnis" stellt in einer auf dem privaten Eigentum an Produktionsmitteln basierenden Ordnung ein systemfremdes Moment dar.
Dies hat auch Proudhon bewogen, sich gegen das bedürfnisorientierte Prinzip der Verteilung auszusprechen. „Enfin il s'est formé une ... opinion ... qui prend pour épigraphe: *A chacun selon ses besoins, dans la mesure des ressources sociales.* Par là, le travail, le capital et le talent se trouvent éliminés de la science."[94] Das bedeutet, daß die industrielle Hierarchie zerstört wird, daß der natürliche Unterschied zwischen den produktiven und unproduktiven Arbeitern schwindet. Nur diejenige Verteilungsordnung, welche die unterschiedlichen Leistungen und Fähigkeiten der Menschen berücksichtigt, wird von Proudhon akzeptiert. Jede gerechte, die Freiheit des Einzelnen berücksichtigende Verteilung verlangt „proportionalité et individualité de salaire"[95]. Nur die Distribution, die nach der Devise „A chacun selon ses oeuvres" vorgenommen wird, findet sich in Übereinstimmung mit dem Prinzip des Privateigentums. Als Verteidiger dieser Eigentumsordnung will Proudhon die Proletarier zu Besitzern machen. Das Eigentum soll sich aus einer antisozialen Institution zur Grundlage sozialer Eintracht wandeln. Sein Ziel ist eine Wirtschaftsgesellschaft, die weder den Großbesitzer noch den Proletarier kennt. Das wirtschaftliche Geschehen soll sich durch das Prinzip des Äquivalententausches bestimmen. Dieses lautet: „Tue jedem, was du willst, daß man dir tue". Im wirtschaftlichen Bereich besagt dieses Prinzip, daß Produkte nur gegen Produkte getauscht werden sollen. Proudhon will eine geld- und zinslose Wirtschaft, um so die Bürger vor Übervorteilung und Ausbeutung zu schützen. Das Prinzip des Äquivalententausches gilt nicht zuletzt auch für die Entlohnung der Arbeiter. Auch sie haben einen Anspruch darauf, nach ihrer Leistung bezahlt zu werden. In einer bedürfnisbezogenen kommunistischen Distributionsordnung würden die Arbeiter dieses Rechtes verlustig gehen.

3. Die konservative Verteilungsmaxime: Jedem das Seine

Am Beispiel der Distributionsprinzipien des Liberalismus und Kommunismus konnte deutlich gemacht werden, wie sehr die anthropologische Basis dieser beiden Ideologien bestimmend ist für die Lösung des Verteilungsproblems. Aus der Gleichheit der Menschen ergibt sich für die Anhänger des

[94] *Proudhon:* Système des contradictions économiques, ou philosophie de la misère, Tome II, S. 363.
[95] Ebd., S. 365.

Kommunismus die Notwendigkeit einer bedürfniszentrierten Distribution. Dagegen ist die anthropologische Grundlage der aufklärerisch-liberalen Gesellschaftslehre weniger eindeutig bestimmt. Neben dem Bekenntnis zur natürlichen Ungleichheit der Menschen behauptet sich gleichrangig die Auffassung von der Gleichheit der Bedürfnisse. Diese Zweideutigkeit findet ihre Entsprechung in der eigentümlichen Position des Liberalismus zwischen Konservatismus einerseits und Kommunismus andererseits. Während dieser von der radikalen Gleichheit der Menschen überzeugt ist, betont jener kompromißlos deren Ungleichheit. In der Auseinandersetzung mit dem Kommunismus verweist der Liberale auf die Ungleichheit der Menschen, während er im Kampf mit dem Konservatismus ihre Gleichheit betont. Im Gegensatz zum Konservativen ist der Liberale davon überzeugt, daß die Bedürfnisse der Menschen gleich sind. Indes weigert er sich, aus dieser egalitären Auffassung kommunistische Schlüsse zu ziehen. Der liberale Egalitarismus findet dort seine Grenze, wo die bürgerliche Eigentumsordnung in Frage gestellt wird. Da nach liberaler Auffassung die Institution des Privatbesitzes die bürgerliche Gesellschaft auf Dauer stellt, kann der Liberale unmöglich die radikal-egalitären Schlußfolgerungen ziehen, die in dem Satz von der Gleichheit der Bedürfnisse beschlossen sind. Der Hinweis auf die natürliche Ungleichheit der Menschen verfolgt den Zweck, die liberale Eigentumsordnung zu legitimieren.

Im Gegensatz zur liberalen Gesellschaftslehre nimmt die konservative kompromißlos die Ungleichheit der Menschen und ihrer Bedürfnisse an. Aus dieser Ungleichheit ergibt sich die Notwendigkeit eines ständischen Aufbaus von Staat und Gesellschaft. Seinen Anlagen und Fähigkeiten entsprechend ist der Einzelne einem bestimmten Stand zugeordnet. Selbstverständlich bestimmen sich die Bedürfnisse nach der Zugehörigkeit zu dem jeweiligen Stand. Es schickt sich nicht für den Landmann, sich wie ein Adliger zu kleiden. Wie man sich gibt, was einem zukommt, ist abhängig von den Normen des Standes, dem man angehört.

Freiherr von Stillfried hat in paradigmatischer Weise in seinem Werk „Apologie des Adels" (1807)[96] die konservative Auffassung von der radikalen Verschiedenheit der Menschen zum Ausdruck gebracht. Das folgende Zitat macht einsichtig, in wie starkem Maße sich die konservative Behauptung von der grundsätzlichen Verschiedenheit der Menschen auf anthropologische Überlegungen stützt: „Wovon nährt sich der Bauer? Von Brot und Erdtoffeln! Wovon entstehen seine Muskeln, Nerven, Adern, Knochen? – Von Erdtoffeln! (Die des vornehmen und in genere des adelichen Kindes aus den feinsten Sachen, welche schon die Mama zu sich nimmt.) Er ist also nichts

[96] *Hans Albert Freiherr von S(tillfried):* Apologie des Adels, Berlin 1807.

mehr, als eine gewissermassen organisirte Erdtoffelmasse, welche die Fähigkeit hat, sich zu bewegen und – sich selbst zu verdauen ... Ferner welch ein ungeheurer Unterschied ist unter den Nerven! Der Bauer lebt in einem Gestank, von dessen erstem Anwehen die gnädige Gräfin in Ohnmacht fallen würde; der gemeine Soldat erträgt ohne Schaden 50 Prügel und drüber, indes die Nerven eines Kammerherrn ... nicht deren fünf aushalten würden." [97] Der Adlige unterscheidet sich aber nicht nur in bezug auf die körperlichen Bedürfnisse grundsätzlich vom Bauern. Der Aristokrat hat auch andersgeartete geistige Bedürfnisse als der Landmann. Ohne Zweifel sind alle „adelichen Kinder verständiger ... als die Bauernkinder gleichen Alters, weil daraus eben die natürliche Vorzüglichkeit ihrer Kopfs- und Gehirnsorganisation hervorgeht" [98]. Angesichts dieser fundamentalen Unterschiede von einer Gleichheit der Bedürfnisse zu sprechen wäre unsinnig. Der Konservative verweist mit Stolz auf die Übereinstimmung seiner Gesellschaftslehre mit der Natur. Der Liberale dagegen müsse die Natur unter das Postulat des Sollens zwängen. Er, der Konservative, deduziere dagegen unvoreingenommen aus dem Natürlich-Gegebenen. Dieses nach konservativer Ansicht illusionslose Vorgehen fördert die Einsicht zutage, daß die Menschen grundsätzlich verschieden sind. Die liberale und kommunistische Behauptung von der Gleichheit der Bedürfnisse ist deshalb für den Konservativen ein Postulat, das von außen an die Natur herangetragen wurde. Niemals könne man die Gleichheit der Bedürfnisse aus der Natur ableiten.

Joseph Görres hat gegen die Auffassung protestiert, daß die Bedürfnisse „ohngefähr gleich unter alle Menschen vertheilt" [99] sind. Aus diesem Grunde verwirft er die Forderung, daß jeder so viel erhalten soll, „als sein Bedürfniß fordert" [100]. Die Verteilung hat Görres zufolge nicht nach den willkürlichen Bedürfnissen des Einzelnen, sondern nach der jeweiligen ständischen Stellung zu erfolgen. Allein diese Verteilungsordnung steht im Einklang mit der Natur und dem Willen ihres Schöpfers.

Daß die „Bedürfnisse des einen gerade so befriedigt werden, wie die des anderen" [101], lehnt auch der preußische Staatsrechtslehrer F. J. Stahl ab. Da „Gott ... Reiche und Arme ... Gesunde und Kranke, Kräftige und Schwache, Begabte und Unbegabte" geschaffen habe und der Mensch diese „Ungleichheiten der Gaben und des Wohles" [102] nicht beseitigen könne, widerspricht

[97] Ebd., S. 25 f.
[98] Ebd.
[99] *Joseph Görres:* Europa und die Revolution, Stuttgart 1821, S. 19.
[100] Ebd.
[101] *Stahl:* Die gegenwärtigen Parteien in Staat und Kirche, S. 208 f.
[102] *Ders.:* Die Philosophie des Rechts, Zweiter Band, Zweite Abt., 5. Aufl., Tübingen 1878, S. 98.

das kommunistische Verteilungsprinzip eindeutig der natürlichen Ordnung. Folgerichtig erblickt Stahl im Kommunismus die logische Fortentwicklung des Liberalismus. Die Rechtsgleichheit müsse in letzter Konsequenz zur Vermögens- und Genußgleichheit führen. „Die Schlußfolgerung der Demokratie ist: weil die Menschen einerlei Wesen, weil sie gleich von Natur sind, so muß der Wille des Einen gerade so viel gelten, als der Wille des Andern. Aber folgt daraus nicht eben so und noch mehr: weil die Menschen einerlei Wesen sind, so müssen die Bedürfnisse des einen gerade so befriedigt werden, wie die des anderen, so muß dem Einen gerade der Genuß, gerade die Bildung werden, wie dem Andern." [103] Wie sehr das Stahlsche Verteilungsdenken ständischen Geist atmet, beweist seine Mahnung, selbst bei der Gewährung des Lebenshaltungsminimums die ständischen Prinzipien nicht außer acht zu lassen. Es gehe nicht an, dieses „Minimum bei der unendlichen Verschiedenheit der Lebensverhältnisse und damit der Lebensbedürfnisse ... in einer allgemeinen Weise zu berechnen" [104].

Daß die Lebensverhältnisse im 19. Jahrhundert von „unendlicher Verschiedenheit" waren, zeigt die Sozialgeschichte. Die luxuriöse Lebensweise des Hochadels hat der Historiker Heinz Gollwitzer in seinem Buch „Die Standesherren" [105] dargelegt. Danach gehörten „Repräsentation und glanzvolles Auftreten ... zu den Pflichten des Familienoberhaupts. Die Chefs der standesherrlichen Häuser hielten in ihren Residenzen Hof. Das gesamte Personal eines fürstlichen Haushalts vom Hofmarschall bis zu den Livréebedienten und den Stallknechten, vom Hofkapellan, Prinzenerzieher und Hofarchivar bis zum Kammermohren war in guten Zeiten an den reicheren mediatisierten Höfen vertreten. Die Periode von 1815–1914 war ... nochmals eine große Zeit des Schlösserbauens und -umbauens, und die Standesherren hatten daran reichen Anteil" [106]. Die Schlösser waren „Denkmale fürstlichen Selbstbewußtseins" [107]. Auch die Kleidung mußte standesgemäß sein. „Für Toiletten, Schmuck und andere Erfordernisse standesgemäßen Auftretens bei den großen Bällen wurden beträchtliche Summen aufgewandt." [108] Aristo-

[103] *Ders.:* Die gegenwärtigen Parteien in Staat und Kirche, S. 208 f.

[104] *Ders.:* Die Philosophie des Rechts, Zweiter Band, Zweite Abt., S. 98.

[105] *Heinz Gollwitzer:* Die Standesherren, Die politische und gesellschaftliche Stellung der Mediatisierten 1815–1918, 2. Aufl., Göttingen 1964.

[106] Ebd., S. 289.

[107] Ebd., S. 290.

[108] Ebd., S. 324. Vgl. dazu *Otto von Bismarck:* „Als mir am Morgen des 21. März 1871 ein eigenhändiges Handschreiben des Kaisers die Erhebung in den Fürstenstand anzeigte, war ich entschlossen, Se. Majestät um Verzicht auf seine Absicht zu bitten, weil diese Standeserhöhung in die Basis meines Vermögens und in meine ganzen Lebensverhältnisse eine mir unsympathische Änderung bringe. So gern ich meine Söhne als bequem situirte Landedelleute dachte, so unwillkommen war mir

kratischem Selbstverständnis nach gehörten derartige Ausgaben zur notwendigen gesellschaftlichen Repräsentation. Sie signalisierten die führende soziale Position des Hochadels[109].

In der ständischen Ordnung konsumiert jeder gemäß seiner ein für alle Male bestimmten sozialen Position. Der Einzelne wird nicht auf Grund seiner individuellen Bedürfnisse bedacht, sondern empfängt die Güter, die ihm seiner gesellschaftlichen Stellung nach zukommen. Jeder erhält das Seine. In gewissem Maß wird der Einzelne auch nach konservativer Auffassung seinen Bedürfnissen entsprechend bedacht. Nur sind die Bedürfnisse schon im vorhinein ständisch bestimmt, und diese ständisch vermittelten Bedürfnisse geben das Maß der Verteilung ab. Der konservative Grundsatz ‚suum cuique' läßt sich auch dahingehend übersetzen, daß jeder nach seinen ständischen Bedürfnissen konsumieren soll. Das, was die kommunistische Verteilungsdoktrin von der konservativen unterscheidet, ist nicht das Bedürfnisprinzip. Beide wollen die bedürfnisorientierte Verteilung des Sozialprodukts. Indes bestimmen im kommunistischen Ideenkreis die individuellen Bedürfnisse die Distribution, während im konservativen Bereich die ständisch determinierten Bedürfnisse über das Verbrauchsniveau entscheiden. Nach der kommunistischen Verteilungsdoktrin erhält ein Bauer so viel an Gebrauchsgütern, bis alle seine Bedürfnisse befriedigt sind. Die konservative Distributionsmaxime billigt demselben Bauern jedoch nur so viel an Konsumgütern zu, als dies mit seiner ständischen Position zu vereinbaren ist. Allerdings hat der Einzelne auch ein Recht darauf, das zu erhalten, was seiner ständischen Position zukommt. Das gilt uneingeschränkt für alle Ränge der Gesellschaft. Um die volle Befriedigung aller ständischen Bedürfnisse zu gewährleisten, muß der Staat regelnd ins Wirtschaftsleben eingreifen. Das freie Spiel der wirtschaftlichen Kräfte führt romantisch-konservativer Auffassung zufolge zu wirtschaftlicher Ausbeutung und sozialem Elend. Die unteren Gesellschaftsschichten vor allem haben im liberalen Wirtschaftssystem zu leiden. Ihnen ist ohne die Intervention des Staates die volle Befriedigung ihrer Bedürfnisse oft verwehrt. Aus diesem Grunde bedürfen nach Adam Müller insbesondere solche Bedürfnisse, die von „unmittelbarer und unaufhörlicher Unentbehrlichkeit für den Menschen sind"[110], der staatlichen Überwachung. Die wichtigsten Nahrungsmittel, vor allem das

der Gedanke an Fürsten mit unzulänglichen Einkommen nach dem Beispiel von Hardenberg und Blücher, deren Söhne die Erbschaft des Titels nicht antraten ... Das Gefühl, daß man als Graf wohlhabend sein kann, ohne unangenehm aufzufallen, als Fürst aber, wenn man letztres vermeiden will, reich sein *muß*, hat mich seitdem nie wieder verlassen." (Gedanken und Erinnerungen, Zweiter Band, Volksausgabe, Stuttgart und Berlin 1922, S. 175 f.)

[109] *Gollwitzer:* a. a. O.

[110] *Müller:* Elemente der Staatskunst, Dritter Teil, S. 86.

Getreide, können auf keinen Fall dem freien Markte und seiner Willkür überlassen werden. Nur wenn der Staat dafür sorgt, „daß es den Producenten nicht an Nachfrage oder an Bedürfenden, den Bedürfenden hingegen nicht an Vorräthen oder an Producenten" [111] fehlt, kann eine menschenunwürdige Bedürfnisbefriedigung der unteren Gesellschaftsschichten verhindert werden. Das Verteilungsprinzip „Jedem das Seine" verpflichtet also auch das politische Gemeinwesen, für die stetige und ausreichende Bedürfnisbefriedigung aller Mitglieder der Gesellschaft zu sorgen.

Welchen Prinzipien wird die Verteilung des Sozialprodukts in den bürokratisierten Industriegesellschaften folgen? Wird sich die leistungsorientierte liberale, die standesbezogene konservative oder die bedürfniszentrierte kommunistische Distributionsmaxime behaupten? Was die kommunistischen Gesellschaften anlangt, so wird in ihnen das Sozialprodukt zunehmend nach dem Prinzip „Jedem nach seinen Bedürfnissen" verteilt werden. Immer aber werden auch in einer Gesellschaft mit Gemeineigentum bestimmte Güter denjenigen vorbehalten bleiben, die wissenschaftliche, künstlerische oder administrative Höchstleistungen vollbringen. Nicht alle Güter können nach dem kommunistischen Prinzip verteilt werden. Dies gilt besonders für knappe Mittel der Bedürfnisbefriedigung. So entziehen sich z. B. seltene Weine, alte Bücher und rare Edelsteine der Distributionsmaxime „Jedem nach seinem Bedürfnis". Knappe Güter, d. h. solche, die man nicht beliebig produzieren kann, werden in jeder Gesellschaft das Privileg bestimmter Personen oder Gruppen bleiben. In der kommunistischen Gesellschaft genießen diejenigen konsumtive Vorzüge, die durch ihre außergewöhnlichen Leistungen das Gemeinwesen entscheidend fördern.

Nicht nur im kommunistischen Teil der Welt, auch in den wohlfahrtsstaatlichen Demokratien des Westens wird das Verteilungsprinzip „Jedem nach seinen Bedürfnissen" zunehmend an Boden gewinnen. Schon heute werden die Gesundheitsbedürfnisse weitgehend nach der kommunistischen Distributionsmaxime befriedigt. Jeder Kranke erhält von den Institutionen der Daseinsvorsorge so viel an ärztlicher Hilfe, als seinen gesundheitlichen Bedürfnissen entspricht. Nicht nur für die Krankheit, auch für die anderen Wechselfälle des Lebens wird in einer an den Bedürfnissen des einzelnen Bürgers orientierten Weise gesorgt. Im Beveridge-Plan, der im November 1942 dem britischen Parlament vorgelegt wurde, heißt es: „Jede Person wird für alle ihre Bedürfnisse mit einem einzigen Wochenbeitrag auf einem einzigen Versicherungsschein gedeckt sein. Alle wichtigen Barzahlungen, für Arbeitslosigkeit, Arbeitsunfähigkeit und Ruhestand, werden ohne Bedürftig-

[111] Ebd.

keitsprüfung so lange geleistet werden, wie das Bedürfnis anhält, und von einem Sozialversicherungsfonds ausbezahlt werden, der sich aus Beiträgen von den Versicherten, von den Arbeitgebern, wenn solche da sind, und vom Staat zusammensetzt." [112] Die soziale Sicherheit der Arbeitnehmer wird also auch vom Staate und den Arbeitgebern finanziert. Nimmt ein Arbeitnehmer die Leistungen der Sozialversicherung in Anspruch, so genießt er eine Hilfe, die er nur zum kleineren Teil selber finanziert hat. Die Gemeinschaft sorgt in hohem Maße für die soziale Sicherheit des Einzelnen. Diese Tatsache dokumentiert, daß das kommunistische Verteilungsprinzip im Bereich der sozialen Vorsorge weitgehend verwirklicht ist.

Die Verteilungsmaxime „Jedem nach seinen Bedürfnissen" hat auch in anderen Bereichen Eingang gefunden. Lange schon nehmen in nicht-kommunistischen Ländern die Arbeiter ihre Mahlzeiten in den Kantinen der Großbetriebe zu sich. Der Preis, den sie dafür zu entrichten haben, besitzt nur noch symbolische Bedeutung und steht in keinem Verhältnis zu den tatsächlichen Kosten. Von den 20 Millionen Beschäftigten in der Bundesrepublik werden etwa 15 Millionen in Behörden- und Betriebskantinen verpflegt [113]. Um der Verkehrsmisere in den Großstädten zu begegnen, wird man dazu übergehen müssen, die öffentlichen Verkehrsmittel unentgeltlich zur Verfügung zu stellen. Der Besuch von Bildungseinrichtungen ist heute großenteils kostenfrei. Theater werden subventioniert, Museen gewähren kostenlosen Eintritt. Schulgebühren sind weggefallen oder auf ein Minimum reduziert.

Neben dem kommunistischen Verteilungsprinzip läßt sich in der modernen Industriegesellschaft auch ein Verbrauchsverhalten konstatieren, das man konservativ nennen kann. Gruppenspezifische Konsumgewohnheiten treten beispielsweise deutlich in der amerikanischen Suburb hervor. Wie die Mitglieder der mittelalterlichen Ständegesellschaft sich an die Verbrauchsvorschriften ihrer Schicht hielten, so unterwerfen sich auch die Bewohner der Suburb den Konsumusancen ihrer Bezugsgruppe. David Riesman schreibt: „Jede einzelne Gruppe hat ihre eigenen Vorlieben und ihren eigenen Jargon. Eine sichere Stellung läßt sich nicht aus der Beherrschung irgend eines schwierigen sachlichen Könnens ableiten, sondern nur daraus, daß man über eine große Palette von Geschmäckern verfügt und versteht, mit dieser Palette

[112] Der Beveridgeplan, Sozialversicherung und verwandte Leistungen, Bericht von *Sir William Beveridge*, Aus dem Englischen, Zürich und New York 1943, S. 18.

[113] *Hans Raupach:* Das kommunistische Verteilungsprinzip „Jedem nach seinen Bedürfnissen" in der Praxis, in: Methoden und Probleme der Wirtschaftspolitik, Gedächtnisschrift für H. J. Seraphim, Hrsg. Hans Ohm, Berlin 1964, S. 224.

richtig umzugehen."[114] Dabei wird in der neuen „ständischen" Verbrauchsordnung darauf geachtet, nicht den Neid der vom Glück weniger begünstigten Gruppenmitglieder hervorzurufen. Die Entwicklung geht vom auffälligen zum unauffälligen Konsum. Der Reichtum wird nicht zur Schau gestellt, sondern verschwiegen. „The job is not to keep up with the Joneses. It's to keep down with them." (William H. Whyte)[115] Neben dem bedürfnis- und gruppenbezogenen Konsumprinzip wird sich auch das leistungszentrierte behaupten. Auch in der Zukunft wird es Menschen geben, die ihre Leistungen gerade auch in der Konsumsphäre demonstrieren wollen. Das bedeutet, daß sich alle drei Verteilungsprinzipien in der zukünftigen Gesellschaft nebeneinander vorfinden werden.

Die Analyse der Verteilungsvorstellungen der drei Ideologien Liberalismus, Konservatismus und Sozialismus ließ die Unterschiede zwischen diesen Ideenkreisen hervortreten. Die Liberalen optieren gemäß den Prämissen ihrer Soziallehre für eine leistungsbezogene Lösung des Verteilungsproblems. Jeder bleibt, auch im Bereich der Verteilung der Güter, seiner eigenen Initiative überlassen. Das liberale Verteilungspostulat wird von den Sozialisten übernommen. Dagegen ist die kommunistische Distributionsmaxime auf die Berücksichtigung der Bedürfnisse angelegt. Die radikal-egalitäre Grundhaltung der kommunistischen Lehre wird auch in der Verteilungstheorie verfochten. Alle Menschen haben die gleichen Bedürfnisse und deshalb auch den gleichen Anspruch auf die Befriedigung derselben. Im Gegensatz zu den aufklärerisch-liberalen Autoren ziehen die Kommunisten die egalitären Konsequenzen aus der Rede von der Gleichheit der Bedürfnisse. Nur die bedürfniszentrierte Verteilung gewährt jedem Bürger die volle Befriedigung aller seiner Bedürfnisse. „Jedem nach seinen Bedürfnissen" ist auch die Losung der konservativen Verteilungsauffassung. Doch werden hier die Bedürfnisse der qualitativ voneinander verschiedenen sozialen Ränge berücksichtigt. Der Adelige hat per se andere Bedürfnisse als der Bauer und deshalb auch das Recht, die Mittel, die er zur Befriedigung seiner differenzierteren Bedürfnisse benötigt, zu erlangen. Aber auch die sozial niedriger Gestellten haben einen Anspruch auf die volle Befriedigung ihrer standesspezifischen Bedürfnisse.

114 *David Riesman:* Die einsame Masse, Aus dem Amerikanischen, Hrsg. H. Schelsky, Darmstadt–Berlin–Frohnau–Neuwied am Rhein 1956, S. 128.
115 *William H. Whyte, Jr.:* The organization man, New York 1956, S. 346 (A Doubleday anchor book Nr. A. 117).

V. Bewertung der Bedürfnisbefriedigung in der Gegenwart

In diesem Kapitel soll der Frage nachgegangen werden, wie die heutigen Vertreter der liberalen, konservativen und sozialistischen Gesellschaftslehre die Bedürfnisbefriedigung in der Gegenwart beurteilen. Im Vordergrund steht dabei die Frage, ob sich die heutigen Repräsentanten dieser drei klassischen politischen Doktrinen in der Tradition ihrer ideologischen Vorläufer bewegen; ob z. B. die heutigen Liberalen und Sozialisten die Bedürfnissteigerung wie ihre Vorgänger des 18. und 19. Jahrhunderts immer noch begrüßen und ob die Konservativen der Gegenwart im Anschluß an die ersten Vertreter der romantisch-konservativen Gesellschaftslehre die Bedürfnisentgrenzung immer noch ablehnen.

Zuvor scheint es angebracht, die Unterschiede zwischen den heutigen Verbrauchsgewohnheiten und dem Konsumverhalten der Vergangenheit herauszustellen. Erst auf dem Hintergrund dieses für unsere gesellschaftliche Situation entscheidenden Strukturwandels gewinnen die Sozialanalysen der heutigen Liberalen, Konservativen und Sozialisten Kontur. Die ausschlaggebende Veränderung besteht darin, daß die Wirtschaft der Industriestaaten endgültig das Stadium überwunden hat, in dem sie die Menschen nur mit dem Existenzminimum versorgte. Die Zeit der Mangelwirtschaft gehört der Vergangenheit an. Wir leben in einer Gesellschaft des Überflusses. Die Befriedigung der primären Bedürfnisse ist gesichert. Jahrtausende lang war das tägliche Brot die Hauptsorge der Menschen. Panis et circenses waren die Mittel, mit denen die römischen Kaiser die Volksmassen zu beruhigen vermochten. Der Hunger gehörte zu den Ursachen, welche die Französische Revolution auslösten. Noch in der Frühzeit der Industrialisierung gebrach es vielen Arbeiterhaushalten an einer ausreichenden Versorgung. Der hochentwickelten Industriegesellschaft von heute sind Hungersnöte fremd. Die Nahrung wird mehr und mehr zum Objekt ökonomischer Planung. Die Verfeinerung ihres Instrumentariums sichert zunehmend die stetige Versorgung der Bevölkerung mit Nahrungsmitteln. Was für die Lebensmittel gilt, trifft auch auf die anderen Güter zu.

Dank der stetig steigenden Produktivität der industriellen Wirtschaftsweise ist die Gewähr für die Befriedigung sowohl der primären als auch der sekundären Bedürfnisse gegeben. In wachstumstheoretischer Sicht erscheint heute sogar die ständige, durch die Werbung vermittelte Steigerung der Bedürfnisse als Voraussetzung für die Befriedigung auch einfacher Bedürfnisse. Der Reklame kommt vor allem die Aufgabe zu, neue Bedürfnisse zu wecken, um so den Absatz der produzierten Waren zu sichern. Dabei besteht dauernd die Gefahr, daß der Anstieg der Bedürfnisse mit dem Wachstum der Produktion nicht Schritt hält. In dem Augenblick nämlich, in dem sich die Konsumenten der Notwendigkeit enthoben fühlen, den Anpreisungen der Werbung zu folgen, ist der ungestörte Ablauf des Wirtschaftsprozesses in Frage gestellt. Nicht zuletzt dieser Gefahr wegen erhält die Konsumfreudigkeit einen bevorzugten Platz im Tugendkatalog der Industriegesellschaft. Derjenige, welcher dem stoisch-cynischen Ideal der Bedürfnislosigkeit huldigt, sieht sich unter den gegebenen Umständen in die Rolle des Sozialschädlings versetzt. Mit allen Mitteln sucht die Werbung die Konsumfreudigkeit zu erhalten bzw. zu steigern. Mit Hilfe der ständig sich wandelnden Mode wird versucht, die Käufer zum Erwerb bestimmter Produkte zu zwingen. Neue Formen und Farben haben die Aufgabe, die Güter psychologisch zu verschleißen. Auf diese Weise kreiert man eine „Wegwerfmentalität". Güter, deren Qualität noch keinen Schaden genommen hat, werden abgestoßen, weil sie nicht mehr der jeweiligen Modeströmung entsprechen. Des weiteren wird für einen stetigen Absatz dadurch Sorge getragen, indem man Waren im vorhinein durch wohlkalkulierte Qualitätsminderung verschleißt.

Eine Wirtschaftsweise, in der nicht die Produktion, sondern die Schaffung und Aufrechterhaltung des Konsums das zentrale Problem ist, bleibt nicht ohne Auswirkung auf die Sozialstruktur. Die Einebnung gesellschaftlicher Unterschiede, schon immer eine wichtige Folge der Bedürfnissteigerung, wird in der Überflußgesellschaft beschleunigt. Helmut Schelsky erblickt in der Demokratisierung des Konsums das herausragende Merkmal der Entwicklung zur sogenannten nivellierten Mittelstandsgesellschaft. Der „verhältnismäßig einheitliche Lebensstil der nivellierten Mittelstandsgesellschaft ... wird ... keineswegs mehr an erster Stelle von Klassenzugehörigkeiten geprägt, sondern diese neue ‚mittelständische' Lebensform erfüllt sich darin, fast einheitlich an den materiellen und geistigen Gütern des Zivilisationskomforts teilzunehmen."[1] Die Massenproduktion ebne die Klassengegensätze ein. In der industriellen Massenfertigung liege die „wirksamste Überwindung der Klassenstruktur der industriellen Gesellschaft"[2]. Doch darf trotz aller egalisierenden Tendenzen der Bedürfnissteigerung in der Überflußgesellschaft nicht übersehen werden, daß die Leitung und die Nutzung der Industriebetriebe immer noch in der Hand der Kapitalbesitzer liegt. Die Bedürfnissteigerung hat die gesellschaftlichen und politischen Machtverhältnisse nicht geändert. Sie wurden im Gegenteil infolge der Wohlstandssteigerung der Arbeiter-

[1] *Helmut Schelsky:* Gibt es noch Klassen in unserer Gesellschaft?, Stuttgarter Zeitung 13. 1. 1956.
[2] Ebd.

schaft noch gefestigt. Revolutionäre Ideen büßen infolge der Demokratisierung der Konsumgewohnheiten ihre Suggestivkraft bei der Arbeiterschaft ein.

1. Bedürfnissteigerung als Agens der kulturell-sozialen Entwicklung: Neo-Liberalismus

Wie die Liberalen des 18. und 19. Jahrhunderts so sind auch die Neo-Liberalen der Überzeugung, daß die Bedürfnissteigerung das Unterpfand der kulturell-sozialen Entwicklung ist. Wenn die neo-liberalen Autoren sich auch in bezug auf ihre Forderung einer Rahmenordnung, welche den Wettbewerb überwachen und erzwingen soll, von den Paläo-Liberalen nicht unwesentlich unterscheiden, so bewegt sich die neo-liberale Schule doch, was ihre Auffassung von der kulturfördernden Wirkung der Bedürfnissteigerung anlangt, eindeutig in der Tradition ihrer Vorgänger. Ganz im Sinne der liberalen Klassiker schreibt Alexander Rüstow: „Wir sind der Meinung, daß es unendlich viele Dinge gibt, die wichtiger sind als Wirtschaft: Familie, Gemeinde, Staat, alle sozialen Integrationsformen überhaupt bis hinauf zur Menschheit, ferner das Religiöse, das Ethische, das Ästhetische, kurz gesagt, das Menschliche, das Kulturelle überhaupt. Alle diese großen Bereiche des Menschlichen sind wichtiger als die Wirtschaft. Aber sie alle können ohne die Wirtschaft nicht existieren; für sie alle muß die Wirtschaft das Fundament, den Boden bereiten. Primum vivere, deinde philosophari." [3] Kulturelles Wachstum kann sich nur auf dem Grunde einer bedürfnisreichen Wirtschaftsgesellschaft entfalten.

Eine prosperierende Ökonomie erweist sich nach neo-liberaler Auffassung zudem als die stabilste Grundlage der Demokratie. Auch in diesem Punkte schließen sich die neo-liberalen Autoren der Meinung ihrer Vorläufer an. Hofften diese auf die zunehmende Ausbreitung der liberalen Staatsform, so versuchen jene einen Rückfall in totalitäre Regime zu vermeiden. Die Vertreter des Neo-Liberalismus besannen sich in Deutschland nach der Erfahrung des Nationalsozialismus zur Verteidigung liberaler Werte auf ihr geschichtliches Erbe. Der Mißachtung fundamentaler Menschenrechte und der Verabsolutierung staatlicher Interessen gegenüber beriefen sie sich auf die unveräußerlichen Ansprüche des Individuums. Das Gespenst des Totalitarismus bedrohe die moderne Industriegesellschaft aber immer noch. „Wenn wir hoffen wollen, diesem drohenden Schicksal zu entgehen, müssen wir unsere Erwartungen in der Tat weitgehend darauf setzen, daß wir zu dem alten

[3] *Alexander Rüstow:* Wirtschaft als Dienerin der Menschlichkeit (1960), in: Rede und Antwort, Ludwigsburg 1963, S. 77.

Tempo unseres wirtschaftlichen Fortschrittes zurückkehren können, der uns dann von dem heutigen Tiefpunkt aus stetig wieder aufwärts führen wird." (F. A. Hayek)[4] Nur die stetige Anhebung des Bedürfnisniveaus garantiere auf die Dauer eine freiheitliche politische Ordnung. Hayek warnt: „Das einzige, was die moderne Demokratie nicht überleben wird, ist die Notwendigkeit einer wesentlichen Senkung des Lebensstandards im Frieden oder auch nur ein lang anhaltender Stillstand des wirtschaftlichen Fortschritts."[5] Der gesellschaftlich nivellierende Effekt der Bedürfnissteigerung wird dabei bewußt in Kauf genommen. „Die Hauptvoraussetzung eines solchen Fortschrittes ist die, daß wir alle bereit sind, uns schnell einer völlig veränderten Welt anzupassen, daß keine Rücksicht auf den gewohnten Standard von Einzelgruppen dieser Anpassung im Wege stehen darf" (Hayek)[6].

Die Bewertung der Bedürfnissteigerung als Basis der kulturell-sozialen Entwicklung schließt von vorneherein aus, daß die heutige Industriegesellschaft von den neo-liberalen Autoren kritisch in Augenschein genommen wird. Eine wie immer geartete negativ-kritische Einstellung gegenüber der „Gesellschaft im Überfluß" (Galbraith) ist dem neo-liberalen Ideenkreis fremd. Nur „nationalökonomisch ahnungsloser Moralismus" führt Wilhelm Röpke zufolge „zu der sattsam bekannten romantisch-moralistischen Wirtschaftsverachtung im allgemeinen und zu der ebenso verbreiteten Mißachtung der die Wirtschaft bewegenden Impulse und der sie tragenden Einrichtungen im besonderen."[7] Untrügliches Zeugnis für die unkritische Bejahung der Bedürfnissteigerung in der heutigen Überflußgesellschaft ist auch die neo-liberale Bewertung der modernen Reklametechnik. Die Werbung ist integrierender Bestandteil der liberalen Wirtschaftsordnung. Mit der Ablehnung planwirtschaftlicher Prinzipien ist auch die Zustimmung zu den Methoden der Werbeindustrie gegeben. Die neo-liberalen Theoretiker erblicken in der Rückkehr zu atomistischen Wettbewerbsbedingungen die beste Gewähr für die optimale Ausnutzung der Produktionsfaktoren und damit der größtmöglichen Steigerung des Sozialproduktes. Gerade der für einen offenen Markt produzierende Industriebetrieb ist auf die Werbung in besonderem Maße angewiesen. In einem atomistisch verfaßten Markte läuft der Käufer nach neo-liberaler Auffassung niemals Gefahr, von der Werbung übertölpelt zu werden. Wenn auch Alfred Müller-Armack nicht ausschließt, daß in der Marktwirtschaft die „Suggestionsreklame dem Konsumenten

[4] *F. A. Hayek:* Der Weg zur Knechtschaft, Hrsg. W. Röpke, 3. Aufl., Erlenbach–Zürich 1952, S. 260.

[5] Ebd., S. 261.

[6] Ebd., S. 260.

[7] *Wilhelm Röpke:* Marktwirtschaft ist nicht genug, in: Hat der Westen eine Idee?, Hrsg. Aktionsgemeinschaft soziale Marktwirtschaft, Ludwigsburg 1957, S. 18.

künstliche Bedürfnisse" [8] aufrede, so sei es in der wettbewerbsbestimmten Ökonomie letzten Endes doch der Verbraucher, welcher den Ablauf des wirtschaftlichen Geschehens bestimme. In der plangelenkten Wirtschaft dagegen sei die Selbständigkeit des Konsumenten völlig ausgeschaltet. Die Planbehörde emanzipiere sich völlig von den Bedürfnissen der Verbraucher. In der Marktwirtschaft dagegen habe sich auch ein Reklame treibender Fabrikant an den Bedürfnissen des Verbrauchers zu orientieren [9].

2. Die neokonservative Kritik an der kapitalistischen Überflußgesellschaft

Ganz in der Tradition der im 19. Jahrhundert geübten konservativen Kritik an der Bedürfnissteigerung stehen auch die neo-konservativen Autoren. Sie attackieren wie ihre ideologischen Vorläufer die kulturellen und die sozialen Auswirkungen der Bedürfnissteigerung. Auch für die Neo-Konservativen führt die Bedürfnisgrenzung zur kulturellen Regression. Die moderne „Bedarfsreizungswirtschaft", die an die Stelle der natürlichen „Bedarfsdeckungswirtschaft" [10] getreten sei, hetze den Menschen in einen „sinnlosen Bedürfnistaumel, tötet die Seele und vernichtet die Kultur" (Edgar J. Jung) [11].

Arnold Gehlen lastet der Bedürfnisentgrenzung der heutigen Überflußgesellschaft kulturelle Verflachung an. „Die ununterbrochene Enthemmung immer neuer Konsumbedürfnisse und der allgemeine Wettlauf nach dem Wohlleben verbinden sich mit einem Berge versetzenden Glauben an die Phrase. Das Substantielle, Goldhaltige, und Diskrete verschwindet aus dem geistigen Bereich, wogegen die Gefühle weit über ihre natürlichen Grenzen hinaus angeheizt werden." [12] Die „Exzesse der Sensibilität und der Affekte" führen zu einer Simplifizierung des überkommenen Moralkodexes. Die Moral „wird immanenter, dabei spannungslos, untragisch, selbstverständlich und selbstgefällig" [13]. Die Moral der Überflußgesellschaft gehorcht den Imperativen „zunehmender Glücksgefräßigkeit" [14]. Eudämonistische Mittelmäßigkeit wird prämiiert, die konservativ-tragische Weltauffassung perhorresziert.

[8] *Alfred Müller-Armack:* Wirtschaftslenkung und Marktwirtschaft, 2. Aufl., Hamburg 1948, S. 21.
[9] Ebd.
[10] *Edgar J. Jung:* Die Herrschaft der Minderwertigen, 2. Aufl., Berlin 1930, S. 436 f.
[11] Ebd., S. 437.
[12] *Arnold Gehlen:* Anthropologische Forschung, Reinbek b. Hamburg 1961, S. 65.
[13] Ebd.
[14] *Ders.:* Moral und Hypermoral, eine pluralistische Ethik, Frankfurt am Main und Berlin 1969, S. 64.

Das antihumane Kräftepotential, das durch die stetige Bedürfnissteigerung freigesetzt wird, gefährdet das gesellschaftliche Gleichgewicht. Arnold Gehlen teilt nicht den Optimismus der Liberalen und Sozialisten, wonach die Bedürfnisentgrenzung zur Befriedung der Gesellschaft führt; er ist vielmehr der Auffassung, daß der extrem sensualistisch ausgerichteten Überflußgesellschaft ein hohes Maß an gefährlicher Aggressivität innewohnt. Gesicherten Erkenntnissen der Anthropologie zufolge sei mit der Menschwerdung untrennbar eine Instinktreduktion verbunden, die eine ganze Anzahl von natürlichen Hemmungen fallen ließ. Auf diese Weise sei die Tötungshemmung gegenüber den Artgenossen, die alle Tiere noch haben, weggefallen. Umgekehrt lasse sich nur aus dem „Abbau hemmender Regulationen ... das enorme ‚Luxurieren' verstehen, zu dem alle menschlichen Antriebe und instinktnahen Bedürfnisse neigen, heute vor allem die Konsumbedürfnisse" [15]. Früher habe ein mühsames Leben, die tägliche Not und schwere Arbeit den Menschen vor der Luxurierung seines Trieblebens geschützt. Heute dagegen, im Zeitalter einer hedonistischen Gesellschaftsmoral, habe man den „Weg zur Enthemmung einer fürchterlichen Natürlichkeit" [16] beschritten. Harte Arbeit, Not und Sorge seien „wirklich entscheidende Kategorien des Menschen" [17]. Mit der Befreiung von ihnen gefährde der Mensch seine eigene Existenz. Die früher von einer unwirtlichen Außenwelt eingedämmten, durch Mühe und Entbehrung gezähmten Aggressionstriebe werden freigesetzt. Indem der Mensch versucht, sich dem Druck der Außenwelt zu entziehen, „liefert er sich an etwas aus, das er noch zu wenig kennt und wovon er die Meinungen des frivolsten Optimismus hat: das ist er selbst" [18]. Arnold Gehlen pflichtet William James [19] bei, daß nur die Askese der Selbstzerstörung des Menschen auf die Dauer wirksam Einhalt gebieten könne.

[15] *Gehlen:* Anthropologische Forschung, S. 65.
[16] Ebd., S. 66.
[17] Ebd.
[18] Ebd., S. 67.
[19] *William James* schreibt: „I have often thought that in the old monkish poverty-worship, in spite of the pedantry which infested it, there might be something like that moral equivalent of war which we are seeking. May not voluntarily accepted poverty be ‚the strenuous life', without the need of crushing weaker peoples? Poverty indeed *is* the strenuous life ... Among us English-speaking peoples especially do the praises of poverty need once more to be boldly sung. We have grown literally afraid to be poor. We despise any one who elects to be poor in order to simplify and save his inner life. If he does not join the general scramble and pant with the money-making street, we deem him spiritless and lacking in ambition ... I recommend this matter to your serious pondering, for it is certain that the prevalent fear of poverty among the educated classes is the worst moral disease from which our civilization suffers." (The varieties of religious experience, A study in human nature, London, New York and Bombay 1902, S. 367 ff.)

„Die ewige Revolution gegen die Bestimmung des Menschen zur Kreatur, zur harten Notwendigkeit und zu mühseligen Pflichten, diese ewige Revolution, aus der der Mensch immer natürlicher und immer schreckenerregender hervorgeht, sie wird nicht eher beendet sein, als bis irgendwelche Eliten und ‚schöpferische Minderheiten' die ungemeine Herausforderung annehmen, die in der konsequenten und kommandierenden, aber sinnlosen Entwicklung liegt: in dem Trend zum Wohlleben auf der Weltebene." [20] Gehlen ist sich bewußt, daß er einem Rufer in der Wüste gleicht; denn die beiden weltbeherrschenden Sozialsysteme, Kommunismus und Kapitalismus, lehnen das asketische Verbrauchsideal ab. Beide stimmen sie darin überein, den Lebensstandard der Bevölkerung kontinuierlich zu heben. In der Zeit der Weimarer Republik hat Edgar J. Jung bereits zu einem asketischen Leben aufgerufen, wobei er sich an der Bedürfnislosigkeit der Völker des Fernen Ostens orientierte. Nur in einer an den natürlichen Bedürfnissen orientierten Wirtschaft könne der Mensch zu sich selber finden. Jung schlägt vor: „Industrien, die notwendigen Bedürfnissen dienen, können gepflegt, die für künstlich geweckten Bedarf arbeiten, beschnitten werden." [21]

Diese Rückbesinnung auf die natürlichen, wahren Bedürfnisse würde auch den Prozeß fortschreitender gesellschaftlicher Egalisierung aufhalten. Wie ihre konservativen Vorgänger so beklagen auch die neo-konservativen Autoren den Abbau sozialer Distanzen, den die Bedürfnissteigerung zur Folge hat. Hans Freyer trauert der Zeit nach, in der noch die ständische Ordnung die gesellschaftliche Lage des Menschen bestimmte. Heute dagegen, im sekundären, künstlichen System der arbeitsteiligen Industriegesellschaft, gebe der Konsumstandard das Maß für den gesellschaftlichen Wert eines Menschen ab. Mit der Erhöhung seines Konsumniveaus steigt auch sein soziales Prestige. „Der Gedanke eines gebührenden Bedarfs ist heute ebenso reaktionär geworden wie der Gedanke einer möglichen Zufriedenheit mit dem Seinen." [22] In der auf Massenproduktion ausgerichteten Wirtschaftsgesellschaft wird nach einem Wort von Wilhelm Stapel „allen alles gemein" [23]. „Die nächsthöhere wird von der nächsttieferen Schicht in der äußeren Lebensführung und Lebenshaltung nachgeahmt", bedauert Edgar J. Jung. „Der Bauer bemüht sich, sein Äußeres dem städtischen Straßenbilde anzupassen, statt stolz seine Heimattracht zu zeigen. Der Dienstbote, der heimlich die Kleider seiner ‚Herrschaft' trägt, der mittlere Beamte, der die Gewohnheiten seines Vorgesetzten annimmt, der Ministerialrat, dessen Frau

[20] *Gehlen:* Anthropologische Forschung, S. 67.
[21] *Jung:* Die Herrschaft der Minderwertigen, S. 486.
[22] *Hans Freyer:* Theorie des gegenwärtigen Zeitalters, Stuttgart 1958, S. 91.
[23] *Wilhelm Stapel:* Die drei Stände, Versuch einer Morphologie des deutschen Volkes, Hamburg 1941, S. 260.

es der Gattin des Ministers gleichtun will, der Arbeiter, in seinem Drange sich kleinbürgerlich zu gebärden, das alles sind Beispiele, die beliebig zu vermehren wären." [24]

3. Die neomarxistische Kritik an der kapitalistischen Überflußgesellschaft und die Bedürfnisbefriedigung im Sowjetmarxismus

Die neo-marxistischen Autoren der Gegenwart bedienen sich zu ihrer Kritik an der kapitalistischen Überflußgesellschaft der Kategorien, die ihnen die Sozialisten des 19. Jahrhunderts bereitgestellt haben. Immer noch bewegt die Vertreter des sozialistischen Ideenkreises die Sorge um eine menschliche Form der Bedürfnisbefriedigung. Allerdings formulieren sie heute ihren Protest nicht mehr gegen eine Gesellschaft, welche der Mehrzahl ihrer Mitglieder die Befriedigung der primitivsten Bedürfnisse vorenthält. Sie artikulieren ihre Sozialkritik in einer Überflußgesellschaft. Jürgen Habermas spricht von einer „zurückebbenden Woge des materiellen Elends" [25], und André Gorz stellt fest, daß diejenigen Arbeiter, deren lebensnotwendige Bedürfnisse nur ungenügend befriedigt werden, in der Minderzahl sind. „Les travailleurs pour lesquels la satisfaction de leurs besoins *vitaux* reste insuffisante sont *virtuellement* une arrière-garde." [26] Der Kapitalismus von heute benötigt eine breite Konsumentenschicht. „Le capitalisme développé a besoin non seulement d'une majorité de travailleurs qualifiés, il a besoin aussi de consommateurs pour ses produits." [27] Aus diesem Grunde kann der Kampf gegen den Kapitalismus nicht mehr mit dem Kampf gegen das Elend begrün-

[24] *Jung:* Die Herrschaft der Minderwertigen, S. 174 f. – Die antihedonistische Einstellung des Konservatismus und Neo-Konservatismus wird vom Nationalsozialismus geteilt. So plädiert *Alfred Bäumler* für den asketischen Staat gegen die hedonistische Gesellschaft. Das dominierende Prinzip der Gesellschaft ist die „Sicherheit der gewohnten Genüsse", das herrschende Geschlecht das Weib. Als Beispiel dafür führt Bäumler Frankreich an. Im Staate dagegen dominiert der Mann. „Nicht die Wirtschaft und der Genuß, sondern der Staat und die Arbeit steht hier im Mittelpunkt." Im Staate wohnen Krieger; seine Bewohner leben asketisch. „Der heroische Mensch ist materiell anspruchslos." (Männerbund und Wissenschaft, Berlin 1934, S. 7 ff.) Für Graf Reventlow, einen der bekanntesten Vertreter des linken Flügels des Nationalsozialismus, ist die „Einfachheit des äußeren Lebens ... eine Hauptforderung des deutschen Sozialismus." Genießen mache gemein. „Ein Volk, das kulturfähig ist, auch Kultur hat, wird immer mehr lernen ... so wenig materielle Bedürfnisse wie möglich zu haben." (*Graf E. Reventlow:* Deutscher Sozialismus, Civitas Dei Germanica, Weimar 1930, S. 264 f.)

[25] *Jürgen Habermas:* Die Dialektik der Rationalisierung, Vom Pauperismus in Produktion und Konsum, Merkur 8 (1954), S. 715.

[26] *André Gorz:* Réforme et révolution, Paris 1969, S. 62.

[27] Ebd. – Das kann jedoch nicht bedeuten, daß es in der Wohlstandsgesellschaft

det werden. Niemand, auch nicht die Arbeiterschaft, greift heute noch das kapitalistische System an, weil seine Grundbedürfnisse nicht befriedigt werden. Es gibt keinen explosiven Widerspruch zwischen den Lebensbedürfnissen des Proletariats und den Gesetzen des Kapitalismus mehr. André Gorz weist darauf hin, daß zu Beginn des kapitalistischen Zeitalters das Proletariat zu Arbeitswochen von 7 Tagen bei einer Arbeitszeit von 70 Stunden verurteilt gewesen sei. Der Lohn habe kaum zur Befriedigung der allernotwendigsten Bedürfnisse ausgereicht. Obgleich es der kapitalistischen Gesellschaft gelungen sei, das Elend aus der Welt zu schaffen, so habe sie doch nicht vermocht, die Armut zu beseitigen. Elend herrscht überall da, wo elementare Bedürfnisse nicht befriedigt werden[28]. Armut ist dann gegeben, wenn dem Individuum die Befriedigung derjenigen Bedürfnisse vorenthalten wird, die dem Entwicklungsstand einer bestimmten Gesellschaft entsprechen. „La notion de *pauvreté* désigne, dans une société et à un niveau de développement donnés, l'ensemble des *possibilités* (notamment culturelles, sanitaires, médicales) et des *richesses* qui sont *déniées* à un individu.“ [29] Nach der Meinung von André Gorz war die Armut noch nie größer als heute. Der heutige Stand der Produktivkräfte ermöglichte eine sowohl in quantitativer als auch in qualitativer Hinsicht ausreichende Bedürfnisbefriedigung; die kapitalistischen Produktions-, d. h. Eigentumsverhältnisse verhindern diese jedoch.

keine Armen mehr gibt. Die von der Armut Betroffenen sind allerdings nicht mehr einer bestimmten sozialen Klasse zuzurechnen. Dies gilt insbesondere für die USA. In den USA leiden 80 % der Neger und anderer nichtweißer Gruppen, 80 % der alleinstehenden Personen über 65 Jahre, 68 % der im Süden ansässigen Familien und 58 % der Bauern an Armut (Poverty and Deprivation in the USA, Conference on Economic Progress, April 1962). Michael Harrington rechnet sogar 25 % der Gesamtbevölkerung der USA, das sind 40–50 Millionen Menschen, zu den Armen. 1958 hatte das unterste Fünftel der Einkommensskala der USA einen Anteil von 4.7 % am gesamten Familieneinkommen; auf das oberste Fünftel, auf die Familien mit Spitzeneinkommen, dagegen entfielen 45.5 % (*Michael Harrington:* Das andere Amerika, Die Armut in den Vereinigten Staaten, Aus dem Amerikanischen, München 1964, S. 177). Nach dem Bericht eines amerikanischen Untersuchungsausschusses hungern in den USA 10 Millionen Menschen (Süddeutsche Zeitung Nr. 99, 24. April 1968). Der Soziologe Ralf Dahrendorf hat in einem Interview mit der Stuttgarter Zeitung die Ansicht vertreten, daß etwa ein Fünftel der westdeutschen Bevölkerung im Schatten des Wirtschaftswunders lebt (Stuttgarter Zeitung Nr. 273, 27. November 1969). Nach einer Meldung der FAZ gibt es in der Bundesrepublik 500 000 Obdachlose, die in unzureichenden Unterkünften hausen (Frankfurter Allgemeine Zeitung Nr. 71, 25. März 1970). In Frankreich verdienten im Jahre 1967 2 Millionen Arbeiter weniger als 500 Francs pro Monat; 5.5 Millionen Sozialrentner mußten in diesem Jahre mit weniger als 200 Francs pro Monat auskommen (*P. M. de la Gorce:* La France pauvre, Paris 1967).

[28] *Gorz:* Réforme et révolution, S. 82.

[29] Ebd., S. 83. Für Garaudy jedoch gibt es in der kapitalistischen Gesellschaft immer

Die unzureichende Bedürfnisbefriedigung, die für den Neo-Marxismus wie für Marx selber ein Strukturmerkmal des Kapitalismus ist, besteht zunächst darin, daß die Kollektivbedürfnisse höchst unzureichend befriedigt werden. Während in den kapitalistischen Wirtschaftsgesellschaften der Gegenwart die explosionsartig steigenden Einzelbedürfnisse gestillt werden, geraten die Kollektivbedürfnisse ins Hintertreffen. „Dans une société qui dispose d'un mécanisme si perfectionné pour créer artificiellement des besoins, l'exploitation des instincts élémentaires de l'individu est plus immédiatement rentable que l'investissement dans les services publics de formation de l'homme: il est plus rentable d'investir dans le striptease que dans la construction d'écoles, dans le trafic de stupéfiants que dans la création de stades." (Roger Garaudy) [30] Da in der kapitalistischen Ökonomie ausschließlich nach dem Prinzip der Gewinnmaximierung gewirtschaftet wird und der Bereich der Einzelbedürfnisse rentabler ist als der Sektor der Kollektivbedürfnisse, werden die letzteren ungenügend befriedigt. Es fehlt in der kapitalistischen Welt nicht nur an Schulen, Krankenhäusern, Sportanlagen, Kindergärten, öffentlichen Verkehrsmitteln. Zu den am meisten vernachlässigten Kollektivbedürfnissen gehört ein aktiver Umweltschutz. Die Luft ist durch Abgase verschmutzt, das Wasser durch Industrieabwässer vergiftet. Es fehlen die notwendigen Gesetze, welche die Unternehmer zu Investitionen zwingen, um der ständig steigenden Umweltverschmutzung Einhalt zu gebieten [31].

Aber auch die Individualbedürfnisse werden in der kapitalistischen Gesellschaft nicht menschenwürdig befriedigt. Ihre Befriedigung ist dem kapitalistischen Gewinnstreben überantwortet. Auf diese Weise entsprechen Produktion und Konsum nicht den Wünschen der Verbraucher, sondern den Intentionen der Kapitalisten. Die Konsumsphäre entartet. Diese Degeneration des Ver-

noch sowohl die relative als auch die absolute Verelendung. Die relative besteht darin, daß der Anteil der Arbeiter am Sozialprodukt sinkt. „In den Vereinigten Staaten betrug der Anteil der Kapitalisten 1938 46 %, er stieg 1951 auf 58 %. Der Anteil der Arbeiter fiel in dieser Periode von 54 auf 43 %. In Frankreich verringerte sich der Anteil der Löhne von 45 % im Jahre 1938 auf 30 % im Jahre 1952." Die absolute Verelendung bezieht sich auf die unmenschlichen Arbeitsbedingungen. Mit Marx ist Garaudy der Ansicht, daß die absolute Verelendung nicht von der Lohnhöhe abhängt. Die Zahl der Arbeitsunfälle nimmt Garaudy zufolge aufgrund des Nervenverschleißes der Proletarier ständig zu. Im Jahre 1938 gab es in Frankreich 619 000 Arbeitsunfälle, 1958 dagegen 1 229 400. Allein in den Citroën-Werken passierten im Jahre 1960 täglich 600 Unfälle. (*Garaudy:* Kann man heute noch Kommunist sein?, Aus dem Französischen, Reinbek b. Hamburg 1970, S. 158 ff.)

[30] *Garaudy:* Pour un modèle français du socialisme, Paris 1968, S. 233 (idées actuelles nrf 171).

[31] Ebd., S. 239.

brauchs hat Jürgen Habermas ausführlich analysiert. In der spätkapitalistischen Wirtschaft wird der Mensch zum Opfer seines Verbrauchsbedürfnisses. Angestachelt durch eine aufwendige Werbemaschine, ergreift es von ihm Besitz, gewinnt ein von der menschlichen Ratio unabhängiges Eigenleben. „Das ursprüngliche Verhältnis von Bedürfnis und Befriedigung, von Drang und Sättigung ist merkwürdig verkehrt: der Bedarf wird um so bedürftiger, die latente Konsumbereitschaft um so zehrender, je mehr das aktuelle Konsumbedürfnis durch Menge und Qualität der erzeugten Güter überboten wird." [32] Diese Situation ist paradox: Gerade die „Übersetzung eines Marktes durch übersteigertes Angebot erzeugt eine in gleichem Maße übersteigerte Nachfrage." [33] Die Verbrauchsmoral in den entwickelten Industriegesellschaften des Westens nährt sich Habermas zufolge aus einem Geiste, der einer von Armut und Mangel geprägten Wirtschaftsweise entstammt. „Stammt nicht das Bedürfnis, möglichst viele Sinnesorgane zu besetzen, die Reizchancen auszuschöpfen, die Konsumkapazität auszulasten, nicht aus der ... Ökonomie der Armut?" [34] In der gegenwärtigen Überflußgesellschaft gehorcht der Verbraucher einer leistungsbezogenen und damit antihedonistischen Konsummoral. Der Mensch und seine echten Bedürfnisse geraten in dieser pauperisierten Verbrauchsatmosphäre ins Hintertreffen. Der Konsument wird trotz allen Überflusses „im Stande der Bedürftigkeit gehalten von einer Produktion, die seine aktuellen Bedürfnisse nur um den Preis der Erweckung neuer Bedürfnisse befriedigt – neuer Bedürfnisse, die Bedürfnisse der Produktion und nicht mehr der Menschen selber sind" [35]. Dem Menschen werden Bedürfnisse, die er ursprünglich nicht verspürte, von einer riesigen Werbemaschine eingepflanzt. Die Reklame „erzeugt die Bedürfnisse nach Eisschränken, Luftmatratzen und Fernsehapparaten" [36]. Die Auswirkung der Werbung auf die psychische Verfassung des Menschen ist verheerend. Mit zunehmendem Verbrauchstempo verwandelt der Verbraucher sich in einen gelangweilten Konsumautomaten. Der „Überhang unechter Bedürfnisse" ließe sich nicht beliebig vermehren, „wenn nicht gleichzeitig mit der Stimulierung eines jeden besonderen Bedürfnisses der unbestimmte Bedarf, der allgemeine gesichtslose Bestand an Mangel, an Leere, an Überdruß, an Fremde potenziert würde" [37]. Seelische Verarmung ist also der Preis, der für die aufwendige Überflußgesellschaft entrichtet werden muß.

[32] *Habermas:* Die Dialektik der Rationalisierung, S. 717.
[33] Ebd.
[34] *Ders.:* Können Konsumenten spielen?, Frankfurter Allgemeine Zeitung Nr. 88, 13. April 1957.
[35] Ebd.
[36] *Ders.:* Die Dialektik der Rationalisierung, S. 717.
[37] Ebd.

Zu den entscheidenden Merkmalen dieses „Pauperismus des Konsums" [38] gehört, daß die Gegenstände des Verbrauchs nicht mehr wahrgenommen werden. Das entspricht völlig der inneren Logik einer reklamegepeitschten Verbrauchsgesellschaft. Immer wieder muß Neues geliefert und verbraucht werden. „Im Maße dieser Neuheit, der ‚Modernität' verringert sich schließlich der Zuschnitt des Konsumgutes auf den Menschen und seine elementaren Bedürfnisse." [39] Das Wesen des Verbrauchsgegenstandes verschließt sich dem Menschen. Im circulus vitiosus von Bedürfnisreizung und Bedürfnisbefriedigung wird der eigentliche Charakter der zum Konsum bestimmten Güter immer weniger wichtig. Produktion und Konsum erweisen sich als wesensverwandt: So wie Geschicklichkeit und Materialkenntnis in der Produktion auf ein Minimum beschränkt werden, so wenig weiß auch der Verbraucher über die Objekte seines Konsums. Recht eigentlich ist es unangebracht, dem Verbraucher Subjekt-Qualitäten zuzuschreiben. Denn der „scheinsouveräne Alleskönner lebt nicht mehr selbst, er wird vielmehr von den Dingen und Ereignissen, die er konsumiert, verlebt und verkonsumiert." [40] Er wird in zunehmendem Maße Opfer der „Erwartungs- und Umgangsvorschriften des erwünschten und erworbenen Konsumgutes" [41]. Die Folgen dieser Außenlenkung sind „abgerissene und wahllose Reaktionen, Verhaltenswillkür und Zufälligkeit der Charakterbildung" [42].

Wie ist es möglich, der Unmenschlichkeit des Konsumterrors zu entfliehen? Nach Habermas ist zunächst eine Verringerung der Reklameausgaben anzustreben. „Das Nachlassen der Reklameschraube würde die Fremdbestimmung der Konsumwahl lockern; 2. Der Konsument würde vom Überhang unechter Bedürfnisse zunehmend befreit; 3. Die Konsumorientierung und das Gefühl für Passendes und Unpassendes würden sich wiederherstellen; 4. Das verzögerte Konsumtempo ließe den Verbraucher beim Verzehr verweilen, er würde sich den Dingen wieder nähern." [43] Schon in naher Zukunft werde es nicht mehr möglich sein, die Bedürfnisse wesentlich zu steigern. Habermas nimmt mit amerikanischen Soziologen [44] an, daß der Markt für industriell gefertigte Güter sehr bald gesättigt sein wird. Schon aus diesem Grunde haftet der Forderung nach Verringerung der Werbeausgaben kein utopischer Charakter an. Habermas hofft, daß in einer reklamearmen bzw. reklame-

[38] Ebd., S. 721.
[39] Ebd., S. 719.
[40] *Ders.:* Notizen zum Mißverhältnis von Kultur und Konsum, Merkur 10 (1956), S. 217.
[41] Ebd.
[42] Ebd.
[43] *Ders.:* Die Dialektik der Rationalisierung, S. 721.
[44] Vgl. dazu *Soule:* Mehr Zeit zum Leben, Aus dem Amerikanischen, Frankfurt am Main 1956.

freien Wirtschaftsgesellschaft sich die „potentielle Produktion des Überflusses, die heute noch unter dem Prinzip der Bedürftigkeit steht und die Konsumenten in Abhängigkeit hält, zu einer Produktion des realen Überflusses" wandelt[45]. Die heute so lästigen Konsumverpflichtungen können dann einer Konsumaskese weichen. Die Konsumaskese richtet sich gegen die Befriedigung unechter, d. h. auch menschenunwürdiger Bedürfnisse. „Askese bezieht sich ... auf den Pauperismus im Überfluß, sie weist den Konsumzwang ab, der die Menschen anhält, sich im Dienste der verselbständigten Produktion einem Angebot zu fügen, für das sie sich die Bedürfnisse von eben demselben Angebot erst beibringen lassen." [46] Konsumaskese gewährt dem Menschen also die Freiheit, unabhängig von der Reklame seine echten Bedürfnisse zu stillen. Sie wird so zur Voraussetzung eines menschenwürdigen Verbrauchsverhaltens. Jedoch bedingt die Aufhebung der Entfremdung in der Konsumsphäre auch die Herstellung menschenwürdiger Arbeitsverhältnisse. „Der Pauperismus des Konsums wird mit dem Pauperismus der Produktion zugleich – oder aber er wird überhaupt nicht ausgetrieben." [47]
Der Pauperismus der Produktion ist nach Garaudy in der physischen und psychischen Überbeanspruchung am Arbeitsplatz zu suchen. 1956 litten in den Philipswerken in Eindhoven 30 bis 40 % der Arbeiter und Angestellten an nervösen Störungen. In den Fiat-Werken waren 1948 48 % der Arbeiter psychoneurotisch krank. Monotonie und Streß der Fabrikarbeit führen zu nervlichen Belastungen, die ihrerseits wiederum eine starke Zunahme der Arbeitsunfälle im Gefolge haben[48]. Nur dann kann der Arbeiter nach Habermas sein leistungsorientiertes Verbrauchsverhalten ablegen, wenn ihn am Arbeitsplatz eine „sinnvolle, initiativ-gesättigte Aufgabe von begrenzter Verantwortung" [49] erfüllt. Nur unter dieser Voraussetzung sei es möglich, das arbeitsorientierte Konsumverhalten durch eine spielorientierte Verbrauchsethik abzulösen. In einer vom Spiel bestimmten Verbrauchssphäre wird nicht mehr im Hinblick auf die Erfordernisse des wirtschaftlichen Ablaufs konsumiert. Der Ernst der Produktionssphäre ist absent. „Das Spiel, darin das Nützliche seinen Nutzen und das Verständige seinen Verstand verliert, richtet sich als Überflüssiges in einer Welt des Überflusses ein." (Jürgen Habermas) [50] Der spielende Konsument ist nicht mehr dem Zwang zum Verbrauch unterworfen. Er befriedigt seine Bedürfnisse unabhängig von den Direktiven

[45] *Habermas:* Soziologische Notizen zum Verhältnis von Arbeit und Freizeit, in: Konkrete Vernunft, Festschrift für E. Rothacker, Hrsg. G. Funke, Bonn 1958, S. 231.
[46] Ebd.
[47] *Ders.:* Die Dialektik der Rationalisierung, S. 721.
[48] *Garaudy:* Pour un modèle français du socialisme, S. 230.
[49] *Habermas:* Die Dialektik der Rationalisierung, S. 721.
[50] *Ders.:* Können Konsumenten spielen?

der Werbeindustrie. Frei von der Verpflichtung, seine Konsumkapazität bis auf das äußerste auszulasten, kann der Verbraucher der sozialistischen Zukunftsgesellschaft seine Persönlichkeit frei entfalten. Wie Jürgen Habermas so will auch Herbert Marcuse eine Gesellschaft von spielenden Konsumenten. Er erhofft die „Konvergenz von Technik und Kunst, die Konvergenz von Arbeit und Spiel, die Konvergenz von dem Reich der Notwendigkeit und dem Reich der Freiheit" [51]. An die Stelle einer Gesellschaft, die unter der Botmäßigkeit der ökonomischen Zwänge steht, soll ein Gemeinwesen treten, das dem Prinzip des Artistischen und Spielerischen Heimatrecht gewährt. Im Anschluß an die Romantik und Marx strebt Marcuse die „Gesellschaft als Kunstwerk" [52] an. In diesem Gemeinwesen gibt es nur noch wahre, keine falschen Bedürfnisse mehr. Wahr sind alle diejenigen Bedürfnisse, die den Freiheitsspielraum des Menschen respektieren bzw. erweitern, „falsch sind diejenigen, die dem Individuum durch partikuläre gesellschaftliche Mächte, die an seiner Unterdrückung interessiert sind, auferlegt werden: diejenigen Bedürfnisse, die harte Arbeit, Aggressivität, Elend und Ungerechtigkeit verewigen." [53] Während die soziale Kontrolle in der entwickelten kapitalistischen Industriegesellschaft die auf Freiheit drängenden Bedürfnisse unterdrückt, die Massenkommunikationsmittel erfolgreich versuchen, den Menschen „materielle und geistige Bedürfnisse einzuimpfen, welche die veralteten Formen des Kampfes ums Dasein verewigen" [54], wird die sozialistische Gesellschaft der Zukunft frei sein von Ausbeutung und illegitimer Herrschaft. Der Stand der Produktivkräfte gestattet schon längst die Etablierung einer exploitations- und repressionsfreien Gesellschaft. Es widerspricht deshalb der historischen Vernunft, daß die sozialen Kontrollmechanismen des Kapitalismus „das überwältigende Bedürfnis nach Produktion und Konsumtion von unnützen Dingen; das Bedürfnis nach abstumpfender Arbeit, wo sie nicht mehr wirklich notwendig ist; das Bedürfnis nach Arten der Entspannung, die diese Abstumpfung mildern und verlängern" [55], erzwingen. Eine menschliche Produktions- und Konsumordnung läßt sich den neomarxistischen Autoren zufolge nur durch eine radikale Änderung der kapitalistischen Gesellschaftsverfassung erreichen. Sie plädieren deshalb für eine sozialistische Planwirtschaft, die dafür sorgt, daß die wirtschaftliche Entwicklung den Freiheitsspielraum des Menschen am Arbeitsplatz und als Ver-

[51] *Herbert Marcuse:* Befreiung von der Überflußgesellschaft, Kursbuch, Hrsg. H. M. Enzensberger, 16 (1969), S. 194.
[52] Ebd.
[53] *Marcuse:* Der eindimensionale Mensch, Studien zur Ideologie der fortgeschrittenen Industriegesellschaft, Aus dem Amerikanischen, Neuwied und Berlin 1967, 4./5. Aufl., S. 25.
[54] Ebd., S. 24.
[55] Ebd., S. 27.

braucher erweitert. Solange die kapitalistischen Monopole einen beherrschenden Einfluß auf alle Sphären des gesellschaftlichen Lebens ausüben, solange sie allein den Preis der Produkte, die sie kaufen und verkaufen, bestimmen, solange sie den Massen ihre ökonomischen Vorstellungen aufzwingen, so lange ist keine menschliche Bedürfnisbefriedigung möglich. Nur in einer sozialistischen Gesellschaft kann nach Auffassung der Neo-Marxisten die Diskrepanz zwischen dem öffentlichen und dem privaten Sektor der Wirtschaft aufgehoben und gewährleistet werden, daß die Bedürfnisbefriedigung menschliche Züge trägt.

Wie die Sozialisten des 18. und 19. Jahrhunderts so betonen auch die Neo-Marxisten, bei aller Kritik an der kapitalistischen Bedürfnisbefriedigung keine bedürfnisarme Gesellschaft nach dem Vorbilde Rousseaus anzustreben. „Il ne faut pas entendre, à la manière des nostalgiques de l'âge artisanal, que c'est la production de masse elle-même qui induit la massification des individus sociaux: celle-ci n'est nullement une conséquence inéluctable de la production en grande série. Elle est en revanche, la conséquence d'une production sociale dans sa *forme,* mais non dans ses *fins.*" (André Gorz) [56] Ohne Vorbehalt treten die Neo-Marxisten für die Steigerung der menschlichen Bedürfnisse ein. Nur sollen es eben die wahren, der Menschenwürde entsprechenden Bedürfnisse sein, die gesteigert werden. Auch Herbert Marcuse spricht sich mit aller Deutlichkeit gegen die zivilisationsfeindliche Idylle einer bedürfnisarmen Wirtschaftsgesellschaft aus. „Unter diesen Umständen bedeutet die Befreiung von der Überflußgesellschaft keine Rückkehr zu gesunder und robuster Armut, moralischer Sauberkeit und Einfachheit. Im Gegenteil, das Beseitigen profitabler Verschwendung würde den zur Verteilung verfügbaren gesellschaftlichen Reichtum vermehren." [57] Für Herbert Marcuse gehört „jede Art von Askese, die gesamte Arbeitsdisziplin, auf der die jüdisch-christliche Moral beruht, seit langem zum Anachronismus." [58] Jürgen Habermas zufolge waren die „traditionellen Askesegebote der Armut und des Gehorsams ... im bürgerlichen Europa Ausdruck einer Gesellschaft, die bei einem Stand unterentwickelter Produktivkräfte den massierten Arbeitseinsatz der Menschen bei gleichzeitiger Entsagung von einem Großteil der Früchte dieser Arbeit verlangte." [59] Der sozialistischen Gesellschaft dagegen sind Armut und Askese fremd.

Welche Ideale der Bedürfnisbefriedigung hegen die sowjetischen Theoretiker und Praktiker? Zunächst ist es die klassische kommunistische Verteilungsmaxime „Jedem nach seinen Bedürfnissen", die sowohl bei Lenin und Stalin

[56] *André Gorz:* Réforme et révolution, S. 132.
[57] *Marcuse:* Der eindimensionale Mensch, S. 253.
[58] *Ders.:* Befreiung von der Überflußgesellschaft, S. 193.
[59] *Habermas:* Soziologische Notizen zum Verhältnis von Arbeit und Freizeit, S. 231.

als auch bei den heute maßgeblichen Ideologen und Politikern der Sowjetunion im Zentrum der Verteilungsvorstellungen steht.
Obgleich Lenin und Stalin die Marxsche Lehre in manchem Punkte entscheidend korrigierten, so übernahmen sie doch seine beiden Distributionsmaximen unverändert. Lenin warnt seine Mitstreiter jedoch davor, den Unterschied zwischen Sozialismus und Kommunismus, zwischen der niederen und der höheren Phase der Zukunftsgesellschaft allzusehr zu betonen. „Politisch wird der Unterschied zwischen der ersten oder niederen und der höheren Phase des Kommunismus mit der Zeit wahrscheinlich ungeheuer groß sein, doch wäre es lächerlich, jetzt, unter dem Kapitalismus, diesen Unterschied hervorzuheben." [60] Eschatologische Spekulationen dieser Art solle man den wirklichkeitsfremden Anarchisten überlassen. Lenin wendet sich mit Nachdruck dagegen, die höhere Phase der sozialistischen Gesellschaft gleichsam über Nacht verwirklichen zu wollen. Das besagt jedoch nicht, daß er die kommunistische Ordnung mit ihrem Distributionsprinzip für unerreichbar hält. Lenin geht es nur darum, vor allzu kühnen Zukunftserwartungen zu warnen. Er gibt sich äußerst skeptisch, was die Zeitspanne bis zur Erreichung der kommunistischen Phase anlangt. „Welche Etappen die Menschheit auf dem Wege zu diesem höheren Ziel durchschreiten wird, welche praktischen Maßnahmen sie hierzu ergreifen wird, wissen wir nicht und können wir nicht wissen." [61] Einer Sache ist sich Lenin gewiß: Der Kommunismus hat nicht „die heutige Arbeitsproduktivität und nicht den heutigen Spießer zur Voraussetzung." [62] Dieser Tatsache sollten vor allem die bürgerlichen Kritiker des Kommunismus Rechnung tragen. Sie machten den Fehler, den egoistischen Menschen der kapitalistischen Gesellschaftsordnung zur Norm aller Sozialordnungen zu erheben. „Vom bürgerlichen Standpunkt aus fällt es leicht, eine solche (d. h. kommunistische; M.) Gesellschaftsstruktur als reine Utopie hinzustellen und darüber zu grinsen, daß die Sozialisten jedem das Recht zusichern, von der Gesellschaft ohne jegliche Kontrolle über die Arbeitsleistung des einzelnen Bürgers eine beliebige Menge Trüffeln, Automobile, Klaviere u. a. m. zu erhalten." [63] Hinter einer derartigen Kritik verberge sich nur die „eigennützige Verteidigung des Kapitalismus." [64]
Als Marxist erweist sich auch Stalin, wenn er eine Gesellschaft anstrebt, in der das Sozialprodukt nach den Bedürfnissen verteilt wird, und wenn er auf

[60] *W. I. Lenin:* Staat und Revolution, Ausgewählte Werke, Band II, Berlin 1955, S. 233.
[61] Ebd., S. 235.
[62] Ebd., S. 232.
[63] Ebd.
[64] Ebd.

der Grundlage der sozialistischen die kommunistische Gesellschaft errichten will. „Unter Gleichheit versteht der Marxismus ... die gleiche Verpflichtung aller, nach ihren Fähigkeiten zu arbeiten, und das gleiche Recht aller Werktätigen, für diese Arbeit nach ihrer Leistung entlohnt zu werden (die *sozialistische* Gesellschaft); ... die gleiche Verpflichtung aller, nach ihren Fähigkeiten zu arbeiten, und das gleiche Recht aller Werktätigen, nach ihren Bedürfnissen entlohnt zu werden (die *kommunistische* Gesellschaft)." [65] Nachdrücklich wendet sich Stalin gegen diejenigen, welche eine gleichmacherische Konsumgestaltung erstreben. Ist doch „jegliche Gleichmacherei auf dem Gebiet der Bedürfnisse und der persönlichen Lebensverhältnisse eine reaktionäre, kleinbürgerliche Ungereimtheit ..., die irgendeiner primitiven Asketensekte, aber nicht einer marxistisch organisierten sozialistischen Gesellschaft würdig ist" [66]. Man könne nicht verlangen, daß „alle Menschen die gleichen Bedürfnisse und den gleichen Geschmack haben, daß alle Menschen in ihrem persönlichen Leben sich nach ein und demselben Muster richten" [67]. Es sei eine Verleumdung, wenn man behaupte, daß in der kommunistischen Gesellschaft „alle die gleichen Kleider tragen und die gleichen Speisen in der gleichen Menge einnehmen müssen" [68].

Das kommunistische Verteilungsprinzip „Jedem nach seinen Bedürfnissen" findet sich auch im Parteiprogramm der KPdSU aus dem Jahre 1961: „Kommunismus ist eine klassenlose Gesellschaftsordnung, in der Produktionsmittel einheitliches Volkseigentum und sämtliche Mitglieder der Gesellschaft völlig gleich sein werden, in der mit der allseitigen Entwicklung der Individuen auf der Grundlage der ständig fortschreitenden Wissenschaft und Technik auch die Produktivkräfte wachsen und alle Springquellen des genossenschaftlichen Reichtums voller fließen werden und wo das große Prinzip herrschen wird: Jeder nach seinen Fähigkeiten, jedem nach seinen Bedürfnissen" [69]. Zunächst werden die Güter in der Phase des Sozialismus noch nach dem Prinzip der Leistung verteilt werden. „Der Übergang zur kommunistischen Verteilung wird vollendet, nachdem sich das Prinzip der Verteilung nach der Leistung restlos erschöpft haben wird, d. h. nachdem ein Überfluß an materiellen und kulturellen Gütern eingetreten und die Arbeit für die Mitglieder der Gesellschaft zum ersten Lebensbedürfnis geworden sein wird." [70] Dem kommunistischen Parteiprogramm fehlt der Ge-

[65] *J. Stalin:* Bericht über die Arbeit des Zentralkomitees der KPdSU (B), Moskau–Leningrad 1934, S. 77 (Verlagsgenossenschaft ausländischer Arbeiter in der UdSSR).
[66] Ebd., S. 76.
[67] Ebd., S. 77.
[68] Ebd., S. 78.
[69] Programm der Kommunistischen Partei der Sowjetunion, Beschlossen vom XXII. Parteitag der KPdSU am 31. Oktober 1961, Moskau 1962, S. 74.
[70] Ebd., S. 109.

danke an eine artistisch gefärbte Verbrauchsgestaltung, wie er von Habermas und Marcuse entwickelt wurde. Stattdessen reden die sowjetischen Parteitheoretiker einer uneingeschränkten Bejahung der Dialektik von Konsum und Produktion das Wort. Ihr ungebrochenes Vertrauen in die segensreichen Wirkungen einer stetigen Steigerung der Bedürfnisse bekundet sich in einer minutiösen Beschreibung der kommunistischen Verteilungspraxis. Dem Parteiprogramm zufolge soll zunächst der Wohnraum nach dem kommunistischen Prinzip verteilt werden. „Im zweiten Jahrzehnt wird die Benutzung der Wohnungen für alle Bürger allmählich unentgeltlich." [71] Auch die Verkehrsmittel werden in der kommunistischen Phase kostenlos benutzt werden können. „Die Benutzung der kommunalen öffentlichen Verkehrsmittel ... wird im zweiten Jahrzehnt unentgeltlich." [72] Im letzten Jahrzehnt „werden auch die kommunalen Dienstleistungen – Wasser und Gasversorgung, sowie Beheizung – nicht mehr bezahlt werden müssen". Ebenso wird die Ernährung nach dem kommunistischen Verteilungsprinzip geregelt werden. „Im zweiten Jahrzehnt wird damit begonnen, in den Betrieben und Büros sowie für die in der Produktion beschäftigten Kolchosbauern unentgeltliches Gaststättenessen (Mittagessen) zur Verfügung zu stellen." [73] Auch für die Gesundheit wird vom Staate kostenlos gesorgt werden. „Ebenso wie die ärztliche Versorgung jetzt unentgeltlich ist, werden auch die Kuren in Sanatorien für Kranke sowie die Medikamente unentgeltlich sein." [74]

Des weiteren gibt es in der Sowjetunion Bestrebungen, Arbeits- und Wohnkommunen zu errichten. Immer mehr Bürger der Sowjetunion wünschen, so S. Strumilin, nicht nur musterhaft zu arbeiten, „sondern auch heldenmütig auf kommunistische Weise zu leben" [75]. Aus diesem Grunde „wird in der neuen Etappe des entfalteten kommunistischen Aufbaus das durchdachte Programm der Organisation eines ganzen Netzes von Arbeits- und Wohnkommunen immer mehr eine reale und dringende Notwendigkeit" [76]. Die Basis dieser Kommunen ist die Wohngemeinschaft. Im Anschluß an Fourier ist Strumilin der Ansicht, daß die typische Kommune einschließlich der Kinder, Greise und des Dienstpersonals nicht mehr als 2000 bis 2500 Menschen beherbergen soll [77]. Eine Stadt mit 30 000 Einwohnern wird also in 10–14 Wohnkommunen aufgeteilt sein. Um die einzelnen Wohnkommunen herum gruppieren sich Hilfskommunen, die der ärztlichen Betreuung, Versorgung und zu Lehrzwecken dienen. In diesen Kommunen werden „den

[71] Ebd., S. 111.
[72] Ebd., S. 112.
[73] Ebd., S. 115.
[74] Ebd., S. 114.
[75] *S. G. Strumilin:* Gedanken über die Zukunft, in: Ostprobleme 7 (1960), S. 375.
[76] Ebd.
[77] Ebd.

Kommunarden die gesamte Betreuung und Ausstattung – Bibliothek, Klavier, Fernsehempfänger, Billard, Kindererziehung und tägliche Verpflegung, Kleidung und Schuhe – in ausreichender Menge auf Kosten der gesellschaftlichen Fonds des Landes zur Verfügung stehen" [78]. Darüber hinaus erhalten die Menschen am Arbeitsplatz „Gutscheine zum Erwerb beliebiger Güter in den gesellschaftlichen Kaufhäusern." [79] Auf diese Weise werden die Bewohner dieser Kommunen alle ihre Bedürfnisse in vollem Umfange befriedigen können. Das kommunistische Verteilungsprinzip „Jedem nach seinem Bedürfnis" garantiert den Wegfall der Eigentumsdelikte. In der reichlich ausgestatteten Kommune, in der jeder soviel erhält wie er benötigt, wird der Anschlag auf das fremde Eigentum gegenstandslos. Aber auch andere Verbrechen wie Mord, Körperverletzung und Urkundenfälschung werden immer seltener werden, da sie im engsten Zusammenhang mit der bürgerlichen Eigentumsordnung stehen. Mit der Abschaffung des Eigentums, mit der Einführung des kommunistischen Verteilungsprinzips entfällt die Basis für Verbrechen, die in besonderem Maße die bürgerliche Eigentumsordnung auszeichnen.

Doch machen sich in der Sowjetunion auch Stimmen bemerkbar, die davor warnen, allzu große Erwartungen an das kommunistische Verteilungsprinzip „Jedem nach seinen Bedürfnissen" zu knüpfen. In einer kommunistischen Gesellschaft gehe es nicht an, daß die Bürger in unbegrenztem Maße Güter von der Gemeinschaft beanspruchen. „Nur anarchistische und in einer bürgerlichen Gesellschaft aufgewachsene Elemente können meinen, daß in der künftigen Gesellschaft ein jeder sich in unbegrenztem Ausmaß Bedarfsartikel nehmen, sie nach Lust und Laune wegwerfen, neue verlangen usw. kann. Eine derartige verschwenderische, ihrem Wesen nach barbarische Einstellung zum Gemeingut ist ein Fremdkörper im Kommunismus als der sparsamsten Gesellschaft." [80] In diesem Zusammenhang gewinnt die Unterscheidung von wahren und falschen Bedürfnissen an Bedeutung. Nach Chruschtschow werden in der kommunistischen Phase „nur die gesunden" und notwendigen Bedürfnisse befriedigt, denn nicht „die Launen und Ansprüche auf Luxusgegenstände", sondern die „gesunden Bedürfnisse eines kulturell entwickelten Menschen" [81] haben ein Anrecht auf Befriedigung. Die soziale Kontrolle in der kommunistischen Gesellschaft werde dafür sorgen, daß die asozialen, luxuriösen Bedürfnisse sich nicht entfalten können. Niemand sei genötigt,

[78] Ebd.
[79] Ebd.
[80] Komsomolskaja Pravda, 7. September 1958, in: Ostprobleme 12 (1960), S. 365.
[81] *N. S. Chruschtschow:* Rede auf dem 21. Parteitag, Pravda 18. 1. 1961, in: *Wolfgang Leonhard:* Sowjetideologie heute, II: Die politischen Lehren, Frankfurt am Main und Hamburg 1952, S. 280.

seine gesellschaftliche Stellung mit einem aufwendigen Konsum zu demonstrieren. Ein solches Verhalten verstoße gegen den allgemein akzeptierten Grundsatz des kommunistischen Gemeinwesens, jeden Bürger als prinzipiell gleichberechtigtes Mitglied der Gesellschaft zu betrachten. Sollte jemand trotzdem ungerechtfertigte Ansprüche an die kommunistische Ordnung stellen, so werde er von der Allgemeinheit alsbald korrigiert. Solche Menschen würden sich „in der kommunistischen Gesellschaft nur lächerlich machen. Und danach dürfte sich wohl kaum jemand finden, der den gleichen Versuch wiederholten wollte"[82].

Die Konzeption vom „spielenden Konsumenten", wie sie von Marcuse und Habermas entwickelt wurde, findet sich bei keinem der sowjetischen Sozialtheoretiker. Die sowjetmarxistischen Konsumvorstellungen verharren vielmehr in den Kategorien einer eher mangelwirtschaftlichen Betrachtungsweise. Wenn der Kommunismus als die „sparsamste Gesellschaft" verstanden sein will, dann ist in der Tat kein Raum gelassen für den spielenden Verbraucher.

[82] Grundlagen des Marxismus-Leninismus, Aus dem Russischen, Redaktionell durchges. und überarbeitet v. F. Günther und U. Kuhirt, Berlin 1960, S. 814.

Nachwort

Wir sind Erben der Aufklärung. Ihre beiden Grundprinzipien Rationalismus und Sensualismus haben in der modernen Wirtschaftsgesellschaft ihre Verwirklichung gefunden. Ziel der rationalen Planungsmethoden gehorchenden Wirtschaft ist die Befriedigung der menschlichen Bedürfnisse. Wir leben im Zeitalter des Hedonismus. Der gesellschaftliche Wertekodex bezieht sein Maß aus den Bedürfnissen der Menschen. Die Legitimität der heutigen Gesellschaftsordnungen bemißt sich nach ihrer Fähigkeit, das materielle und kulturelle Wohl ihrer Bürger zu gewährleisten. In diesem Ziel sind sich sowohl die liberalen als auch die sozialistischen Gesellschaftsordnungen einig. Jedes der beiden Systeme ist darauf bedacht, im Bewußtsein seiner Bürger und der des gegnerischen Systems als das ökonomisch effizientere zu gelten. Das in der amerikanischen Unabhängigkeitserklärung verkündete Recht eines jeden auf Glück – the pursuit of happiness – steht leitmotivisch über allen Gemeinwesen der Erde. Nicht zuletzt die Politiker der Entwicklungsländer müssen die „revolution of rising expectations" in ihre Pläne einbeziehen. Da der Hedonismus zum konstitutiven Prinzip der modernen Gesellschaftssysteme wurde, nimmt sich die Klage der Konservativen an der Ubiquität des Eudämonismus und der Appell zur Askese wirklichkeitsfremd und geschichtsblind aus.
Wenn sich auch die konservative Kritik an der heutigen Überflußgesellschaft entzündet und die allgemeine „Glücksgefräßigkeit"[1] geißelt, so ist damit noch keineswegs bewiesen, daß das Glücksbedürfnis aller ausreichend befriedigt wird. Es ist zu fragen, ob unsere leistungsfähige Industriegesellschaft die objektiv gegebenen Möglichkeiten zur Befriedigung der Bedürfnisse aller Bürger auch wirklich nutzt. Tatsächlich mindern Leistungsstreß und Konsumzwang das Glück vieler Bürger. In der Kritik an der Konsumgesellschaft scheinen Neo-Konservative und Neo-Marxisten übereinzustimmen. Indes gehen sie von grundsätzlich verschiedenen Positionen aus. Während die Neo-Marxisten in den Kategorien eines hedonistischen Weltverständnisses denken und der Gesellschaft zum Vorwurf machen, das Glücksverlangen der Bürger nicht zu erfüllen, perhorreszieren die Neo-Konservativen den allgemeinen Anspruch auf Glück überhaupt. Diese lehnen den Prozeß der Bedürfnisentgrenzung als Irrweg ab; jene beabsichtigen, den Güterreichtum der entwickelten Industriegesellschaft für das Glück aller zu nutzen. Um zu diesem Ziel zu gelangen, wollen die Neo-Marxisten sowohl den Bereich der

[1] *Gehlen:* Moral und Hypermoral, S. 64.

Konsumtion als auch den der Produktion ändern. Sie weisen mit Recht darauf hin, daß der Leistungsdruck, der heute auf den Menschen lastet, nicht mehr notwendig ist. Der Stand der Produktivkräfte bietet heute die Möglichkeit, den Arbeitsaufwand zu reduzieren. Die Produktionskapazität übersteigt tendenziell die Konsumkapazität[2]. Nur mit Hilfe eines aufwendigen Werbeapparates und des geplanten Verschleißes der Konsumgüter läßt sich die Güterfülle absetzen. Da sich die Konsumkapazität wegen der nur begrenzt verfügbaren Verbrauchszeit kaum steigern läßt, die Produktionskapazität auf Grund des technischen Fortschrittes jedoch laufend steigt, rückt der Zeitpunkt nahe, an dem es zur Absatzstockung kommt. Spätestens dann wird man einsehen, daß die Produktion gedrosselt, der Leistungsdruck vermindert werden muß.

Auch im Interesse eines effizienten Umweltschutzes ist die Drosselung der Produktion geboten. Die modernen Produktionsanlagen und viele Konsumgüter verseuchen mit ihren Abfallstoffen die Umwelt. Die Fähigkeit, aktiv auf die Umwelt einwirken zu können, wird dem Menschen mehr und mehr zum Verhängnis. Dieser gefährlichen Dialektik des technisch-ökonomischen Fortschrittes wird man sich allmählich bewußt. Interessanterweise sind es gerade Nationalökonomen, die den weiteren unbegrenzten Anstieg der Bedürfnissteigerung skeptisch beurteilen. H. C. Binswanger spricht von einer Lücke in der bisherigen Wachstumstheorie. Sie sei einseitig davon ausgegangen, daß Kapitaleinsatz, Arbeitseinsatz und technischer Fortschritt Bedingungen des Wachstums seien. Sie habe aber die Knappheit der natürlichen Ressourcen und den daraus resultierenden Raubbau an der Natur übersehen[3].

[2] Dazu grundsätzlich: *Staffan Burenstam Linder:* The harried leisure class, New York 1970.

[3] *H. C. Binswanger:* Wirtschaftliches Wachstum – Fortschritt oder Raubbau?, in: Neue Zürcher Zeitung, Fernausgabe Nr. 209, 1. August 1970. Die Produktionsfunktion der herrschenden Wachstumstheorie lautet nach Binswanger: „Das Sozialprodukt, das heißt das sogenannte reale Volkseinkommen, ist abhängig erstens vom Arbeitseinsatz, zweitens vom Kapitaleinsatz, und drittens von einer Restgröße, die man als technischen Fortschritt bezeichnet ... In dieser volkswirtschaftlichen Produktionsfunktion fehlt jedoch eine *vierte Größe*; es fehlt als explicite Größe der Abbau der uns von der Natur gegebenen Güter beziehungsweise deren allmählicher Einbezug in das sogenannte reale Volkseinkommen ... Der heute herrschenden Wachstumstheorie liegt offensichtlich die Auffassung zugrunde, daß bei dem ganzen Wachstumsprozeß dieser Rohstoff ‚Natur' keine Rolle spiele." Er gibt folgende Prognose: „Nach einem langsamen Ansteigen des sogenannten realen Volkseinkommens mit einem ebenso langsamen Abbau des von der Natur gegebenen Vorrats sind wir seit dem 18./19. und erst recht seit Mitte des 20. Jahrhunderts in einen Beschleunigungsprozeß eingetreten, der bald zur Kreuzung der Wachstums- und der Abbaukurve führen kann ... Von da an wird die durch das Wachstum bewirkte Erhöhung des Lebensstandards kleiner als die durch den Raubbau bewirkte Minderung desselben."

Angesichts der immer schwieriger absetzbaren Gütermengen und der drohenden Umweltverseuchung muß das ausufernde Wachstum der Produktion eingedämmt werden. So betrachtet arbeiten viele Menschen heute schon für ein irrationales Produktionsziel. Sie verbringen täglich acht Stunden in ungesunden Fabrik- und Bürohallen, verrichten monotone Fließband- und Schreibtischarbeit, um Güter zu produzieren, die kaum abzusetzen sind und darüber hinaus die Umwelt verschmutzen. Die Reduktion des Leistungsdruckes ist also ein Gebot der Vernunft.

Nicht nur im Produktionsbereich, sondern auch im Konsumsektor werden die menschlichen Bedürfnisse manipuliert. Der Konsument ist dem Werbeterror der Reklamefirmen ausgesetzt. In dem Maße, in dem sich der Verbrauch nicht lebenswichtiger Güter erhöht, ist die Werbeindustrie gezwungen, die Konsumenten zum Kauf dieser Güter zu überreden. Die Sinne des Konsumenten werden mehr und mehr von den Medien der Werbung in Anspruch genommen. Sozialpsychologen haben ausgerechnet, daß die amerikanische Durchschnittsfamilie pro Tag von nicht weniger als 1518 Werbemitteilungen überschüttet wird[4]. In einer Gesellschaft, in der die Kapazität zu produzieren die Fähigkeit zu konsumieren tendenziell übersteigt, in der mit allen zur Verfügung stehenden Mitteln für den Absatz des neuproduzierten Reichtums gesorgt werden muß, geraten die Menschen in der Tat in einen „Bedürfnistaumel", um den Ausdruck des neokonservativen Kulturkritikers Edgar J. Jung zu gebrauchen. Die Drosselung bzw. Senkung der Güterproduktion würde eine Verringerung des Werbeaufwandes im Gefolge haben und den Konsumzwang lockern.

Darüber hinaus erfordert die Humanisierung des Konsumsektors eine bessere Befriedigung der Kollektivbedürfnisse. Während in der liberalen Wirtschaftsgesellschaft die Individualbedürfnisse ins scheinbar Uferlose gesteigert werden, existiert ein gravierender Fehlbedarf auf dem Gebiet der sozialen Einrichtungen. Es fehlen Krankenhäuser, Schulen, Sportanlagen, Altersheime. Die Umschichtung von den Individual- auf die Kollektivbedürfnisse würde zugleich auch die Werbeanstrengungen vermindern helfen. Für den Besuch von Schulen, Universitäten, Museen, Forschungsstätten und Erholungseinrichtungen erübrigt sich eine aufwendige Werbung.

Zu einer Gesellschaftsordnung, deren konstitutives Prinzip der Hedonismus ist, gehört wesentlich die volle Befriedigung der kulturellen Bedürfnisse. Hat sich nun die Hoffnung der zukunftsfreudigen liberalen und sozialistischen Gesellschaftslehre erfüllt, wonach der allgemeine Wohlstand zugleich auch die geistigen Kräfte des Menschen zur Entfaltung bringt?

[4] *Vance Packard:* Die große Verschwendung, in: Verschwendung als Wirtschaftsphilosophie, Hrsg. Stiftung im Gruene, Düsseldorf und Wien 1962, S. 26.

Oder aber haben die Konservativen mit ihrer Ansicht, die Steigerung der primären Bedürfnisse führe zu einer Reduktion der kulturellen, recht behalten? Es ist davon auszugehen, daß heute eine leistungsfähige Wirtschaft die ökonomischen Voraussetzungen für die volle Entfaltung der kulturellen Kräfte des Menschen schafft. Allerdings ist in der liberalen Wirtschaft die Befriedigung der kulturellen Bedürfnisse dem Markte überantwortet. Der für die kapitalistische Wirtschaft so typische Konzentrationsprozeß macht auch vor dem kulturellen Sektor nicht halt. Das kulturelle Leben gerät auf diese Weise mehr und mehr in die Hände einiger weniger Großunternehmer. Wenn die private Verfügungsgewalt von marktbeherrschenden Großverlegern das literarische Geschehen bestimmt, so führt das unweigerlich zu einer Verarmung des kulturellen Lebens. Die Verleger von Taschenbüchern in den USA neigen heute dazu, nur Bücher eines bestimmten Genres zu verlegen: Romane aus dem Geschäftsmilieu, Kriegsschilderungen, Kriminalromane, Gruselgeschichten etc.[5]. Die Inhaber und Leiter der großen marktbeherrschenden Verlagshäuser bestimmen, was die Massen lesen und was nicht. Dabei entscheidet die Größe des Werbeetats über den Erfolg des Produktes. Was für die Literatur zutrifft, gilt nicht minder für den Markt der Zeitungen und Zeitschriften. Auch er wird in zunehmenden Maße von einigen wenigen Großverlegern beherrscht. Hier geht es gleichermaßen um möglichst hohe Verzinsung des eingesetzten Kapitals. Die Hoffnung der liberalen und sozialistischen Autoren, daß der ökonomische Fortschritt den kulturellen mit sich bringt, hat sich also nur bedingt erfüllt. Die technischen Möglichkeiten, welche die modernen Massenkommunikationsmittel bieten, werden höchst unvollkommen zur Aufklärung und Bildung der Bürger genützt.
Hat die Bedürfnissteigerung die politische Emanzipation im Gefolge gehabt? Verwirklichte sich die Hoffnung der emanzipatorischen Autoren, daß die Vervielfältigung der Bedürfnisse zur Liberalisierung und Demokratisierung auch des politischen Bereichs beitrage? Zu Recht haben die sozialistischen Gesellschaftstheoretiker auf die Beseitigung der materiellen Not als unabdingbaren Voraussetzung der politischen Emanzipation der Massen aufmerksam gemacht. Ein auf Mitwirkung und Mitbestimmung aller Bürger gegründetes Gemeinwesen gewinnt Gestalt erst durch die volle Befriedigung der primären Bedürfnisse aller seiner Mitglieder. Tägliche Sorge um Nahrung, Wohnung und Kleidung machen politische Bildung und politische Aktivität beinahe unmöglich. Not und Elend können wohl zu temporären revolutionären Eruptionen führen, nicht aber zu einer kontinuierlichen Partizipation am politischen Prozeß. Wohlstand und politische Liberalität bedingen sich gegenseitig. Politische Selbstbestimmung ver-

[5] *Daniel J. Boorstin:* Das Image oder was wurde aus dem Amerikanischen Traum?, Reinbek bei Hamburg 1964, S. 126 (Rowohlt Paperback 35).

langt Bedürfnisbefriedigung, und das Glücksstreben bedarf zu seiner humanen Konkretisierung politischer Autonomie. „Glückslehren meinen keinen Garten für unmündige Tiere, Würdelehren keine Kostverächter"[6] (Ernst Bloch). Jedoch löst die politische Wirklichkeit diese grundlegende Einsicht der emanzipatorischen Gesellschaftslehre nicht immer ein. Oft koindiziert Wohlstand mit politischer Unfreiheit. Tyrannis und plebiszitäre Pseudopartizipation am politischen Geschehen können durchaus auf dem Grunde einer bedürfnisreichen Ökonomie gedeihen. Während in früheren Sozialepochen der Arme immer zugleich auch der Rechtlose war, verschwistern sich im Zeitalter des materiellen Überflusses politische Illiberalität und Bedürfnisreichtum nicht selten miteinander. Aufklärerisches Denken würde sich heute nicht zuletzt darin bewähren, Massenwohlstand und gesellschaftlich-politische Liberalität dauerhaft miteinander zu verbinden.

[6] *Ernst Bloch:* Naturrecht und menschliche Würde, Gesamtausgabe Bd. 6, Frankfurt am Main 1961.

Begriffsgeschichtlicher Exkurs

Bedürfnis, frühnhd. bedurfnusse (lat. indigentia) ist abgeleitet aus dem Zeitwort bedürfen, ahd. bidurfan, mhd. bedurfen. Dürfen bedeutet im Indogermanischen (terp) eine Sache genießen; germanischer Pessimismus verwandelt diesen Wortsinn dann in darben, entbehren[1]. Bedürfnis wird in einem subjektiven Sinne – als Gefühl eines Mangels, verbunden mit dem Streben nach dessen Beseitigung[2] – und in einer objektiven Bedeutung – als Mittel zur Beseitigung des empfundenen Mangels[3] – gebraucht. In Adelungs „Wörterbuch der Hochdeutschen Mundart" (1776) wird in diesem Sinne bereits zwischen dem „Zustand, worinn man einer Sache bedarf", und der „Sache selbst, deren man bedarf" unterschieden[4].

Bedarf, aus dem Nd. (mnd. bedarf, bederf) ist gebildet aus dem Präsens des Zeitworts. Das Wort Bedarf (lat. necessitas, egestas), das in allen Wörterbüchern des 17. Jahrhunderts Erwähnung findet[5], wird im 18. Jahrhundert zu den unzeitgemäßen Begriffen gerechnet. Für Adelung ist Bedarf „ein im

[1] Vgl. *Friedrich Kluge:* Etymologisches Wörterbuch der deutschen Sprache, 19. Aufl., Berlin 1963, S. 149.

[2] Nach *Friedrich Benedikt Wilhelm v. Hermann* ist Bedürfnis „das Gefühl eines Mangels mit dem Streben ihn zu beseitigen". (Staatswirtschaftliche Untersuchungen, 2. Aufl., München 1870, S. 5.) *J. Tiburtius* definiert „Bedürfnis als ein aus dem Gefühle oder der Vorstellung einer Gleichgewichtsstörung erwachsenes, auf Bewahrung oder Wiederherstellung zielendes Begehren". (Der Begriff des Bedürfnisses, in: Jahrbücher für Nationalökonomie und Statistik, 103. Band, III. Folge, 48. Band, Jena 1914, S. 722.) Für *F. Oppenheimer* ist „das Bedürfnis das Gefühl einer Störung im Gleichgewicht der Substanz oder Energie und der damit verbundene, auf Beseitigung der Störung gerichtete Trieb". (System der Soziologie, 3. Band, Theorie der reinen und politischen Ökonomie, 1. Halbband, 5. Aufl., Jena 1923, S. 19.)

[3] Die Unterscheidung in objektives und subjektives Bedürfnis wird von *Gruber* in der Allgemeinen Encyklopädie der Wissenschaften und Künste (Hrsg. J. S. Ersch und J. F. Gruber) als Sprachmißbrauch abgelehnt; man solle „den gefühlten Mangel und den Gegenstand, der ihm abhilft" nicht mit demselben Wort bezeichnen, „da doch unserer Sprache für den Gegenstand des Bedürfnisses ein eigenes Wort nicht fehlt, nämlich Bedarf". (7. Teil, Leipzig 1821, S. 324.) Noch 1896 lehnt *L. H. Schulze* es ab, das „Begehrte und Entbehrte" als Bedürfnis zu bezeichnen. (Erörterungen über Begriff und Einteilung der Bedürfnisse der Menschen, Heidelberg 1896, S. 29.)

[4] *Johann Christoph Adelung:* Versuch eines vollständigen grammatisch-kritischen Wörterbuches der Hochdeutschen Mundart, Teil 1: A–E, Leipzig 1774, S. 698.

[5] Z. B. bei *Georg Henisch:* Teutsche Sprach und Weißheit, Augsburg 1616 und *Caspar Stieler:* Der Teutschen Sprache Stammbaum und Fortwachs oder Teutscher Sprachschatz, Nürnberg 1691. Stieler kennt Geldbedarf, Kunstbedarf und Freundebedarf.

Hochdeutschen mehrentheils veraltetes Hauptwort, so nur noch in den Kanzelleyen üblich ist"[6]; Heynatz (1796) zufolge findet man es „aber noch in der Handelssprache" häufig[7]. Aus Gründen der sprachlichen Präzision fordert Campe (1794), den Begriff Bedarf wieder ins Hochdeutsche aufzunehmen, da „Nothdurft nur das, was wir, um nicht Noth zu leiden, brauchen, und Bedürfniß nur den Zustand, da man etwas bedarf, nicht auch die Sache, die man bedarf, bezeichnen sollte"[8]. Der heutige Sprachgebrauch unterscheidet zwischen dem subjektiven Bedarf – einer Situation, in der man etwas bedarf – und dem objektiven Bedarf – dem Gegenstand, dessen man bedarf, bzw. der Quantität der zur Bedürfnisbefriedigung erforderlichen Mittel –. Diese Unterscheidung ist schon bei Adelung gemacht; er trennt zwischen dem „Zustand, da man einer Sache bedarf" und demjenigen „wessen man bedarf"[9]. Im Bereich der Volkswirtschaftslehre hat sich der objektive Bedarfsbegriff weitgehend durchgesetzt[10].

Der Kameralismus unterscheidet die Bedürfnisse in „wirkliche" und „ein-

[6] *Adelung:* Versuch eines vollständigen grammatisch-kritischen Wörterbuches der Hochdeutschen Mundart, Teil 1, S. 692. *J. L. Frisch* rechnet Bedarf zu den unechten und veralteten Wörtern (Teutsch-lateinisches Wörterbuch, Berlin 1741, S. 185). *Ch. E. Steinbach* stellt fest: „Vox non ubique usitata" (Vollständiges deutsches Wörterbuch, Breslau 1734, S. 311).

[7] *Johann Friedrich Heynatz:* Versuch eines Deutschen Antibarbarus, 1. Band, Berlin 1796, S. 201 f.

[8] *Joachim Heinrich Campe:* Über die Reinigung und Bereicherung der Deutschen Sprache, Braunschweig 1794, S. 48. Im Wörterbuch der Deutschen Sprache, Teil 1: A–E, Braunschweig 1807, S. 404, kennt Campe sowohl die subjektive als auch die objektive Bedeutung des Begriffes Bedarf. Campe unterscheidet hier zwischen dem Zustand, „da man eine Sache bedarf" und demjenigen, „was man bedarf".

[9] *Adelung:* Versuch eines vollständigen grammatisch-kritischen Wörterbuches der Hochdeutschen Mundart, Teil 1, S. 692.

[10] Dafür die folgenden Beispiele: *J. P. Harl* (Vollständiges Handbuch der Staatswirthschaft und Finanz, Erlangen 1811, S. 148) definiert bereits Bedarf als die „Sache, welche das menschliche Bedürfniß erfordert." Nach *C. Menger* (Grundsätze der Volkswirtschaftslehre, 2. Teil, Wien 1871, S. 32) ist Bedarf „die Quantität von Gütern, welche ein Mensch zur Befriedigung seiner Bedürfnisse benötigt". *O. v. Zwiedineck-Südenhorst* (Allgemeine Volkswirtschaftslehre, 2. Aufl., Berlin, Göttingen, Heidelberg 1948, S. 34) bestimmt: „Bedarf ist eine Menge von Mitteln, wie sie dem Bedürfnisstand eines Wirtschafters entspricht." Und *E. Böhler* (Nationalökonomie, Grundlagen und Grundlehren, 4. Aufl., Zürich 1960, S. 16) faßt Bedarf als „die Summe der begehrten Güter" auf. Allerdings wird auch die Summe der Bedürfnisse (Bedürfnis im subjektiven Sinn) als Bedarf bezeichnet. *W. Roscher* (System der Volkswirthschaft, 1. Band, Die Grundlagen der Nationalökonomie, 10. Aufl., Stuttgart 1873, S. 1) zufolge hat „jeder Mensch zahllose Bedürfnisse, leibliche und geistige, deren Gesammtheit sein Bedarf heißt". Für *H. v. Mangoldt* (Grundriß der Volkswirtschaftslehre, 2. Aufl., Berlin 1871, S. 2) ist Bedarf ebenfalls die „Gesammtheit der Bedürfnisse".

gebildete" (Justi)[11], in „wahre" und „eingebildete" (Sonnenfels)[12]. Neben dieser Zweiteilung findet sich in der kameralistischen Literatur auch die vom italienischen Merkantilisten Genovesi[13] herrührende und vor allem infolge der stetig zunehmenden Bedürfnisausweitung notwendig gewordene Dreiteilung der Bedürfnisse in solche der „Nothwendigkeit, der Bequemlichkeit und der Ueppigkeit" (Pfeiffer)[14]. Zu den notwendigen Bedürfnissen zählt Pfeiffer „Getraide zum Unterhalt der Einwohner, Güter und Waaren, welche zu der Kleidung" erforderlich sind und „alle Geräthschaften, die sowohl zum Ackerbau und den Manufacturen, als zu den täglichen Geschäften und Gewerben der Menschen unentbehrlich sind"[15]. Alle anderen beweglichen Güter zählen zu den Bedürfnissen der Bequemlichkeit, doch lassen sich die „Grenzen der wahren und eingebildeten Bequemlichkeit ... nicht hinlänglich voneinander unterscheiden"[16]. Ebenso ist das Bedürfnis der Üppigkeit oder des Luxus ein „relativistischer Begriff". „Ein armes Land kann etwas vor Ueppigkeit ansehen, was in einer anderen Gegend unter die würklichen Bedürfniße des Lebens gerechnet wird."[17]

Der von den Kameralisten verwendete Bedürfnisbegriff umschließt auch schon die Bedürfnisse, welche das Gemeinwesen als solches hat, und die später als Kollektiv- bzw. Gemeinbedürfnisse bezeichnet werden. Dadurch nämlich, daß die Bedürfnisse nicht mehr wie in der vormerkantilistischen Wirtschaft Gegenstand hausherrlicher Disposition, sondern nun Objekt regentlicher Gewalt sind, machen die im kameralistischen System entstehenden politischen Aufgaben den Staat selber zum Träger von Bedürfnissen. So kennt Christian Wolff, der Begründer der Theorie des eudämonistischen Polizeistaates, ein finanzielles Bedürfnis der Obrigkeit[18]. Sonnenfels und andere Kameralisten betonen das „Bedürfniß des Staates"[19].

[11] *Johann Heinrich Gottlob von Justi:* Grundsätze der Policey-Wissenschaft, Göttingen 1756, S. 139; die Einteilung in einen „besoin naturel" und in „besoins chimériques" findet sich bereits in der Encyclopédie von Diderot und D'Alembert.

[12] *Joseph v. Sonnenfels:* Grundsätze der Policey, Handlung Finanzwissenschaft, 2. Teil, 2. Aufl., Wien 1771, S. 5.

[13] *Antonio Genovesi:* Lezione di Commercio, o sia d'Economia Civile, Parte Seconda, Bassano 1769, S. 11 ff.

[14] *Johann Friedrich Pfeiffer:* Artikel: Bedürfniß nach den Gesetzen der Policey erwogen, in: Teutsche Encyclopädie oder Allgemeines Realwörterbuch aller Künste und Wissenschaften, Bd. III, Frankfurt am Main 1781, S. 161.

[15] Ebd.

[16] Ebd.

[17] Ebd.

[18] *Christian Wolff:* Vernünfftige Gedancken von dem gesellschaftlichen Leben der Menschen, Halle 1721, S. 471.

[19] *Sonnenfels:* Grundsätze der Policey, Handlung Finanzwissenschaft, 3. Teil, S. 23, 213, 222. Der Begriff „besoin de l'État" findet sich schon bei dem französischen Merkantilisten *Sébastian de Vauban* (Projet d'une dîme royale, 1707, S. 38 und 125).

Der Bedürfnisbegriff erfährt in der liberalen Nationalökonomie, verglichen mit seiner Verwendung in der kameralistischen Wirtschaftslehre, eine weitere Differenzierung. Während sich Hufeland[20] und Lueder[21] noch wie die meisten Kameralisten mit der Unterteilung in „Grund- und Nebenbedürfnisse" begnügen, Jakob im Anschluß an Genovesi die Bedürfnisse nach dem Gesichtspunkt der „Nothwendigkeit, der Bequemlichkeit ... und des Wohllebens"[22] einteilt, kommt Rau, indem er die soziale Verflechtung des Menschen berücksichtigt, zu einer vierfachen Unterscheidung. Er teilt die Bedürfnisse des einzelnen ein in „1) allgemein menschliche Bedürfnisse, 2) solche, die den Mitgliedern eines besonderen Volkes gemeinschaftlich sind, 3) solche, die dem Stande entsprechen, den er in der Gesellschaft einnimmt, 4) individuelle, die aus seinen persönlichen Verhältnissen entspringen und in Ansehung deren keine Gleichförmigkeit unter den Menschen besteht"[23]. Hermann differenziert nach Individual- und Kollektivbedürfnissen, wobei er letztere definiert als „Bedürfnisse einer Mehrheit von Menschen, als eines Ganzen, deren Befriedigung lediglich der Gesammtheit ohne Bezeichnung einzelner Mitglieder der Verbindung und ihres Antheils dargeboten wird"[24]. Der konservative Nationalökonom Adolph Wagner hat sich vor allem um die Systematisierung der „Gemeinbedürfnisse" bemüht. Er unterscheidet zwischen Existenz- und Kulturbedürfnissen, sowie zwischen Individual- und Gemeinbedürfnissen. Letztere teilt er in allgemeine (wie z. B. die Rechtsordnung) und in spezielle. Diese wurzeln in bestimmten Gesellschaftsverhältnissen und teilen sich auf in 1. räumliche oder örtliche (z. B. Gemeinbedürfnisse der Gesundheit), 2. zeitliche (z. B. Bildungsbedürfnisse der Kinder) und 3. Klassen-Gemeinbedürfnisse (z. B. Bedürfnisse der wirtschaftlichen Berufsgemeinschaften)[25]. Für den Staatssozialisten Carl Rodbertus gibt

[20] *Gottlieb Hufeland:* Neue Grundlegung der Staatswirthschaftskunst, 1. Teil, Gießen und Wetzlar 1807, S. 24.

[21] *Lueder:* Die National-Industrie und ihre Wirkungen, Braunschweig 1808, S. 4.

[22] *Ludwig Heinrich Jakob:* Grundsätze der National-Ökonomie, Halle 1805, S. 15.

[23] *Karl Heinrich Rau:* Lehrbuch der politischen Ökonomie, Band 1, Die Volkswirtschaftslehre, Heidelberg 1826, S. 54.

[24] *Hermann:* Staatswirtschaftliche Untersuchungen, S. 84. Zum Begriff des Kollektivbedürfnisses vgl. *Walther Lotz:* Kollektivbedarf und Individualbedarf, Sitzungsbericht der Bayerischen Akademie der Wissenschaften, Philosophisch-Historische Abteilung, Jg. 1929, H. 2, München 1929; *Th. Suranyi-Unger:* Wirtschaftspolitik im Entstehen, Beiträge zur Lehre von den Gemeinbedürfnissen, Jena 1933; *ders.*, Individual and Collective Wants, in: The Journal of Political Economy, Band 56, Chicago 1948, S. 1 ff. *Wilhelm Weber:* Kollektivbedürfnisse, Gemeinwillen und Gemeinhandeln, in: Wirtschaftliche Entwicklung und soziale Ordnung, Festschrift für F. Degenfeld-Schonburg, Hrsg. J. Messner und E. Lagler, Wien 1953, S. 153 ff.

[25] *Adolph Wagner:* Grundlegung der Politischen Ökonomie, 3. Aufl., 1. Teil, Leipzig 1892, S. 831 ff.

es in der arbeitsteiligen Wirtschaft im Unterschied zur isolierten „neben oder vielmehr über dem individuellen Bedürfniss ... das Nationalbedürfniss“ [26]. Dieses ist mehr als die Summe der einzelnen Bedürfnisse. Im Nationalbedürfnis, das sowohl die individuellen als auch die „Bedürfnisse der Gesellschaft“ enthalte, verringerten sich die Bedürfnisse der Individuen ständig, während die „kommunistischen, oder die welche die Gesellschaft als solche hat“ immer größere Bedeutung erlangten [27].

[26] *Carl Rodbertus:* Das Kapital, Hrsg. A. Wagner und Th. Kozak, 2. Aufl., Berlin 1899, S. 90 f.
[27] Ebd.

Literaturverzeichnis

I. Quellen

Adelung, Johann Christoph: Versuch eines vollständigen grammatisch-kritischen Wörterbuches der Hochdeutschen Mundart, 5 Bde., Leipzig 1774.

Baader, Franz von: Gesellschaftslehre, hrsg. v. H. Grassl, München 1957.

Babeuf, François-Noël: Pages choisies de Babeuf, Ed. Maurice Dommanget, Paris 1935.

Bäumler, Alfred: Männerbund und Wissenschaft, Berlin 1934.

Bazard, Saint-Amand et *Barthèlemy-Prosper Enfantin:* Lettre à Monsieur le Président de la Chambre des Députés, 1. 10. 1830, in: Oeuvres de Saint-Simon, Ed. Olinde Rodrigues, Paris 1841.

Binswanger, H. C.: Wirtschaftliches Wachstum – Fortschritt oder Raubbau?, in: Neue Zürcher Zeitung Fernausgabe Nr. 209, 1. August 1970.

Bismarck, Otto von: Gedanken und Erinnerungen, Volksausgabe, Stuttgart und Berlin 1922.

Böhler, Eugen: Nationalökonomie, Grundlagen und Grundlehren, 4. Aufl., Zürich 1960.

Buonarotti, Philippe-Michel: Conspiration pour l'égalité dite de Babeuf, 2 Bde., Bruxelles 1828.

Cabet, Etienne: Mon credo communiste, Cinquième édition, Paris 1847.

Ders.: Comment je suis communiste, Cinquième édition, Paris 1847.

Ders.: Voyage en Icarie, Paris 1848.

Campe, Joachim Heinrich: Wörterbuch der Deutschen Sprache, 5 Bde., Braunschweig 1807–1811.

Ders.: Über die Reinigung und Bereicherung der Deutschen Sprache, Braunschweig 1794.

Chruschtschow, N. S.: Rede auf dem XXI. Parteitag, Pravda 18. 1. 1961, in: *Wolfgang Leonhard:* Sowjetideologie heute, II: Die politischen Lehren, Frankfurt am Main und Hamburg 1952 (Fischer-Bücherei 461).

Dézamy, Theodore: M. Lamenais réfuté par lui-même, Paris 1841.

Ders.: Code de la communeauté, Paris 1842.

Diderot, Denis: Artikel Homme. Encyclopédie, ou dictionnaire raisonné des sciences, des arts et des métiers, Tome huitième, Neufchastel 1755.

Ders.: Artikel Leibnizianisme. Encyclopédie, Tome neuvième, Neufchastel 1755.

Dietzgen, Joseph: Schriften in drei Bänden, Hrsg. Arbeitsgruppe für Philosophie an der Deutschen Akademie der Wissenschaften zu Berlin, Berlin 1961.

Ersch, J. S. und *J. F. Gruber:* Allgemeine Encyclopädie der Wissenschaften und Künste, Leipzig 1821.

Fourier, Charles: Oeuvres complètes, 6 Bde., Paris 1841–1845.

Freyer, Hans: Theorie des gegenwärtigen Zeitalters, Stuttgart 1958.

Frisch, Johann Leonhard: Teutsch-lateinisches Wörterbuch, Berlin 1741.

Frölich, Carl Wilhelm: Über den Menschen und seine Verhältnisse (1792; anonym), Hrsg. G. Steiner, Berlin 1960 (Quellen und Texte zur Geschichte der Philosophie).

Gall, Ludwig: Beleuchtung der Förster'schen Kritik der gerühmten Destilliergeräthe (1835), in: Der deutsche Sozialismus von Ludwig Gall bis Karl Marx, Ein Lesebuch, Hrsg. F. Brügel und B. Kautsky, Wien und Leipzig 1931.

Garaudy, Roger: Pour un modèle français du socialisme, Paris 1968 (idées actuelles nrf 171).

Ders.: Kann man heute noch Kommunist sein?, Aus dem Französischen, Reinbek bei Hamburg 1970 (Rowohlt Taschenbuch 72).

Garve, Christian: Versuche über verschiedene Gegenstände aus der Moral, der Litteratur und dem gesellschaftlichen Leben, 5 Bde., Breslau 1792–1802.

Gehlen, Arnold: Anthropologische Forschung, Reinbek bei Hamburg 1961 (rowohlts deutsche enzyklopädie 138).

Ders.: Moral und Hypermoral, eine pluralistische Ethik, Frankfurt am Main und Berlin 1969.

Genovesi, Antonio: Lezioni di Commercio, o sia d'Economia Civile, 2 Bde., Bassano 1769.

Gorz, André: Réforme et révolution, Paris 1969.

Görres, Joseph: Europa und die Revolution, Stuttgart 1821.

Grundlagen des Marxismus-Leninismus, Aus dem Russischen, Redaktionell durchgesehen und überarbeitet von F. Günther und U. Kuhirt, Berlin 1960.

Habermas, Jürgen: Die Dialektik der Rationalisierung, Vom Pauperismus in Produktion und Konsum, Merkur 8 (1954).

Ders.: Notizen zum Mißverhältnis von Kultur und Konsum, Merkur 10 (1956).

Ders.: Können Konsumenten spielen?, Frankfurter Allgemeine Zeitung Nr. 88, 13. April 1957.

Ders.: Soziologische Notizen zum Verhältnis von Arbeit und Freizeit, in: Konkrete Vernunft, Festschrift für E. Rothacker, Hrsg. G. Funke, Bonn 1958.

Haller, Carl Ludwig von: Restauration der Staatswissenschaft, 3 Bde., 2. Aufl., Winterthur 1820.

Harl, Johann Paul: Vollständiges Handbuch der Staatswirthschaft und Finanz, Erlangen 1811.

Hartmann, August: Versuch einer geordneten Anleitung zur Hauswirtschaft, Stuttgart 1792.

Hayek, F. A.: Der Weg zur Knechtschaft, Hrsg. Wilhelm Röpke, 3. Aufl., Erlenbach–Zürich 1952.

Hegel, Georg Wilhelm Friedrich: Grundlinien der Philosophie des Rechts, Hrsg. J. Hoffmeister, Hamburg 1955 (Philosophische Bibliothek Band 124 a).

Helvétius, Claude-Adrien: De l'homme, 2 Bde., Londres 1773.

Henisch, Georg: Teutsche Sprach und Weißheit, Augsburg 1616.

Hermann, Friedrich Benedikt Wilhelm von: Staatswirtschaftliche Untersuchungen, 2. Aufl., München 1870.

Hess, Moses: Philosophische und sozialistische Schriften 1837–1850, Hrsg. A. Cornu und W. Mönke, Berlin 1961.

Heynatz, Johann Friedrich: Versuch eines Deutschen Antibarbarus, Berlin 1796.

Hobbes, Thomas: The English works of Thomas Hobbes, Ed. William Molesworth, London 1839–1845.

Holbach, Paul-Henri von: Système de la nature, 2 Bde., Londres 1770.

Ders.: La politique naturelle, 2 Bde., Londres 1773.

Huber, Victor Aimé: Ausgewählte Schriften über Socialreform und Genossenschaftswesen, Hrsg. K. Munding, Berlin 1894.

Hufeland, Gottlieb: Neue Grundlegung der Staatswirthschaftskunst, 2 Bde., Gießen und Wetzlar 1807.
Hume, David: Essays, moral political and literary, Ed. T. H. Green and T. H. Grose, New edition, London 1882.
Jakob, Ludwig Heinrich: Grundsätze der National-Ökonomie, Halle 1805.
James, William: The varieties of religious experience, A study in human nature, London, New York and Bombay 1902.
Jung, Edgar J.: Die Herrschaft der Minderwertigen, 2. Aufl., Berlin 1930.
Justi, Johann Heinrich Gottlob von: Grundsätze der Policey-Wissenschaft, Göttingen 1756.
Ders.: Staatswirthschaft, 2 Bde., Leipzig 1755.
Kant, Immanuel: Mutmaßlicher Anfang der Menschengeschichte, in: Kants populäre Schriften, Hrsg. E. Aster, Berlin o. J. (Deutsche Bibliothek).
Kluge, Friedrich: Etymologisches Wörterbuch der deutschen Sprache, 19. Aufl., bearbeitet v. Walther Mitzka, Berlin 1963.
Lassalle, Ferdinand: Reden und Schriften, 3 Bde., Hrsg. E. Bernstein, Berlin 1893.
Lenin, W. I.: Ausgewählte Werke, 2 Bde., Berlin 1955.
Leo, Heinrich: Geschichtliche Monatsberichte und Briefe, Veröffentlicht von Otto Kraus, in: Allgemeine Konservative Monatsschrift (51) 1894.
Leroux, Pierre: De l'égalité, Nouvelle édition, Paris 1848.
List, Friedrich: Die innere Consumtion von England in Vergleichung mit der innern Consumtion von Deutschland, Augsburger Allgemeine Zeitung Nr. 308, 3. November 1844, Beil. S. 2458.
Locke, John: An essay concerning human understanding, 2 Bde., 19th edition, London 1793.
Ders.: Two treatises of civil government, Ed. W. S. Carpenter, London 1960 (Everyman's Library No. 751).
Ders.: Works, 6th ed., Vol. II, London 1759.
Lueder, August Ferdinand: Die National-Industrie und ihre Wirkungen, Braunschweig 1808.
Ders.: Über Nationalindustrie und Staatswirtschaft, 2 Teile, Berlin 1802.
Mably, Gabriel-Bonnot de: Oeuvres complètes, 13 Bde., Londres 1789.
Mandeville, Bernard: The fable of the bees: Or private vices, publick benefits, 2 Bde., London 1924.
Mangoldt, Hans v.: Grundriß der Volkswirtschaftslehre, 2. Aufl., Berlin 1871.
Marcuse, Herbert: Der eindimensionale Mensch, Studien zur Ideologie der fortgeschrittenen Industriegesellschaft, Aus dem Amerikanischen, Neuwied und Berlin 1967, 4./5. Aufl. (Soziologische Texte Band 40).
Ders.: Befreiung von der Überflußgesellschaft, Kursbuch, Hrsg. H. M. Enzensberger, 16 (1969).
Maréchal, Sylvain: Apologues modernes à l'usage d'un dauphin, Bruxelles 1788, S. 8, zit. nach: *André Lichtenberger:* Le Socialisme au XVIIIe siècle, Paris 1895.
Marx, Karl, Friedrich Engels: Werke, 27 Bde. plus Ergänzungsbände, Hrsg. Institut für Marxismus-Leninismus beim ZK der SED, Berlin 1956–1968.
Marx, Karl: Grundrisse der Kritik der politischen Ökonomie (Rohentwurf), 1857 bis 1858, Berlin 1953.
Menger, Carl: Grundsätze der Volkswirtschaftslehre, Wien 1871.
Meslier, Jean: Le testament, 3 Bde., Ed. Rudolf Charles, Amsterdam 1864.
Morelly: Code de la nature, Par-Tout 1755.
Ders.: Essai sur le coeur humain ou principes naturels de l'éducation, Paris 1745.

Ders.: Le prince, les délices des coeurs, Amsterdam 1751.

Ders.: Naufrage des isles flottantes ou basiliade du célébre Pilpai, Messine 1753.

Morus, Thomas: Utopia, in: Der utopische Staat, Hrsg. Klaus J. Heinisch, Reinbek bei Hamburg 1960 (Rowohlts Klassiker der Literatur und der Wissenschaft, Hrsg. E. Grassi unter Mitarbeit v. W. Heiss, Band 68/69).

Möser, Justus: Sämtliche Werke, 8 Bde., Hrsg. J. W. J. v. Voigts geb. Möser, Berlin 1842.

Müller, Adam Heinrich: Die Elemente der Staatskunst, 3 Bde., Berlin 1809.

Ders.: Versuche einer neuen Theorie des Geldes, Leipzig und Altenburg 1816.

Ders.: Vermischte Schriften über Staat, Philosophie und Kunst, 2 Bde., Wien 1818.

Ders.: Ausgewählte Abhandlungen, Hrsg. J. Baxa, Sammlung Herdflamme, Band IXX, 2. Aufl., Jena 1931.

Ders.: Kritische, ästhetische und philosophische Schriften, Hrsg. W. Schröder und W. Siebert, 2 Bde., Neuwied und Berlin 1967.

Müller-Armack, Alfred: Wirtschaftslenkung und Marktwirtschaft, 2. Aufl., Hamburg 1948.

Nietzsche, Friedrich: Werke in drei Bänden, Hrsg. *K. Schlechta*, München 1960.

Novalis: Werke in vier Teilen, Hrsg. H. Friedemann, Berlin o. J.

Ders.: Schriften, Hrsg. J. Minor, 4 Bde., Jena 1907.

Obrecht, Georg: Von Verbesserung Land und Leut, Straßburg 1606.

Oppenheimer, Franz: System der Soziologie, 3. Band, Theorie der reinen und politischen Ökonomie, 1. Halbband, 5. Aufl., Jena 1923.

Osse, Melchior: Testament, Halle und Magdeburg 1556.

Pfeiffer, Johann Friedrich: Artikel: Bedürfniß nach den Gesetzen der Policey erwogen, in: Teutsche Encyclopädie oder Allgemeines Realwörterbuch aller Künste und Wissenschaften, Band III, Frankfurt am Main 1781.

Pope, Alexander: The poetical works of Alexander Pope, Ed. W. A. Ward, London 1961.

Prince-Smith, John: Gesammelte Schriften, 3 Bde., Hrsg. Otto Michaelis, Berlin 1877.

Programm der Kommunistischen Partei der Sowjetunion, Beschlossen vom XXII. Parteitag der KPdSU am 31. Oktober 1961, Moskau 1962 (Verlag für fremdsprachige Literatur).

Proudhon, Pierre-Joseph: Système des contradictions économiques, ou philosophie de la misère, 2 Bde., Paris 1846.

Rau, Karl Heinrich: Lehrbuch der politischen Ökonomie, Heidelberg 1826.

Reventlow, Graf E.: Deutscher Sozialismus, Civitas Dei Germanica, Weimar 1930.

Riehl, Wilhelm Heinrich: Die bürgerliche Gesellschaft, Stuttgart und Tübingen 1851.

Ders.: Land und Leute, Stuttgart und Tübingen 1854.

Rodbertus, Carl: Das Kapital, Hrsg. A. Wagner und Th. Kozak, 2. Aufl., Berlin 1899.

Röpke, Wilhelm: Marktwirtschaft ist nicht genug, in: Hat der Westen eine Idee?, Hrsg. Aktionsgemeinschaft soziale Marktwirtschaft, Ludwigsburg 1957.

Roscher, Wilhelm: Ansichten der Volkswirthschaft aus dem geschichtlichen Standpunkte, Leipzig und Heidelberg 1861.

Rousseau, Jean Jacques: Discours sur l'origine et les fondements de l'inégalité parmi les hommes, Hamburg 1955 (Philosophische Bibliothek Band 243, Hrsg. K. Weigand).

Rüstow, Alexander: Wirtschaft als Dienerin der Menschlichkeit (1960), in: Rede und Antwort, Ludwigsburg 1963.

Saint-Just, Louis-Antoine-Léon: L'ésprit de la révolution, suivi de: Fragments sur les institutions républicaines. Ed. Robert Mandrou, Paris 1963.

Saint-Simon, Claude-Henri de: Oeuvres complètes, 6 Bde., éditions anthropos, Paris o. J.

Ders.: Du système industriel, Paris 1821.

Say, Jean-Baptiste: Traité d'économie politique, Ed. Horace Say, Paris 1841.

Schelsky, Helmut: Gibt es noch Klassen in unserer Gesellschaft? Stuttgarter Zeitung, 13. 1. 1956.

Schlegel, Friedrich: Die drei ersten Vorlesungen über die Philosophie des Lebens, Leipzig o. J. (Xenien-Bücher Nr. 33).

Ders.: Seine prosaischen Jugendschriften, Hrsg. J. Minor, 2. Aufl., Wien 1906.

Ders.: Studien zur Geschichte und Politik, Kritische Schlegel-Ausgabe, Hrsg. E. Behler, München–Paderborn–Wien 1966.

Schleiermacher, Friedrich Daniel Ernst: Monologe, Hrsg. A. Messer, Stuttgart 1923.

Schlözer, August Ludwig: Allgemeines StatsRecht und StatsverfassungsLere, Göttingen 1793.

Schulz, Wilhelm: Die Bewegung der Production, Zürich und Winterthur 1843.

Schuster, Theodor: Gedanken eines Republikaners, in: Der Geächtete, Jg. 2, Heft 2, 1835; wiederabgedruckt in: Vom kleinbürgerlichen Demokratismus zum Kommunismus. Zeitschriften aus der Frühzeit der deutschen Arbeiterbewegung, Hrsg. W. Kowalski, Berlin 1967.

Smith, Adam: An inquiry into the nature and causes of the wealth of nations, New edition, Ed. J. R. McCulloch, Edinburgh 1870.

Ders.: Lectures on justice, police, revenue and arms, Ed. E. Cannan, Oxford 1896.

Sonnenfels, Joseph von: Grundsätze der Policey, Handlung Finanzwissenschaft, 2. Aufl., 2 Bde., Wien 1771.

Stahl, Friedrich Julius: Die Philosophie des Rechts, 3 Bde., 5. Aufl., Tübingen 1878.

Ders.: Die gegenwärtigen Parteien in Staat und Kirche, Berlin 1863.

Stalin, J.: Bericht über die Arbeit des Zentralkomitees der KPdSU (B), Moskau–Leningrad 1934 (Verlagsgenossenschaft ausländischer Arbeiter in der UdSSR).

Stapel, Wilhelm: Die drei Stände, Versuch einer Morphologie des deutschen Volkes, Hamburg 1941.

Steffens, Heinrich: Über die Idee der Universitäten, in: Die Idee der deutschen Universität, Hrsg. E. Anrich, Darmstadt 1956.

Steinbach, Christoph Ernst: Vollständiges deutsches Wörterbuch, 2 Bde., Breslau 1734.

Stieler, Caspar: Der Teutschen Sprache Stammbaum und Fortwachs oder Teutscher Sprachschatz, Nürnberg 1691.

S(tillfried), Hans Albert Freiherr von: Apologie des Adels, Berlin 1807.

Stromeyer, Franz: Über das menschliche Wesen und sein Verhältnis zur Gesellschaft, in: Die frühen Sozialisten, Hrsg. Frits Kool und Werner Krause, Olten und Freiburg im Breisgau 1968.

Strumilin, S. G.: Gedanken über die Zukunft, in: Ostprobleme 7 (1960).

Tetens, Johann Nicolas: Philosophische Versuche über die menschliche Natur und ihre Entwicklung, 2 Bde., Leipzig 1777.

Thomas von Aquin: Summa theologica, Deutsche Thomasausgabe, 30 Bde., München–Heidelberg 1933–1943.

Tiburtius, Joachim: Der Begriff des Bedürfnisses, in: Jahrbücher für Nationalökonomie und Statistik, 103. Band, III. Folge, 48. Band, Jena 1914.

Uz, Johann Peter: Sämmtliche Poetische Werke, 2 Bde., Karlsruhe 1776.

Vauban, Sébastian de: Projet d'une dîme royale, 1707 o. O.

Voltaire, François-Marie: Oeuvres complètes, 72 Bde., Paris 1784.

Wagner, Adolph: Grundlegung der politischen Ökonomie, 3. Aufl., 2 Bde., Leipzig 1892–1894.

Weishaupt, Adam: Nachtrag von weiteren Originalhandschriften, München 1787.

Weitling, Wilhelm: Garantien der Harmonie und Freiheit, Neuausgabe, Hrsg. B. Kaufhold, Berlin 1955.

Ders.: Das Naturgesetz, in: Die junge Generation (1) 1842, wiederabgedruckt in: Vom kleinbürgerlichen Demokratismus zum Kommunismus, Zeitschriften aus der Frühzeit der deutschen Arbeiterbewegung (1834–1847), Hrsg. Werner Kowalski, Berlin 1967.

Wolff, Christian: Vernünfftige Gedancken von dem gesellschaftlichen Leben der Menschen, Halle 1721.

Zwiedineck-Südenhorst, Otto von: Allgemeine Volkswirtschaftslehre, 2. Aufl., Berlin, Göttingen, Heidelberg 1948.

II. Darstellungen und Untersuchungen

Aris, Reinhold: Die Staatslehre Adam Müllers in ihrem Verhältnis zur Deutschen Romantik, Tübingen 1929.

Baade, Fritz: Welternährungswissenschaft, Hamburg 1956 (rowohlts deutsche enzyklopädie Band 29).

Baudrillart, Jean: La société de consommation, ses mythes, ses structures, Paris 1970.

Baxa, Jakob: Gesellschaftslehre von Platon bis Nietzsche, Leipzig 1927 (Wissenschaft und Bildung Band 241).

Bednarik, Karl: An der Konsumfront, Zwischenbilanz des modernen Lebens, Stuttgart 1957.

Beveridge, Sir William: Der Beveridgeplan, Sozialversicherung und verwandte Leistungen, Aus dem Englischen, Zürich und New York 1943.

Bloch, Ernst: Naturrecht und menschliche Würde, Gesamtausgabe Band 6, Frankfurt am Main 1961.

Boorstin, Daniel J.: Das Image oder was wurde aus dem Amerikanischen Traum?, Reinbek bei Hamburg 1964 (Rowohlt Paperback 35).

Brentano, Lujo: Versuch einer Theorie der Bedürfnisse, in: Konkrete Grundbedingungen der Volkswirtschaft, Gesammelte Aufsätze, Leipzig 1924.

Brunner, Otto: Neue Wege der Sozialgeschichte, Vorträge und Aufsätze, Göttingen 1956.

Cassirer, Ernst: Die Philosophie der Aufklärung, Tübingen 1932.

Cathrein S. J., Victor: Der Sozialismus, Eine Untersuchung seiner Grundlagen und seiner Durchführbarkeit, 10. Aufl., Freiburg im Breisgau 1910.

Coe, Richard N.: Morelly, Ein Rationalist auf dem Wege zum Sozialismus, Aus dem Englischen, Berlin 1961 (Neue Beiträge zur Literaturwissenschaft, Hrsg. Werner Krauss und Hans Mayer, Band 13).

Cuhel, Franz: Zur Lehre von den Bedürfnissen, Theoretische Untersuchungen über das Grenzgebiet zwischen Ökonomik und Psychologie, Innsbruck 1907.

Droz, Jacques: Histoire des doctrines politiques en France, Paris 1963 (Que sais-je? 304).

Engelsing, Rolf: Probleme der Lebenshaltung in Deutschland im 18. und 19. Jahrhundert, in: Zeitschrift für die gesamte Staatswissenschaft (126), 1970.

Ders.: Lebenshaltungen und Lebenskosten im 18. und 19. Jahrhundert in den Hansestädten Bremen und Hamburg, in: International Review of Social History (11) 1966.

Euchner, Walter: Demokratietheoretische Aspekte der politischen Ideengeschichte, in: Politikwissenschaft, Eine Einführung in ihre Probleme, Hrsg. Gisela Kress und Dieter Senghaas, Frankfurt am Main 1969 (Kritische Studien zur Politikwissenschaft, Hrsg. W. Euchner, G. Schäfer, D. Senghaas).

Földes, Béla: Die Hauptströmungen der sozialistischen Gedankenwelt, Berlin 1923.

Freyer, Hans: Die politische Insel, Eine Geschichte der Utopien von Platon bis zur Gegenwart, Leipzig 1936.

Ders.: Theorie des gegenwärtigen Zeitalters, Stuttgart 1958.

Galbraith, John Kenneth: Gesellschaft im Überfluß, Aus dem Amerikanischen, München und Zürich 1959.

Garaudy, Roger: Die französischen Quellen des wissenschaftlichen Sozialismus, Aus dem Französischen, Berlin 1954.

Gide, Charles, Charles Rist: Geschichte der volkswirtschaftlichen Lehrmeinungen, Aus dem Französischen, 3. Aufl., Jena 1923.

Goblot, Edmond: La barrière et le niveau, Etude sociologique sur la bourgeoisie française moderne, Paris 1925 (Bibliotheque de philosophie contemporaine).

Gollwitzer, Heinz: Die Standesherren, Die politische und gesellschaftliche Stellung der Mediatisierten 1815–1918, Ein Beitrag zur deutschen Sozialgeschichte, 2. durchges. u. erg. Aufl., Göttingen 1964.

Gorce, P. M. de la: La France pauvre, Paris 1967.

Gorz, André: Réforme et révolution, Paris 1969.

Greiffenhagen, Martin: Das Dilemma des Konservatismus in Deutschland, München 1971.

Gundolf, Friedrich: Romantiker, Berlin 1930.

Habermas, Jürgen: Die Dialektik der Rationalisierung, Vom Pauperismus in Produktion und Konsum, Merkur 8 (1954).

Ders.: Notizen zum Mißverhältnis von Kultur und Konsum, Merkur 10 (1956).

Ders.: Können Konsumenten spielen?, Frankfurter Allgemeine Zeitung Nr. 88, 13. April 1957.

Ders.: Soziologische Notizen zum Verhältnis von Arbeit und Freizeit, in: Konkrete Vernunft, Festschrift für E. Rothacker, Hrsg. G. Funke, Bonn 1958.

Harrington, Michael: Das andere Amerika, Die Armut in den Vereinigten Staaten, Aus dem Amerikanischen, München 1964 (dtv 254).

Heilbroner, Robert L.: Wege zum Wohlstand, Das Wirtschaftsleben in Theorie und Praxis, Aus dem Amerikanischen, Gütersloh 1962.

Jantke, Carl und *Hilger, Dieter:* Die Eigentumslosen, Der deutsche Pauperismus und die Emanzipationskrise in Darstellungen und Deutungen der zeitgenössischen Literatur, Freiburg und München 1965 (Orbis academicus).

Kluckhohn, Paul: Persönlichkeit und Gemeinschaft, Studien zur Staatsauffassung der deutschen Romantik, Halle/Saale 1925.

Kraus, Oscar: Das Bedürfnis, Ein Beitrag zur beschreibenden Psychologie, Leipzig 1894.

Kulischer, Josef: Allgemeine Wirtschaftsgeschichte des Mittelalters und der Neuzeit, Band II, Die Neuzeit, 3. Aufl., München–Wien 1965.

Lefèbvre, Henri: Der dialektische Materialismus, Aus dem Französischen, 2. Aufl., Frankfurt am Main 1967 (edition suhrkamp 160).

Levy, Hermann: Die Grundlagen des ökonomischen Liberalismus in der Geschichte der englischen Volkswirtschaft, Jena 1912.

Lichtenberger, André: Le socialisme au XVIIIe siècle, Paris 1895.

Linder, Staffan Burenstam: The harried leisure class, New York 1970.

Lotz, Walther: Kollektivbedarf und Individualbedarf, Sitzungsberichte der Bayerischen Akademie der Wissenschaften, Philosophisch-Historische Abteilung, Jg. 1929, H. 2, München 1929.

Louis, Paul: Geschichte des Sozialismus in Frankreich, Aus dem Französischen, Stuttgart 1908 (Internationale Bibliothek Band 43).

Lukács, Georg: Geschichte und Klassenbewußtsein, Studien über marxistische Dialektik, Berlin 1923.

Macpherson, C. B.: The political theory of possessive individualism, Hobbes to Locke, London 1962 (Oxford Paperbacks No. 84).

Mannheim, Karl: Das konservative Denken, in: Wissenssoziologie, Hrsg. Kurt H. Wolff, Berlin und Neuwied 1964.

Markow, W. (Hrsg.): Jakobiner und Sansculotten, Beiträge zur Geschichte der französischen Revolutionsregierung 1793–1794, Berlin 1956.

Mehlis, Georg: Die deutsche Romantik, München 1922.

Metzger, Wilhelm: Gesellschaft, Recht und Staat in der Ethik des deutschen Idealismus, Aus dem Nachlaß hrsg. v. Ernst Bergmann, Heidelberg 1917.

Muhs, Karl: Individualismus, Universalismus und Gemeinschaftsidee im Weltbild der Romantik, in: Zeitschrift für die gesamte Staatswissenschaft (104) 1944.

Packard, Vance: Die große Verschwendung, in: Verschwendung als Wirtschaftsphilosophie, Hrsg. Stiftung im Gruene, Düsseldorf und Wien 1962.

Pechan, Hermann: Louis Blanc als Wegbereiter des modernen Sozialismus, Jena 1929.

Plechanow, G. W.: Beiträge zur Geschichte des Materialismus, Holbach, Helvétius, Marx, Berlin 1946.

Ponteil, Félix: Les classes bourgeoises et l'avènement de la démocratie 1815–1914, Paris 1968 (L'évolution de l'humanité).

Ramm, Thilo: Die großen Sozialisten als Rechts- und Sozialphilosophen, Erster Band, Stuttgart 1955.

Raupach, Hans: Das kommunistische Verteilungsprinzip „Jedem nach seinen Bedürfnissen" in der Praxis, in: Methoden und Probleme der Wirtschaftspolitik, Gedächtnisschrift für H. J. Seraphim, Hrsg. Hans Ohm, Berlin 1964.

Ders.: Utopia und Sowjetoikos, in: Gestaltungsprobleme der Weltwirtschaft, Andreas Predöhl aus Anlaß des 70. Geburtstages gewidmet, Hrsg. Harald Jürgensen, Göttingen 1965.

Riesman, David: Die einsame Masse, Aus dem Amerikanischen, Hrsg. H. Schelsky, Darmstadt, Berlin-Frohnau, Neuwied am Rhein 1956.

Rosenberg, Hans: Große Depression und Bismarckzeit. Wirtschaftsablauf, Gesellschaft und Politik in Mitteleuropa, Berlin 1967.

Rudé, George: The crowd in the French Revolution, Oxford 1959.

Salomon, Gottfried: Das Mittelalter als Ideal der deutschen Romantik, München 1922.

Schabert, Tilo: Natur und Revolution, Untersuchungen zum politischen Denken im Frankreich des achtzehnten Jahrhunderts, München 1969 (Schriftenreihe zur Politik und Geschichte, Hrsg. E. Vögelin).

Schelsky, Helmut: Gibt es noch Klassen in unserer Gesellschaft?, Stuttgarter Zeitung 13. 1. 1956.

Scherhorn, Gerhard: Bedürfnis und Bedarf, Sozialökonomische Grundbegriffe im Lichte der neueren Anthropologie, Berlin 1959 (Beiträge zur Verhaltensforschung, Hrsg. G. Schmölders).

Schieder, Wolfgang: Anfänge der deutschen Arbeiterbewegung, Stuttgart 1963 (Industrielle Welt, Band IV).

Schmitt, Carl: Politische Romantik, 2. Aufl., München und Leipzig 1925.

Schnapper-Arndt, Gottfried: Studien zur Geschichte der Lebenshaltung in Frankfurt am Main während des 17. und 18. Jahrhunderts, Hrsg. K. Bräuer, Frankfurt am Main 1915.

Schoeps, Hans Joachim: Das andere Preußen, Stuttgart 1952.

Schulze, Ludwig Heinrich: Erörterungen über Begriff und Einteilung der Bedürfnisse des Menschen, Philosophisch-ökonomische Abhandlung, Heidelberg 1896.

Seidel, Bruno: Industrialismus und Kapitalismus, Meisenheim am Glan 1955.

Simmel, Georg: Grundfragen der Soziologie (Individuum und Gesellschaft), 2. Aufl., Berlin und Leipzig 1920 (Sammlung Göschen 101).

Soboul, Albert: Klassen und Klassenkämpfe in der französischen Revolution, in: Jakobiner und Sansculotten, Beiträge zur Geschichte der französischen Revolutionsregierung 1793–1794, Hrsg. W. Markow, Berlin 1956.

Ders.: Histoire de la révolution française, Tome I: De la bastille à la gironde, Paris 1962 (Collection idées).

Soule, George: Mehr Zeit zum Leben, Aus dem Amerikanischen, Frankfurt am Main 1956.

Spann, Othmar: Der wahre Staat, Vorlesungen über Abbruch und Neubau der Gesellschaft, 3. Aufl., Jena 1931.

Stein, Lorenz von: Geschichte der sozialen Bewegung in Frankreich von 1789 bis auf unsere Tage (1850), Band I: Der Begriff der Gesellschaft, Hrsg. G. Salomon, München 1921.

Stein, Ludwig: Die soziale Frage im Lichte der Philosophie, 3. und 4. Aufl., Stuttgart 1923.

Suranyi-Unger, Theodor: Wirtschaftspolitik im Entstehen, Beiträge zur Lehre von den Gemeinbedürfnissen, Jena 1933.

Ders.: Individual and Collective Wants, in: The Journal of Political Economy (56), Chicago 1948.

Sweezy, Paul: Theorie der kapitalistischen Entwicklung, Eine analytische Studie über die Prinzipien der Marxschen Sozialökonomie, Aus dem Amerikanischen, Köln 1959 (Veröffentlichungen der Akademie für Gemeinwirtschaft Hamburg).

Talmon, J. L.: Die Ursprünge der totalitären Demokratie, Aus dem Englischen, Köln und Opladen 1961.

Treue, Wilhelm: Kleine Kulturgeschichte des deutschen Alltags, Potsdam 1942.

Treutlein, Peter: Geschichtliche Entwickelung des Einjährig-Freiwilligen-Berechtigungswesens in Deutschland, Hamburg 1891.

Troeltsch, Ernst: Die „Deutsche Historische Schule", in: Die Dioskuren, Jahrbuch für Geisteswissenschaften, Hrsg. Walter Strich, Erster Band, München 1922.

Veblen, Thorstein: The theory of the leisure class, Deutsch: Theorie der feinen Leute, Köln und Berlin o. J.

Walz, Gustav Adolf: Die Staatsidee des Rationalismus und der Romantik und die Staatsphilosophie Fichtes, Berlin-Grunewald 1928.
Ward, R. S.: Maximilien Robespierre, London 1934.
Weber, Max: Die protestantische Ethik und der „Geist" des Kapitalismus, Stuttgart 1934.
Ders.: Wirtschaft und Gesellschaft, Grundriß der Sozialökonomik, 1. Halbband, 3. Abteilung, Tübingen 1925.
Weber, Wilhelm: Kollektivbedürfnisse, Gemeinwillen und Gemeinhandeln, in: Wirtschaftliche Entwicklung und soziale Ordnung, Festschrift für F. Degenfeld-Schonburg, Hrsg. J. Messner und E. Lagler, Wien 1953.
Wollny, Günther: Die Zukunft ist anders, Boppard am Rhein 1962.
Zahn, Ernest: Soziologie der Prosperität, Köln und Berlin 1960.
Zimmermann, L. J.: Geschichte der theoretischen Volkswirtschaftslehre, Aus dem Holländischen, Köln-Deutz 1954.
Zunkel, Friedrich: Industriebürgertum in Westdeutschland, in: Moderne deutsche Sozialgeschichte, Hrsg. H.-U. Wehler, Köln und Berlin 1966 (Neue wissenschaftliche Bibliothek Nr. 10).

Personenverzeichnis

Die im „Begriffsgeschichtlichen Exkurs" zitierten Autoren wurden nicht aufgenommen

Diese Untersuchung dokumentiert, daß der Begriff „Bedürfnis" wie kaum ein anderer soziologischer und politologischer Zentralbegriff dazu geeignet ist, sowohl die Gemeinsamkeiten als auch die Unterschiede zwischen Liberalismus, Konservatismus und Sozialismus aufzuschlüsseln.

Der Verfasser zeigt, wie die Theoretiker der drei klassischen politischen Ideologien die Bedürfnissteigerung beurteilen, die durch die Industrialisierung in Gang gesetzt wurde, und wie sich die ausweitenden Bedürfnisse auf das kulturelle Leben und die Sozialstruktur auswirkten. Er erörtert, was der Begriff „Bedürfnis" in den Verteilungspostulaten der drei Ideologien bedeutet und geht in diesem Zusammenhang auf die Genesis der kommunistischen Verteilungsmaxime „Jedem nach seinem Bedürfnis" ein. Das Problem der Gleichheit der Bedürfnisse wirft die Frage auf, ob die Annahme der Gleichheit der Bedürfnisse eine bestimmte Verteilung des Sozialprodukts impliziert.

In einem abschließenden Kapitel untersucht der Verfasser, ob die Verwendung des Bedürfnisbegriffes und die Bewertung der Bedürfnissteigerung im Neo-Liberalismus, Neo-Konservatismus und Neo-Sozialismus neue Aspekte aufweisen. Dabei werden die Äußerungen der heutigen Vertreter der drei Ideologien mit Stellungnahmen ihrer ideologischen Vorläufer aus dem 18. und 19. Jahrhundert verglichen.